Hans Michael

Das Chorgestühl im Magdeburger Dom

Herstellung: Books on Demand GmbH, Norderstedt

Fotos
Hans Michael (außer Abb. 5 und 6 - historische Fotos)

ISBN 3-8311-3899-0

Hans Michael

Das Chorgestühl im Magdeburger Dom

Leben-Jesu-Tafeln und Misericordien,
um 1360 und 1844

mit 146 Abbildungen

Das Chorgestühl im Magdeburger Dom
um 1360 und 1844

Inhalt

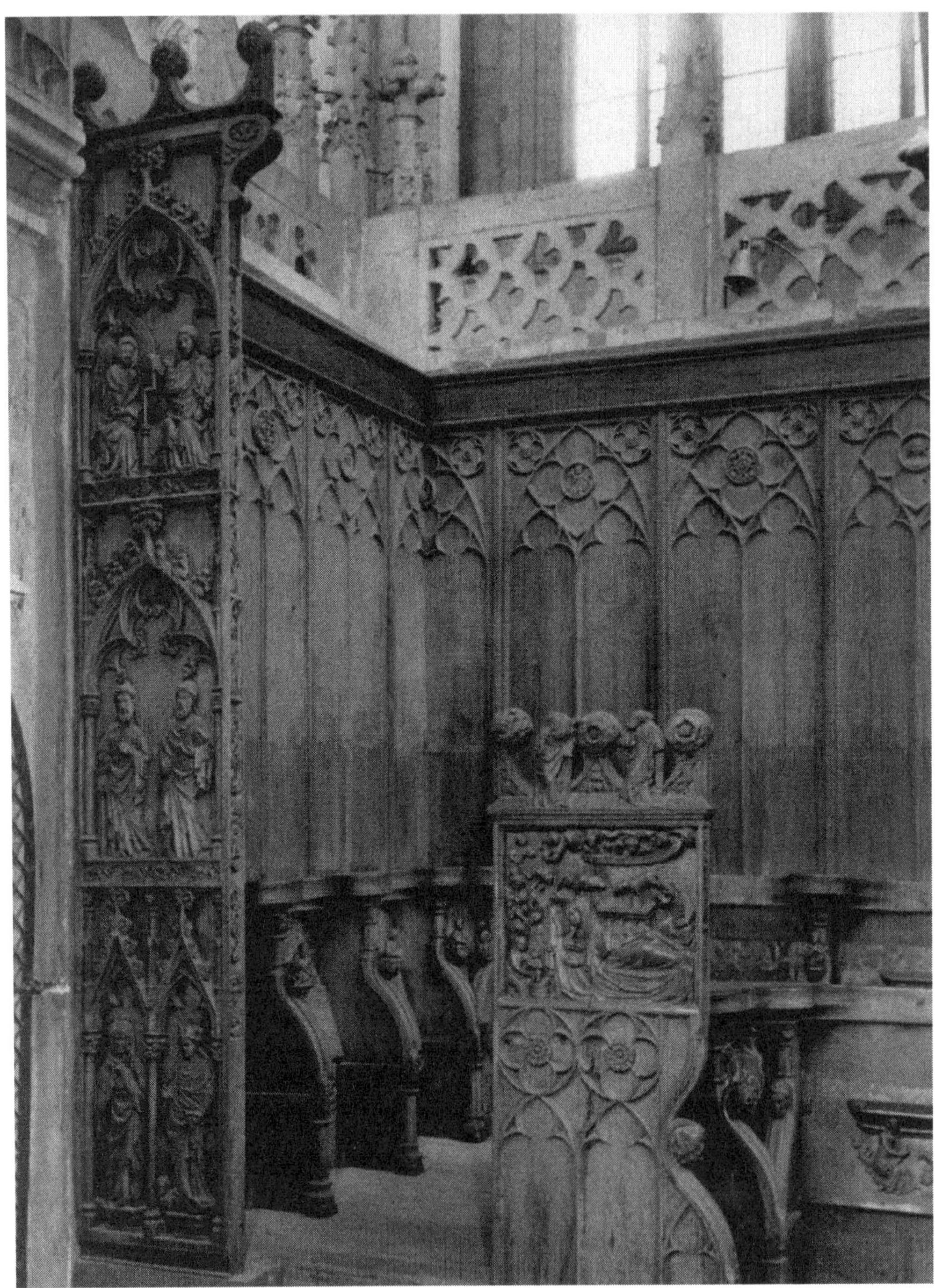

Abb. 1   Nordwest-Ecke des Chorgestühls: hohe Wange mit Ankündigung der Geburt Jesu,
Aposteln und Heiligen; vorn: die halbhohe Wange mit der Geburt Jesu

Vorwort

Das Chorgestühl im Magdeburger Dom ist ganz einzigartig in Europa. Es schmückt seine Wangen mit 26 großen Relieftafeln, die das Leben Jesu Christi von der Ankündigung seiner Geburt bis zur Himmelfahrt darstellen. Achtzehn davon stammen aus der Zeit um 1360, acht wurden im Jahr 1844 ersetzt. Kein anderes Chorgestühl besitzt einen so umfangreichen Leben-Jesu-Zyklus, noch dazu von solcher Qualität. 35 Misericordien unter den Klappsitzen gewähren interessante Einblicke in die Welt des Mittelalters mit ihrem Gottesdienst, mit ihrem hohen ethischen Anspruch, mit ihren menschlichen Schwächen und Abgründen, mit ihrem Ernst und Humor. Hinzu kommen Bekrönungen und Randleisten mit Propheten, Engeln, Teufeln und tanzenden Affen, mit Masken, Fabeltieren und pflanzlichen Ornamenten. Das alles beeindruckt durch eine starke Aussagekraft.
Was will dieses Buch? Es will eine Lücke schließen. Es will fast alles in Bildern festhalten, was es am Chorgestühl zu sehen gibt.
Es will, was man sieht, erklären - vor allem mit Hilfe der Bibel. Darum wird diese im Wortlaut zitiert. Bei den Propheten auf den Wangenbekrönungen haben wir uns die Worte des Alten Testamentes auf ihren Schriftbändern vorzustellen, die sich auf die in den Reliefs dargestellte Geschichte Jesu Christi beziehen. Ferner sollen die Hinweise auf die Tradition der christlichen Kunst, auf die Liturgie und auf die zeitgenössischen Texte und Bräuche helfen, in diesen geheimnisvollen Kosmos einzudringen. Das Buch zeigt auch die Reliefs aus dem Jahr 1844. Sie fanden bis jetzt keine Beachtung. Trotz aller Bemühnungen konnten bisher keine Unterlagen über die Restaurierung des Chorgestühls im Jahr 1844 gefunden werden.

Während meiner Tätigkeit in der Magdeburger Domgemeinde hatte ich Gelegenheit, das Chorgestühl zu fotografieren. Damals begann ich auch, es ikonografisch zu erforschen. Erst nach dem Eintritt in den Ruhestand und der Erholung von schweren Krankheiten war es möglich, diese Arbeit zu vollenden. Ich danke allen, die damals und in jüngster Zeit mich dazu gedrängt und mir dabei geholfen haben, es waren Domküster Waeke, Domprediger Dr. Gottfried Wuttke und die Wittenberger Bibliothekarin Huckert und jetzt Domküster Jürgen Jerratsch, Kunsthistorikerin Ilona Laudan, Dr. Jürgen Hubbe und andere. Mein besonderer Dank gilt Herrn Kunsthistoriker Gerhard Walter für Korrekturen und Anregungen, Herrn Restaurator Dietmar Fröhlich und meiner Frau für die freundliche Begleitung dieser Arbeit.

Im Hohen Chor

Im Allgemeinen verhindert eine Kordel die Benutzung des Chorgestühls. Aber zu besonderen Gottesdiensten, etwa am Ostersonntag in der Frühe darf man in dem alten Eichengestühl Platz nehmen. Man braucht kein Chorherr und nicht adlig zu sein oder einer vornehmen Patrizierfamilie anzugehören, mehrere Jahre die Domschule besucht und Theologie studiert zu haben, wie es jahrhundertelang Vorschrift war. Man nimmt Platz und taucht ein in einen Jahrtausende alten Strom der Geschichte.

Große Relieftafeln nehmen den Betrachter in das Leben und Leiden Jesu Christi hinein. Hier erlebt er seine Geburt und den Jubel der Engel und dort seine Taufe. Hier feiert Christus mit den Seinen das letzte Abendmahl, sieht den Betrachter groß an und lädt auch ihn dazu ein. Darüber knien Propheten, weil sie Jesus Christus als Bringer des Heils bereits Jahrhunderte vorher sehnsüchtig erwartet haben.

Gegenüber sind einige Sitze noch hochgeklappt. Da sitzen Domherren mit Pelzkappen in dem kalten Gestühl zwischen Engel und Teufel. Ein Mann im Panzer des 14. Jahrhunderts kämpft mit dem Löwen. Die Frau mit kostbarer Kleidung hat den Kampf aufgegeben und sticht sich in Zorn oder Verzweiflung das Schwert in die Brust. Ein Einsiedler trägt eine Frau huckepack in seine Hütte und ein Teufelchen klatscht Beifall. Das und noch viel mehr erzählt das alte Gestühl.

Mitten im Chorraum, zwischen den Vierungspfeilern, ruht der König und Kaiser Otto I., der den ersten Dom im Jahr 937 gründen ließ, in einem schlichten Sarkophag unter einer Marmorplatte, die wahrscheinlich aus dem alten Griechenland stammt. Erzbischof Albrecht ließ nach 1209 den kaiserlichen Stifter des Domes hier beisetzen, damit er in den Gottesdiensten der Domherren stets gegenwärtig und von ihren Gebeten umgeben sei. Vor ihm verneigten sie sich, wenn sie zum Stundengebet einzogen. Rechts und links des Grabes brannten Kerzen als Hinweis auf das ewige Licht, das man auch für ihn erbat: Lux aeterna luceat ei! - Das ewige Licht leuchte ihm! Auf das Kopfende der Marmorplatte stellte man zu Festtagen ein Reliquiar mit dem Schädel des heiligen Mauritius und bekrönte es mit der Krone Kaiser Ottos. Überhaupt war dann das Grab mit Reliquien als Zeichen für die Gegenwart aller Heiligen überhäuft, besonders am 7. Mai, dem Todestag des Kaisers.

Da stehen sie auch neben dem Chorgestühl, die Figuren der beiden Namenspatrone, Mauritius und Katharina, und erinnern daran, dass sie mit ihrer Glaubenstreue, ihrer Tapferkeit und Klugheit das Heil Christi im Leben und Sterben bezeugt haben. - Der Altar mit seiner überdimensionalen Marmorplatte verlangt Bewunderung. In Böhmen ist sie gehauen worden und auf der Elbe hierhergebracht. Wo findet sich sonst eine Altarplatte von dieser Größe?

Viel, viel älter aber sind die Granit- und Marmorsäulen, die hinter dem Altar den Arkaden des Chorumgangs vorgelagert sind. Sie schmückten schon den alten ottonischen Dom. Aber sie standen einst im antiken Ravenna, haben dort noch das Meer rauschen gehört und vielleicht die Kaiser Augustus und Justinian gesehen, auf alle Fälle den sagenhaften König Theoderich. Kaiser Otto ließ sie über die Alpen bringen und scheute keine Mühen, weil er überzeugt war, dass das alte römische Kaiserreich in Magdeburg weiterlebte. Über diesen Säulen schauen aus großer Höhe archaische Figuren dem Gottesdienst zu: Es sind die Apostel Andreas, Paulus und Petrus, neben ihnen Johannes der Täufer und rechts Mauritius und sein Hauptmann Innozenz. Sie sind die Schutzpatrone dieses Domes.

Ganz oben aber über dem Licht, das durch die hohen frühgotischen Chorfenster hereinflutet, wo sich die Kreuzgewölberippen vereinen, erkennt man als Schlußstein inmitten der vier Engel das Brustbild Christi. Die Taube des Heiligen Geistes schwebt über ihm und gibt ihm Vollmacht. Er segnet die im Chor Versammelten und hält das Buch des Lebens mit dem ersten und letzten Buchstaben des griechischen Alphabets: „Ich bin das A und das O, der Erste und der Letzte, der Anfang und das Ende." Dies sind die Worte aus dem letzten Kapitel der Bibel vom Endgericht und von der Erlösung.

Das alles läßt der Hohe Chor den erleben, der in seinem Gestühl Platz nimmt.

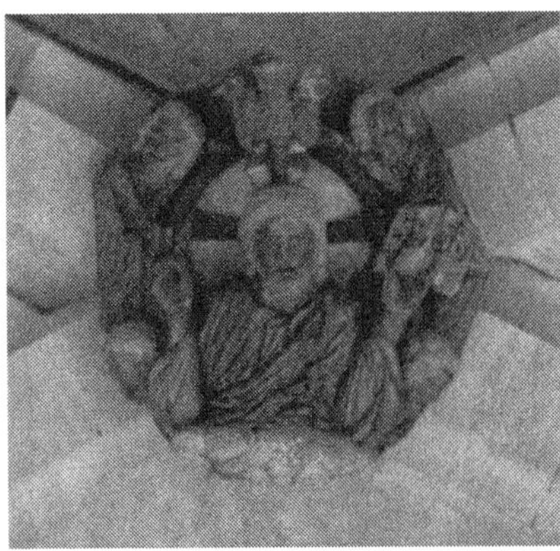

Abb. 2
Schlußstein im Hohen Chor

Geschichte und Aufbau

Die Entstehungszeit des Chorgestühls ist nicht ganz genau zu bestimmen, weil zeitgenössische Dokumente fehlen. Für große Gestühle wie das im Magdeburger Dom betrug die Arbeitszeit „zwischen vier und acht Jahren, wenn keine Unterbrechung eintrat." (Loose, S. 59/60) Einige Plastiken des Magdeburger Gestühls setzen das Kölner Domgestühl voraus, das um 1320 entstanden war. Und wiederum ist das im Bremer Dom um 1370 von dem Magdeburger abhängig. Die beiden kunstgeschichtlichen Arbeiten von Walther Koch (1936) und Gisbert Porstmann (1997) kommen zu dem Ergebnis, dass es „mehr als wahrscheinlich" ist, dass es in der Amtszeit des Erzbischofs Otto von Hessen angefertigt wurde. „Die ikonografischen und stilgeschichtlichen Untersuchungen der Gestühlplastik weisen auf eine Entstehung des Domgestühls in der Zeit um 1355 bis zur Hauptweihe 1363 hin." (Porstmann, S. 208, 112 und 159)

Erzbischof Otto von Hessen war ein Urenkel der Heiligen Elisabeth und stammte aus dem hessischen Landgrafengeschlecht. Er residierte 34 Jahre lang von 1327 bis 1361 und muß ein außerordentlich begabter Mann gewesen sein. Mit zweiundzwanzig Jahren war er bereits Domherr in Köln und wurde im März 1327 vom Papst zum Nachfolger des zwei Jahre zuvor im Magdeburger Rathauskeller ermordeten Erzbischofs Burchard III. bestimmt, obwohl er weder das vorgeschriebene Alter noch die höheren Weihen besaß, also noch nicht zum Priester und Bischof geweiht war. Im August 1327 verlieh ihm aber Papst Johannes XXII. das Pallium, den weißen Wollstreifen, als Würdezeichen des Erzbischofs. Er besaß damit die erzbischöfliche Amtsgewalt und nannte sich „Erzbischof von Gottes und des Apostolischen Stuhles Gnaden". Im Jahr 1331 wurde er nachträglich zum Bischof geweiht und erreichte, dass die Stadt Magdeburg nach entsprechender Sühne und Bestrafung der Schuldigen von Acht und Bann losgesprochen wurde und ihm huldigte. So war es zwar mit der erstrebten Reichsunmittelbarkeit Magdeburgs vorbei, aber es konnten doch wieder Friede, Handel und Wandel in die geächtete Stadt einziehen. Das kam auch dem Dombau zugute.

Erzbischof Otto trieb den Bau des Domes energisch voran, doch er starb schon mit 59 Jahren am 30. April 1361 in Wolmirstedt. Über seinem Grab am südwestlichen Vierungspfeiler errichtete derselbe Bildhauer, der bereits auf seine Anordnung hin den Elisabeth-Altar als Sühne für den Mord an Burchard III. ausgeführt hatte, ein überlebensgroßes Epitaph des Erzbischofs in vollem Ornat.

Sein Nachfolger als Erzbischof wurde 1361 Dietrich von Portitz, genannt Kagelwit. Dieser stammte aus Stendal, war 1346 in Avignon zum Bischof geweiht, und wurde 1347 Bischof von Minden und ein Jahr später Ratgeber des Kaisers Karl IV.. Dieser ernannte ihn als Propst von Wyssegrad und Finanzverwalter und

Kanzler Böhmens im Rang eines Fürsten. Der Dom war bereits - bis auf die Westfassade und die Türme - so weit vollendet, daß ihn Erzbischof Dietrich am 22. Oktober 1363 mit großen und kostspieligen Feierlichkeiten einweihen konnte. Die Magdeburger Schöppenchronik beschreibt das Domweihfest ausführlich. Dreizehn Bischöfe und Äbte, dazu Fürsten, Grafen, Freiherren und Edelleute waren eingela-

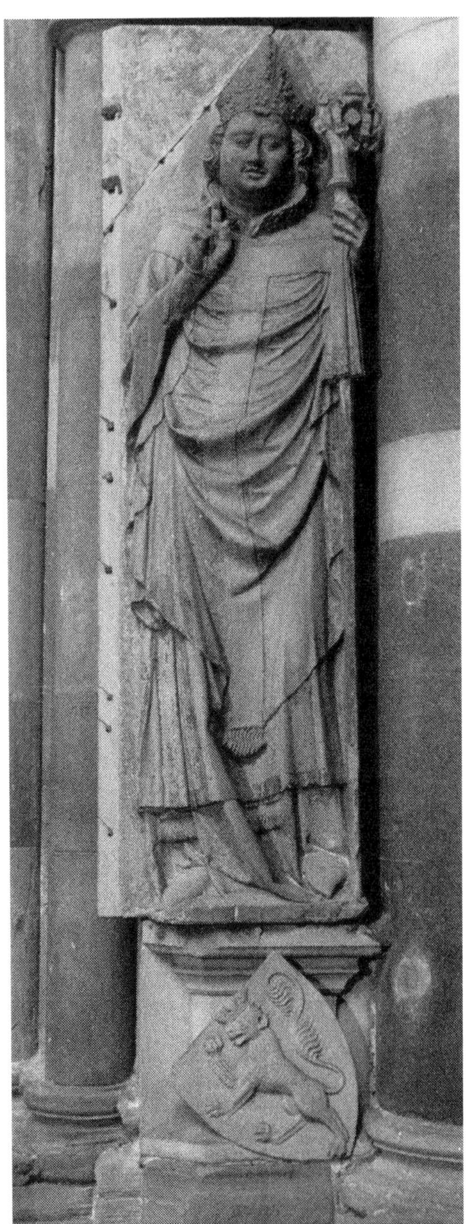

Abb. 3
Epitaph des Erzbischofs Otto von Hessen

den und bewirtet worden. Es ist sehr wahrscheinlich, daß das Chorgestühl zu dieser festlichen Weihe fertiggestellt war.

Das Gestühl wurde für die täglichen Gottesdienste und Stundengebete des Domkapitels gebraucht. Mit seinen 56 Sitzen vergrößerte es den Chorraum, in dem es das halbe Vierungsquadrat zum Chorraum dazu nahm. Es wird von den Vierungspfeilern unterbrochen und füllt den Raum des ersten westlichen Chorjochs. Das Gestühl besteht aus vier Blöcken mit je 14 Sitzen in einer vorderen und hinteren Sitzreihe. In seinem Aufbau richtet es sich genau nach den Satzungen von Hirsau aus dem Ende des 11. Jahrhunderts: „Wer zu denen gehört, die der Ordnung gemäß die Oberen sind , der habe seinen Platz in einem Stuhle an der Rückwand. Gehört er aber zu den Senioren, so habe er seinen Platz auf der Westseite des Gestühls." (Neugass, 1927; Sachs 1964, S.12) Darum sind je drei Sitze der hinteren westlichen Reihen abgewinkelt, so dass die darauf Sitzenden dem Altar gegenüber Platz haben. Um das in die Vierung hineinragende Chorgestühl wurde 1445 der hohe, steinerne Lettner gebaut, dessen Mitte zum Kirchenschiff hin einen kleinen Altar erhielt und darüber eine Kanzel. Rechts und links daneben verbinden zwei Portale das Kirchenschiff mit dem Chorraum.

Neben diesen Eingängen schließt das Gestühl mit hohen Wangen ab. Sie sind mit Reliefs geschmückt. Im Gegensatz zu heute besaß der östliche Teil des Gestühls auch hohe Rückwände. An allen Rückwänden waren Baldachine angebracht, die über die hinteren Sitze weit herauskragten, so dass die Chorherren vor Zugluft geschützt waren. Über dem Chorgestühl hingen auf der Nord- und auf der Südseite je ein Kronleuchter mit dreißig Kerzen. Vor dem Grabmal Ottos in Höhe der beiden östlichen Vierungspfeiler stand bis zur Reformationszeit die Cathedra, der Sitz des Erzbischofs.

Im Jahr 1567 wurde das Domkapitel evangelisch, übte aber weiterhin die Stundengebete. Das Chorgestühl überstand den Lauf der Zeit verhältnismäßig unbeschädigt. 1621 erhielten die Rückwände, die keine Baldachine mehr hatten, Ölgemälde mit ovalen Bildern aus der Passion Christi, deren Oberkante mit der Maßwerkbekrönung des Lettners abschloss. Ferner wurden die Rücklehnen der Sitze und die Unterseiten der Klappsitze um die Misericordienschnitzerei mit einer goldfarbenen Intarsienmalerei verziert.

Zu Beginn des 19. Jahrhunderts war der Dom außen wie innen in einem trostlosen Zustand. Unter des Herrschaft Napoleons verfiel er gänzlich. Im Jahr 1810 wurde das Domkapitel aufgelöst und der Landbesitz des Domstiftes durch den Staat eingezgen. Damit war dem Dom die finanzielle Grundlage der Bauunterhaltung entzogen. Im Jahr 1811 wurde er als Warenlager benutzt, 1813 das Domgestühl abgebrochen, das Gotteshaus als Militärmagazin und schließlich als

Pferdestall mißbraucht. Erst nach den Befrei ungskriegen konnte im Jahr 1814 wieder Gottesdienst im Dom gehalten werden.

Im Zuge der allgemeinen religiösen Erweckung besann sich der preußische Staat auf seine Patronatspflichten, die er durch die Säkularisation der kirchlichen Güter übernommen hatte. Der Berliner Baumeister Karl Friedrich Schinkel renovierte den Magdeburger Dom gründlich. Eine Tafel am südwestlichen Vierungspfeiler berichtet davon:

„Der Frömmigkeit Sr. Majestät des Königs Friedrich Wilhelm III. verdankt dieser ehrwürdige Dom seine vollständige Herstellung in den Jahren 1825 bis 1834.“

Zehn Jahre später konnte auch das durch Wurmfraß erheblich zerstörte Chorgestühl renoviert und im Jahr 1844 wieder neu aufgestellt werden. Wir verdanken das der romantischen Begeisterung des Preußenkönigs Friedrich Wilhelm IV. für das Mittelalter. Zwei Jahre zuvor hatte er veranlaßt, den Kölner Dom zu vollenden. Das war ein in ganz Deutschland gefeiertes Ereignis. Nun trug er sich mit dem Gedanken, Magdeburg zum Zentrum der evangelischen Kirche in Preußen mit einem Erzbischof zu machen.

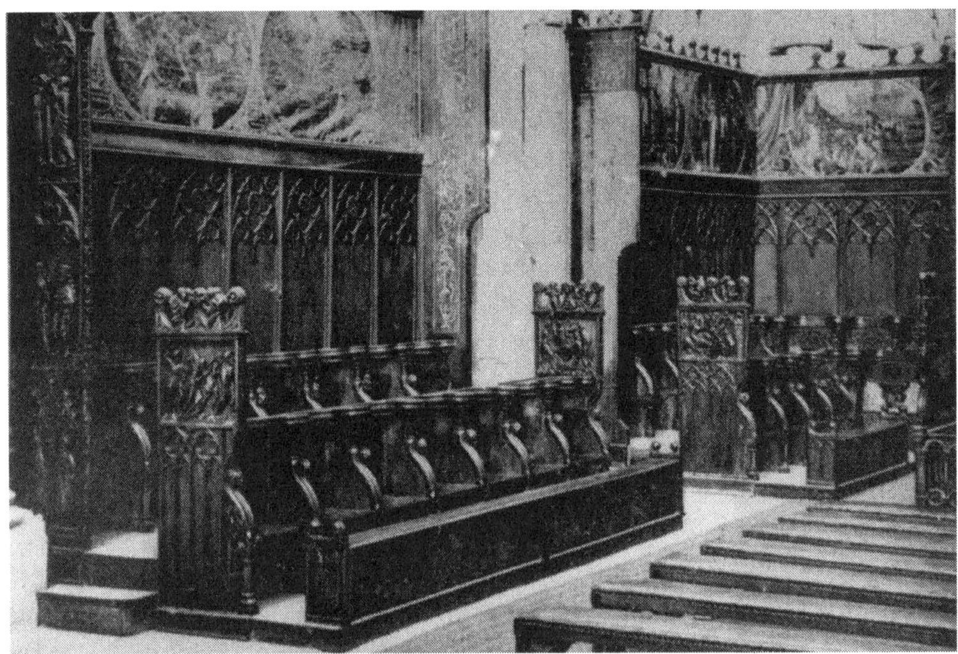

Abb. 5   Das Chorgestühl im Jahr 1935, vom Altar aus, südliche Hälfte (aus: W. Koch)

Die Abbildungen 4 und 5 zeigen, wie das Chorgestühl in den Jahren 1844 bis 1943 aussah. Die östlichen Sitzreihen waren bis auf einige alte Wangen und Misericordien durch neue ersetzt worden. Das gesamte Gestühl hatte hohe Rückwände mit den Barockgemälden darauf. Die hinteren Sitzreihen besaßen hohe Seitenwangen. Von ihnen waren die beiden östlichen mit neu geschnitzten Reliefs geschmückt. Inwieweit man die Themen der ausgesonderten mittelalterlichen Reliefs übernommen hatte, kann nicht mehr gesagt werden. Auf die hohen Wangen hatte man mittelalterliche Reliefs gesetzt. Hanftmann beschreibt in seinem Domführer die Bildwerke der östlichen hohen Wangen (1909) (S. 75f.).

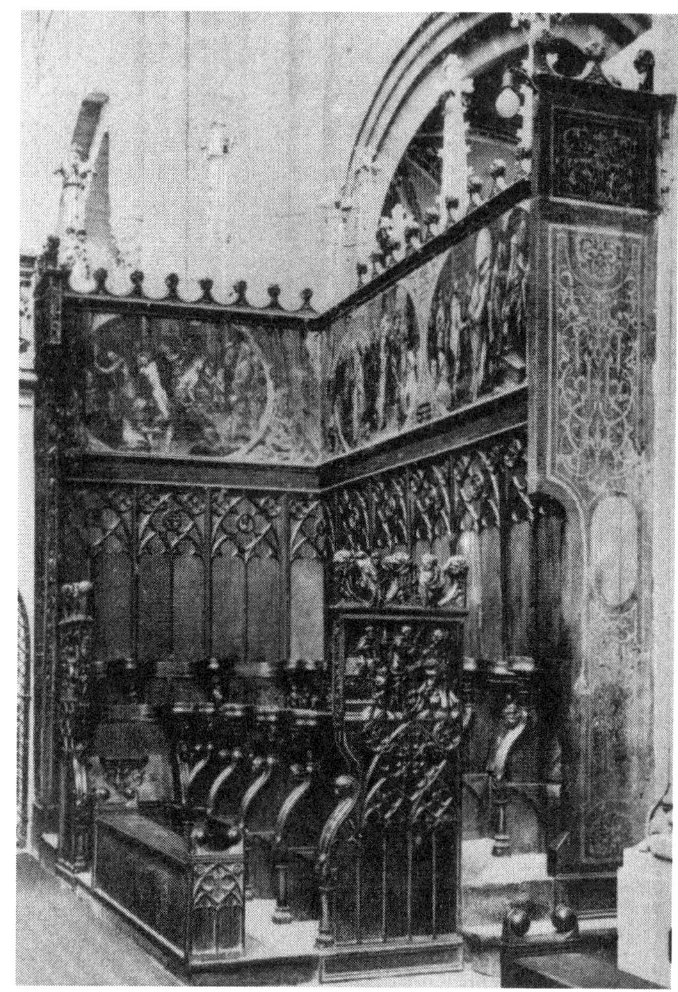

Abb. 5
Das Chorgestühl
im Jahr 1935.
Nordwest-Ecke
(aus: W. Koch)

Auf der Südseite zum Altar hin waren dargestellt:

unten:	Paulus und ein Kirchenvater (?),
in der Mitte:	Andreas und Barbara,
oben:	Petri Verleugnung.
ganz oben:	Die Flucht nach Ägypten (mittelalterliche Tafel).

Auf der Innenseite begannen die Reliefs erst über den Sitzen. Man sah dort

unten:	Philippus und einen Kirchenvater (?),
in der Mitte:	Malachias mit dem Engel (?),
oben:	Die Anbetung durch die drei Könige (mittelalterliche Tafel).

Gegenüber auf der hohen Wange der Nordseite standen zum Altar hin

unten:	Der Hl. Antonius mit dem Schwein und ein Kirchenvater,
in der Mitte:	Zacharias und Elisabeth,
oben:	Die Hochzeit zu Kana.
ganz oben:	Der Kindermord des Herodes (mittelalterliche Tafel)

Innenseitig waren zu sehen

unten:	Zwei unbestimmbare männliche Heilige,
in der Mitte:	Zwei weibliche Heilige ohne Attribute,
oben:	Der zwölfjährige Jesus im Tempel (mittelalterliche Tafel).

C. L. Brandt berichtet davon in seinem 1863 erschienenen Buch „Der Dom zu Magdeburg" (S. 90): „Leider musste bei der Restauration (1826 - 1834) die Hälfte zurückgelegt werden, weil das Holz vom Wurm zerfressen war. Mit Benutzung des noch Brauchbaren wurden diese acht Tafeln zwar später 1844 wieder ergänzt, allein man kann nun doch den durchgeführten Gedanken, welcher die alten Holzschnitzer leitete, nicht mehr verfolgen, und die symbolischen Bilder, welche besonders unter den beweglichen Sitzbrettern sich befinden, treten nur aphoristisch auf. Die oberen Theile der Seitenwände geben Darstellungen aus dem Leben Christi... Dazu sind statt der untauglich gewordenen und darum zurückgestellten im Jahr 1844 acht neue Darstellungen gemacht, leider aber nicht ganz im Geschmack der alten."

Die 1844 ergänzten Relieftafeln zur Passion, Auferstehung und Himmelfahrt Christi sind von mangelhafter Qualität, ebenso einige Misericordien, deren mittelalterliche Vorbilder man wohl nicht mehr verstanden hatte. Dagegen ist die Ergänzung des Gestühls insgesamt so gut gelungen, daß man die neuen Sitzreihen von den alten kaum unterscheiden kann. Insbesondere ist das Blendmaßwerk der Seitenwangen anscheinend originalgetreu nachgebildet, auch die Handknäufe mit den Blattornamenten. Ebenso wurden die Bekrönungen der Wangenreliefs mit den Prophetengestalten fantasievoll und abwechslungsreich geschnitzt. Über die ausführenden Künstler und überhaupt über die Restaurierung im Jahr 1844 konnten keine Unterlagen gefunden werden.

Während des zweiten Weltkrieges wurde das Chorgestühl im Jahr 1943 in das Schloß Celle ausgelagert und nach Beseitigung der größten Bombenschäden am Dom im August 1945 renoviert wieder aufgestellt. Dabei wurden einige Teile von 1844 ausgeschieden. Die Anordnung der Reliefs - auch die von 1844 - auf den halbhohen Wangen im Ostteil hat man so gelassen. Aber die alten Tafeln auf den hohen Wangen wurden auf halbhohe Wangen der hinteren Sitzreihe des Ostteils gesetzt. Ganz ausgeschieden wurden 1955 die hölzernen Rückwände im Ostteil und deren hohen geschnitzten Wangen von 1844, die niedrigen Pulte vor den vorderen Sitzreihen, die barocken Ölgemälde und ihre geschnitzte obere Abschlussleiste mit den Blattknospen.

Obwohl der Verlust eines Drittels der mittelalterlichen Leben-Jesu-Reliefs und drei Viertel den hohen Wangen, sowie fast aller Misericordien unter den Sitzen des Ostteils des Gestühls zu beklagen ist, muß man dankbar sein, daß das Gestühl im 19. Jahrhundert restauriert und auch im 20. Jahrhundert erhalten wurde.

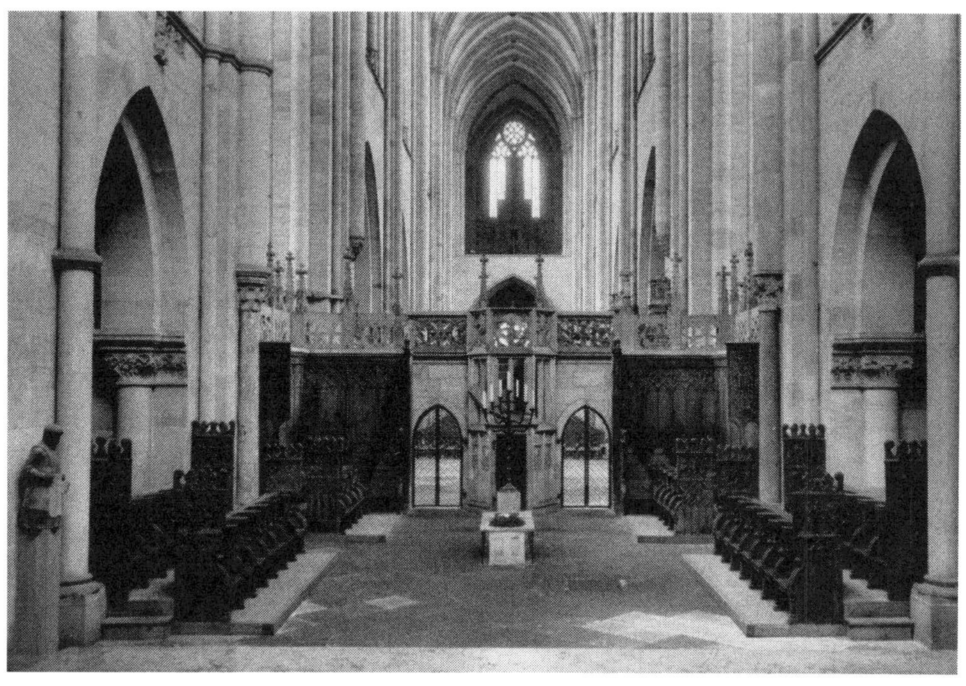

Abb. 6   Gesamtansicht des Gestühls 1956 vom Altar aus
links: hlg. Mauritius; in der Mitte: Grab Kaiser Ottos I.

Die Relieftafeln zum Leben, Leiden und Auferstehen Jesu Christi

Von den 26 Relieftafeln des Chorgestühls, die das Leben, Leiden und Auferstehen Jesu Christi darstellen, wurden achtzehn um das Jahr 1360, acht im Jahr 1844 als Ersatz für zerstörte mittelalterliche Tafeln geschnitzt. Zwar zeigt das Chorgestühl im Dom zu Bremen, das kurz nach dem Magdeburger vielleicht unter Mitwirkung eines Meisters, der auch in Magdeburg tätig war, entstanden ist, 10 Szenen aus dem Alten und 20 aus dem Neuen Testament. Dort stehen aber nur Wangen ohne Gestühl abseits an der Wand. Lediglich im Dom zu Lund ist aus gleicher Zeit ein vollständiges Chorgestühl mit fünf Szenen aus dem Leben Jesu neben solchen aus dem Alten Testament und der Legende erhalten. Auch das große und prunkvolle Chorgestühl im Kölner Dom, das für einige Misericordien des Magdeburger Gestühls Vorbild war, besitzt keinen Leben-Jesu-Zyklus.

Von den nachfolgenden Tafeln gehören die ersten beiden unmittelbar zu den hohen Eingangswangen, die übrigen sind an den halbhohen Wangen zu sehen. Die achtzehn originalen Tafeln von 1360 stellen dar:

1. Die Ankündigung der Geburt Jesu
2. Die Darbietung Jesu im Tempel und die Begegnung mit Simeon
3. Die Empfängnis - Josefs Traum - Besuch Marias bei Elisabeth
4. Die Geburt Jesu Christi
5. Die Anbetung des Kindes durch die drei Könige
6. Die Flucht nach Ägypten
7. Der Kindermord in Bethlehem
8. Der zwölfjährige Jesus im Tempel
9. Die Taufe Jesu
10. Die Versuchung Jesu
11. Der Einzug in Jerusalem
12. Das Abendmahl
13. Das Gebet in Gethsemane
14. Die Gefangennahme
15. Das Verhör vor dem Hohenpriester, Verspottung und Geißelung
16. Das Verhör vor Pilatus
17. Das Verhör durch Herodes
18. Die Verurteilung durch Pilatus

Die acht Tafeln von 1844 zeigen:
19.   Die Begegnung mit Simeon und Hanna im Tempel
20.   Die Fußwaschung
21.   Die Geißelung
22.   Die Verspottung
23.   Die Kreuztragung
24.   Die Grablegung
25.   Die Frauen am leeren Grab
26.   Die Himmelfahrt Jesu Christi

Schon in der altchristlichen Kunst begegnen uns bestimmte Bilder aus dem Leben Jesu auf Sarkophagen, Wandmalereien und Mosaiken. Später im Mittelalter finden wir Szenen aus dem Leben Jesu in illustrierten Evangelien- und Bibelhandschriften, als Bauplastik über Kirchenportalen, als Kleinkunst auf Elfenbein-Altären, auf Altargemälden, in der Glasmalerei und auf den biblischen Bilderbögen, den so genannten Armenbibeln. In Prozessionen und geistlichen Schauspielen waren sie als lebende Bilder zu erleben. Es gab also jahrhundertelang feste Bilderzyklen.

Auch der Bildaufbau der Magdeburger Reliefs steht in alter Tradition. Musterbücher gaben Themen und Kompositionen von Bauhütte zu Bauhütte weiter. Vermittelt durch die Reisen der Domherren und die durch ganz Europa wandernden Meister und Werkstätten, zeigen die Tafeln des Magdeburger Chorgestühls vor allem Einflüsse aus Frankreich, besonders aus Paris und Avignon, wo der Papst damals residierte, und aus Süddeutschland, Österreich und Böhmen. Über Süddeutschland und Böhmen lassen sich Stilelemente aus Oberitalien erklären, die sich auf den Magdeburger Relieftafeln finden. Neben einem vielleicht indirekten Einfluß aus Köln zeigen die Misericordien Anregungen aus englisch beeinflußten Miniaturen, deren Besitz für die Landgrafen von Hessen nachweisbar ist, aus deren Haus Erzbischof Otto stammte.

Im Gegensatz zu dem eleganten Kölner Domgestühl und anderen Chorgestühlen, bei denen alle Flächen mit Dekor überzogen sind, wirkt das Magdeburger schlichter und strenger. Aber es ist mit höchster bildhauerischer Qualität bemüht, auf seinen Tafeln die Heilsgeschichte Christi zu vergegenwärtigen und durch die Misericordien seelsorglich-didaktisch zu wirken und seine Benutzer im Kampf zwischen Gut und Böse zu unterstützen.

Die hohen Wangen am Lettner

Betreten wir den Chorraum durch eine der beiden Pforten im Lettner, so sehen wir direkt dahinter rechts und links die hohen Eingangswangen. Sie sind besonders ausgezeichnet durch je drei in Blendmaßwerk hineingestellte Reliefgruppen. Oben stark plastisch gearbeitet steht je eine Szene aus der Heilsgeschichte und zwar nordseitig die Ankündigung der Geburt Jesu an Maria durch den Engel, auf der Südseite die Darbringung Jesu im Tempel. In der Mitte befinden sich je zwei Apostel: auf der Nordseite Jakobus der Ältere und Jakobus der Jüngere, auf der Südseite Petrus und Paulus. Unten sehen wir je zwei weibliche Heilige: nordseitig Elisabeth und Katharina, auf der Südseite Maria Magdalena und Marta. Rückseitig an diesen Wangen zum Gestühl hin stehen je vier alttestamentliche Propheten.

1. Die Ankündigung der Geburt Jesu   (Wange A, Südseite)

„Und im sechsten Monat wurde der Engel Gabriel von Gott gesandt in eine Stadt in Galiläa, die heißt Nazareth, zu einer Jungfrau, die verlobt war einem Mann mit Namen Josef vom Hause David; und die Jungfrau hieß Maria. Und der Engel kam zu ihr hinein und sprach: Sei gegrüßt, du Begnadete! Der Herr ist mit dir! Sie aber erschrak über die Rede und dachte: Welch ein Gruß ist das? Und der Engel sprach zu ihr: Fürchte dich nicht, Maria, du hast Gnade bei Gott gefunden. Siehe, du wirst schwanger werden und einen Sohn gebären, und du sollst ihm den Namen Jesus geben. Der wird groß sein und Sohn des Höchsten genannt werden. Maria aber sprach: Siehe, ich bin des Herrn Magd; mir geschehe, wie du gesagt hast:" (Lk 1, 26-38) Der Gruß des Engels lautet: „Ave, Maria, gratia plena! - Sei gegrüßt, Maria, du Begnadete!" Die Kirchen feiern die Ankündigung der Geburt Jesu als Fest am 25. März.

Auf dem Relief ist der Engel Gabriel gerade eingetroffen, ein Flügel schwingt noch hoch. Gabriel im faltenreichen, weiten Gewand kniet auf das linke Knie nieder und weist mit der rechten Hand auf das Schriftband. Dessen oberes Ende ist leider abgebrochen und hatte sich in den weiten Raum hinein über Marias Kopf geschwungen. Ein Gebetpult trennt beide Figuren. Maria sitzt auf einer Bank und hebt erschrocken abwehrend beide Hände. Sie ist einfach dargestellt ohne Krone und ohne Kopftuch, nicht wie auf zeitgenössischen Kunstwerken sonst, auch ohne Heiligenschein, mit gescheiteltem Haar, das in Wellen bis über die Schultern fällt. Das demütige „Ja", das Maria spricht, ist das Vorbild des Glaubens der Kirche und die Einwilligung jedes Einzelnen, Gottes Willen an sich selbst und durch sich an anderen Menschen und in der Welt wirken zu lassen. Seit der Katakomben-Malerei im 3. Jahrhundert ist diese Szene neben der Kreuzigung am häufigsten dargestellt worden.

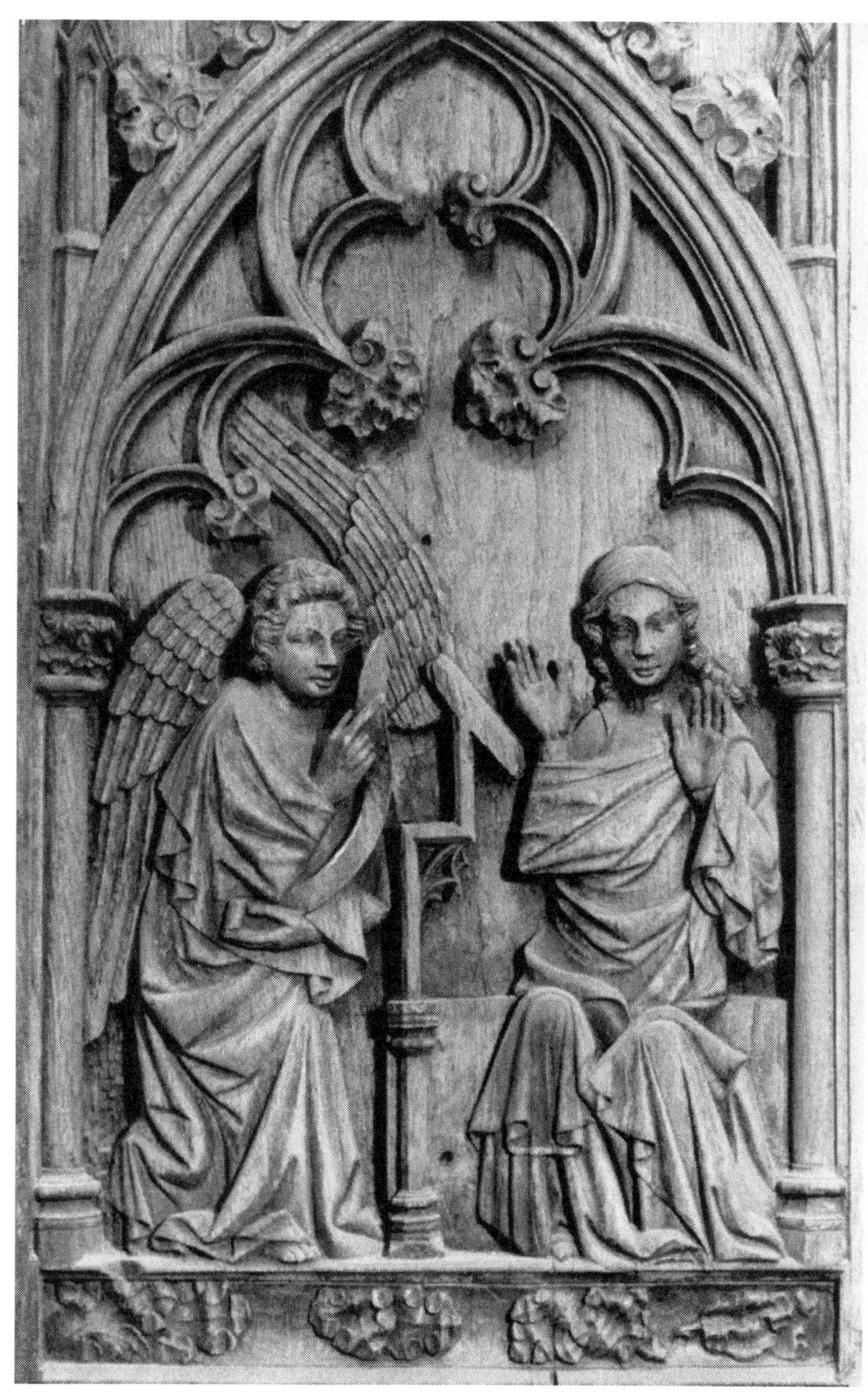

Abb. 7　Die Ankündigung der Geburt Jesu

Der rechte Jünger mit dem Buch wird **Jakobus, der Ältere** genannt. Er gehört zu den vier Fischern, die zuerst von Jesus als Jünger aus ihren Booten berufen wurden. Er und sein Bruder Johannes waren die Söhne des Zebedäus und zusammen mit Petrus die drei Vertrauten Jesu, die bei der Verklärung (Mt 17,1) und beim letzten Gebet in Gethsemane (Mt 26,37) ganz nahe bei Jesus sein durften. Er tadelte ihr schnelles Urteil über die abweisenden Samariter: „Herr, willst du,- ... dass Feuer vom Himmel falle und sie verzehre?" und wies ihre Bitte zurück, in Gottes Herrlichkeit rechts und links neben Jesu Thron sitzen zu dürfen. (Mk 10,35-41; Lk 9,54-55) Um 44 n. Chr. ließ der König Herodes Agrippa Jakobus, den Bruder des Johannes, mit dem Schwert in Jerusalem töten (Apg. 12,2).

Darum wird er meist mit dem Schwert in der Hand dargestellt. Nach Stephanus ist er der zweite Märtyrer der Christenheit. Seit dem 14. Jh. wird er als Schutzpatron der Pilger und Wallfahrer in Pilgertracht mit kurzem Mantel, Hut, Tasche und einer großen Muschel besonders in Spanien verehrt und dargestellt. Angeblich wurden seine Gebeine im Jahr 820 in Santiago di Compostela gefunden. Sein Gedenktag ist der 25. Juli.

Jakobus, der Jüngere, Sohn des Alphäus (Mk 3,18) stützt sich auf eine Walkerstange. Seine Mutter wird Maria, „die Mutter Jakobus' des Kleinen" genannt. Sie war Jesus in Galiläa nachgefolgt, hatte ihm gedient und stand zuletzt unter seinem Kreuz (Mk 15,40). Nach der Überlieferung starb Jakobus zusammen mit Philippus als Märtyrer. Beide wurden nach Rom überführt und zusammen in einem Grab beigesetzt. Deshalb werden beide am 3. Mai verehrt. Er soll von den Pharisäern, weil er seinen Glauben nicht widerrief, nach der Gefangennahme des Paulus vom Tempelberg herabgestoßen, gesteinigt und mit einer Walkerstange erschlagen worden sein. Deshalb gilt diese im Mittelalter neben einer Keule als sein Attribut. Er ist der Schutzpatron der Tuchwalker, die ihre Tuche und Hüte mit einer durchlochten Walkerstange verfilzten.

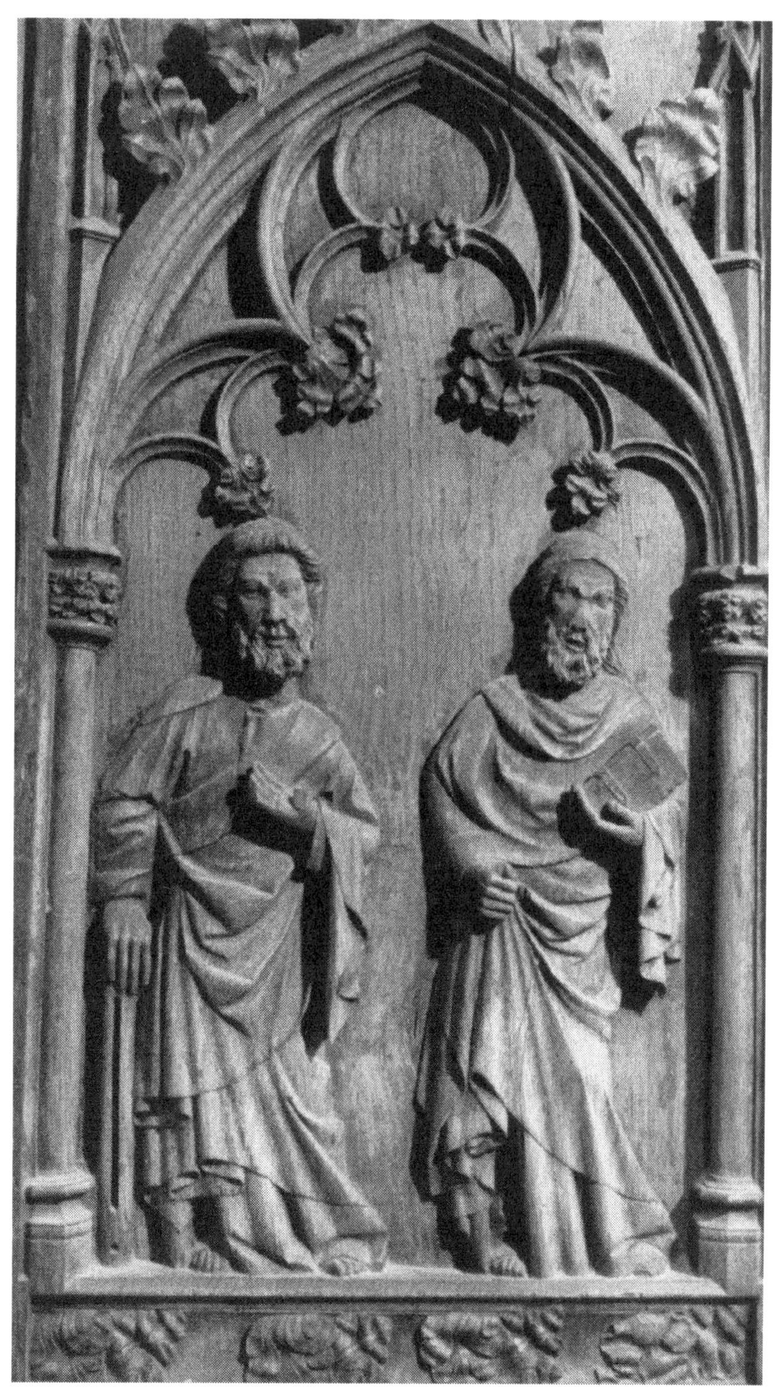

Abb. 8   Jakobus der Jüngere mit Walkerstange und der Ältere mit Buch

Elisabeth von Thüringen wurde als Tochter des Königs Andreas II. von Ungarn im Jahr 1207 in Preßburg geboren, lebte seit 1211 am Hof des Landgrafen von Thüringen auf der Wartburg und wurde 1221 mit Landgraf Ludwig VI. vermählt. Unter dem Eindruck von Franz von Assisis, der damals noch lebte, wollte sie dem Vorbild Jesu ganz nachfolgen. Sie speiste Hunderte von Hungernden und gründete am Fuße der Wartburg ein Hospital für Arme und Kranke. Als sie mit 20 Jahren das dritte Kind gebar, war ihr Ehemann Landgraf Ludwig zu Beginn eines Kreuzzuges bereits an Fieber gestorben. Das höfische Leben lehnte sie entschieden ab und verließ die Wartburg. Mit ihrem Witwengut gründete sie in Marburg ein Hospital und opferte sich auf in Armut, Kasteiungen und Pflege der Kranken. Mit Wein behandelte sie deren Wunden und erquickte sie. Darum ist die Kanne ihr Attribut. Am 17. November 1231 starb sie im Alter von 24 Jahren , wurde vier Jahre später heilig gesprochen und in der nach ihr benannten Elisabethkirche in Marburg bestattet. Ihr Urenkel war der Erzbischof Otto von Hessen. An beide erinnert seit 1360 der Altaraufsatz in der Marienkapelle des Magdeburger Domes. Dort trägt sie ein Kirchenmodell als Attribut und versorgt einen Bettler mit Kleidung und Brot. Ihr Gedenktag ist der 19.November.

Katharina von Alexandria wurde nach der Überlieferung zu Anfang des 4. Jh. als Tochter eines Königs von Zypern geboren, galt als sehr schöne und kluge junge Frau und tapfere Bekennerin des christlichen Glaubens. Sie disputierte mit Philosophen in Alexandria und soll fünfzig von ihnen zum christlichen Glauben bekehrt haben. Katharina wurde unter dem römischen Kaiser Maxentius, der 312 im Tiber bei der Milvischen Brücke im Kampf gegen Konstantin ertrank, oder wahrscheinlicher unter dem oströmischen Kaiser Maximinus Daja, der in Tarsus 313 starb, wegen ihres Bekenntnisses zu Christus gefangen. Sie bekehrte die Frau des Kaisers und den Offizier Porphyrius mit seinen Soldaten, die auch Märtyrer wurden. Sie wurde an ein Rad mit Nägeln gebunden. Aber Donner und Blitz zerstörten das Folterrad und töteten den Henker. Darauf wurde Katharina mit dem Schwert enthauptet. Der Legende nach sollen Engel ihren Leichnam zum Sinai getragen haben. Im Jahr 557 gründete Kaiser Justistian I. dort ein Kloster, das später nach ihr benannt wird und ihre Gebeine aufbewahrt.

Als ihr Todestag gilt der 25. November 307. Kunstwerke zeigen sie mit ihren Attributen Siegespalme, Schwert, Rad und Krone. Als die eigentliche Siegerin steht sie häufig auf ihrem Peiniger, dem römischen Kaiser. Auch am Chorgestühl hält sie den Knauf des Schwertes, das abgebrochen ist, und ein Stück des Rades. Sie ist die Schutzpatronin der Universität in Paris. Erzbischof Albrecht II., der dort studierte, machte sie 1209 beim Aufbau des gotischen Domes neben Mauritius zur Patronin seiner Kathedrale in Magdeburg.

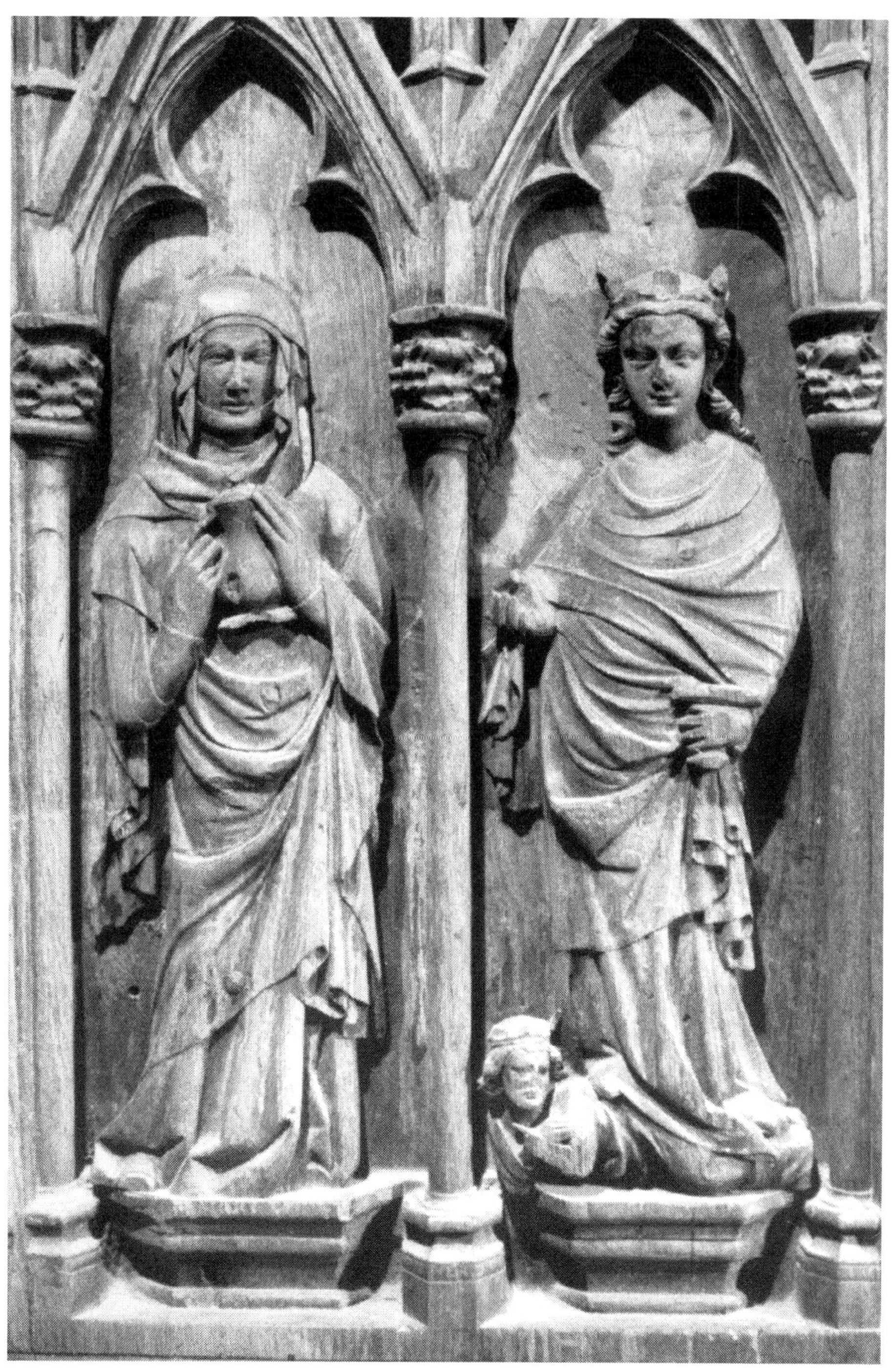

Abb.9 Elisabeth in Witwentracht mit Kanne und Katharina mit Krone und Schwert

Auf der Innenseite der hohen Wange links vom Lettnereingang erkennen wir **vier Propheten** des Alten Testamentes. Sie weissagten das, was sich in der Geschichte Jesu Christi erfüllt hat. „Denn er hat besucht und erlöst sein Volk, wie er vor Zeiten geredet hat durch den Mund seiner heiligen Propheten." (Lk 1,68-70) So beteten die Chorherren jeden Morgen. Deshalb haben die dargestellten Männer einen redenden Gestus und Schriftbänder in den Händen. Einer der Propheten wird Jesaja sein, der die Geburt Jesu prophezeit: „Siehe, eine Jungfrau ist schwanger." (Jes 7,14) Die drei anderen Propheten können Mose, Samuel und Micha sein. Denn in der Ansage der Geburten Isaaks (1.Mose 17, 119), Samuels (1.Samuel 1)und des aus Bethlehem kommenden Friedenskönigs (Micha 5) sah man Weissagungen der Verkündigung und Geburt Jesu Christi.

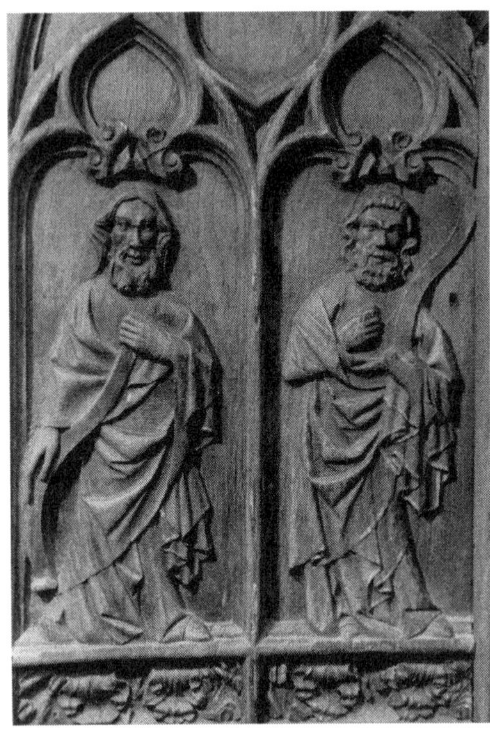

Abb.10   Zwei Propheten

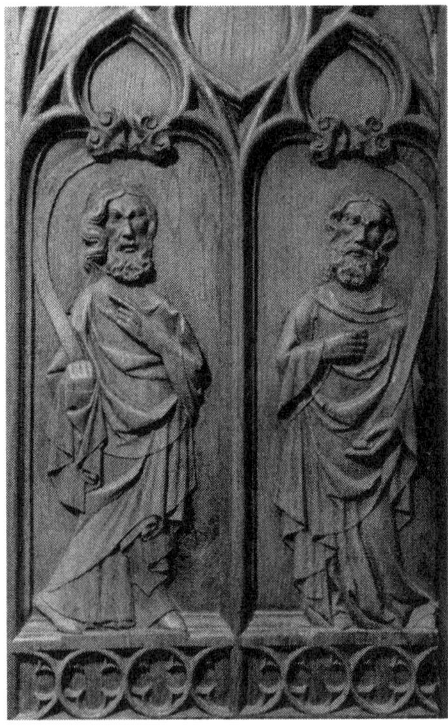

Abb.11   Zwei Propheten

Die Randleiste der nördlichen hohen Eingangswange zeigt unten eine Frau mit einem kleinen Buch, darüber einen jungen Mann, der nach oben weist. Weiter oben sehen wir die heilige Ursula mit Pfeil, Gebetbuch und Krone. Über ihr sind zwei Dämonen und ganz oben der Teufel zu erkennen.

Um das Leben der heiligen **Ursula** ranken sich viele Legenden: Als britische Königstochter forderte sie von einem heidnischen Prinzen, dass er Christ werde, wenn er sie heiraten wolle, und er ihr Zeit ließe zu einer Wallfahrt nach Rom. Auf dem Rückweg wurde sie mit ihren zehn Begleiterinnen von Hunnen erschlagen, die Köln belagerten. Sie selbst wurde von einem Pfeil getötet. Ursula wird besonders in Köln verehrt und ist in der mittelalterlichen Kunst oft dargestellt worden. Ihr Attribut ist immer ein Pfeil und ihr Gedenktag der 21. Oktober. Ihr Todesjahr ist ungeklärt: 352 oder 452.

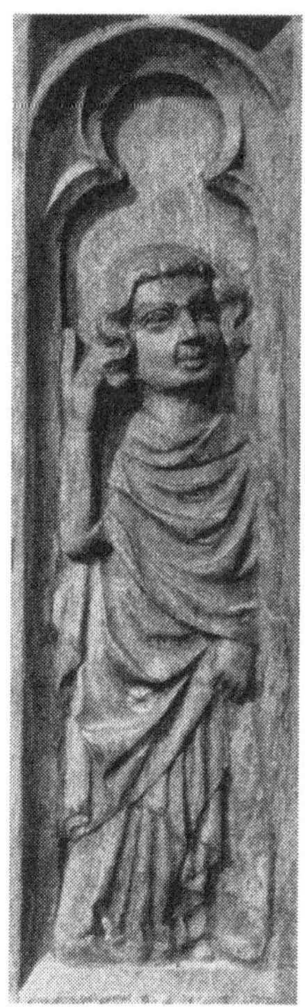

Abb.12 Jüngling

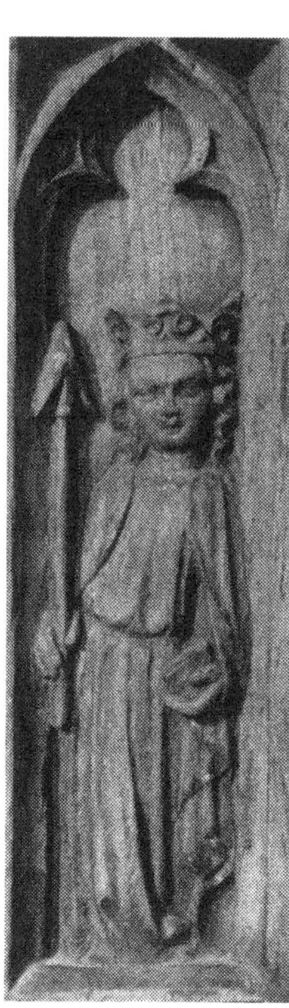

Abb.13 Ursula

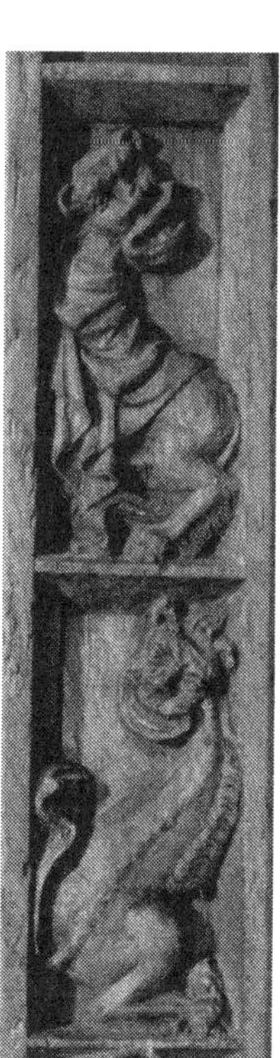

Abb.14 Dämonen

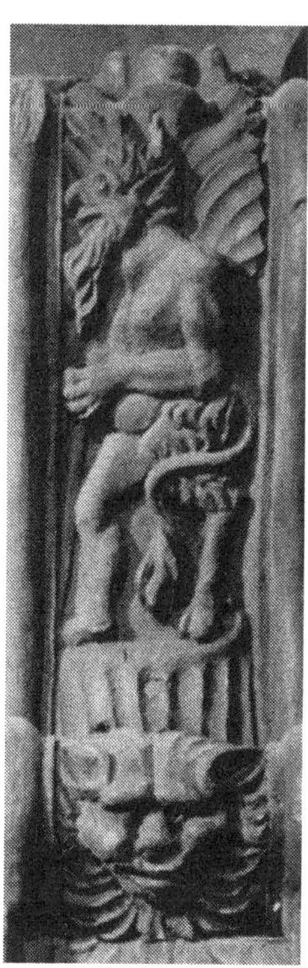

Abb.15 Teufel

Ganz oben auf der Randleiste der nördlichen hohen Wange sind zwei Dämonen und über ihnen auf der Volute ein Raubtierkopf und darüber der Teufel zu sehen. Die Dämonen sind schreckliche Fabelwesen mit mächtigen Hinterbeinen, großen menschenähnlichen Fratzen und aufgerissenen Mäulern. Fast überall heulen die Begleiter des Teufels; sie können die Gesänge und die Stille des Gottesdienstes nicht ertragen. Zwischen den Propheten des Heils und der Heilsgeschichte Christi mit den Aposteln und Heiligen auf den beiden Seiten der Wange wird es eng für den Teufel und seine Vasallen. Trotzdem ist er allgegenwärtig, auch wenn er ganz in der Höhe auf der Volute Zuflucht gesucht hat. Bedrohlich wirkt er mit seinem mächtigen Menschenleib und Kopf mit krummer Nase, Bart, Ziegenohren und Hörnern, Flügeln, mit einem Bocksbein und Schwanz, mit wachen Augen und großem Mund. Mit seinen kräftigen Armen und Händen kann er jederzeit zupacken. In Fastnachtsumzügen und Osterspielen spielte der Teufel damals eine große, aber besiegte Rolle zum Fürchten und zum Lachen.

Die südliche hohe Eingangswange zeigt die Darbringung Jesu im Tempel, Petrus und Paulus, Maria Magdalena und Marta. Links neben dem Zugang zur hinteren Reihe steht die halbhohe Wange mit dem Relief Jesus vor Pilatus. Die beiden hohen Wangen am Eingang zum Chorraum sind durch ihre Größe und ihr Thema besonders betont. „Ist die Verkündigung der Geburt Christi doch der Auftakt zu Gottes Heilsplan und die Darbringung im Tempel die priesterliche Initiation Christi zum verheißenen Erlöser, dessen Opfertod durch den Altar bereits symbolisch angedeutet wird". (Porstmann, S. 130). Hier flankieren die Ankündigung der Geburt Jesu und der Hinweis auf sein Opfer die Eingänge. Beginn und Vollendung der Erlösung empfangen den, der den Chorraum betritt.

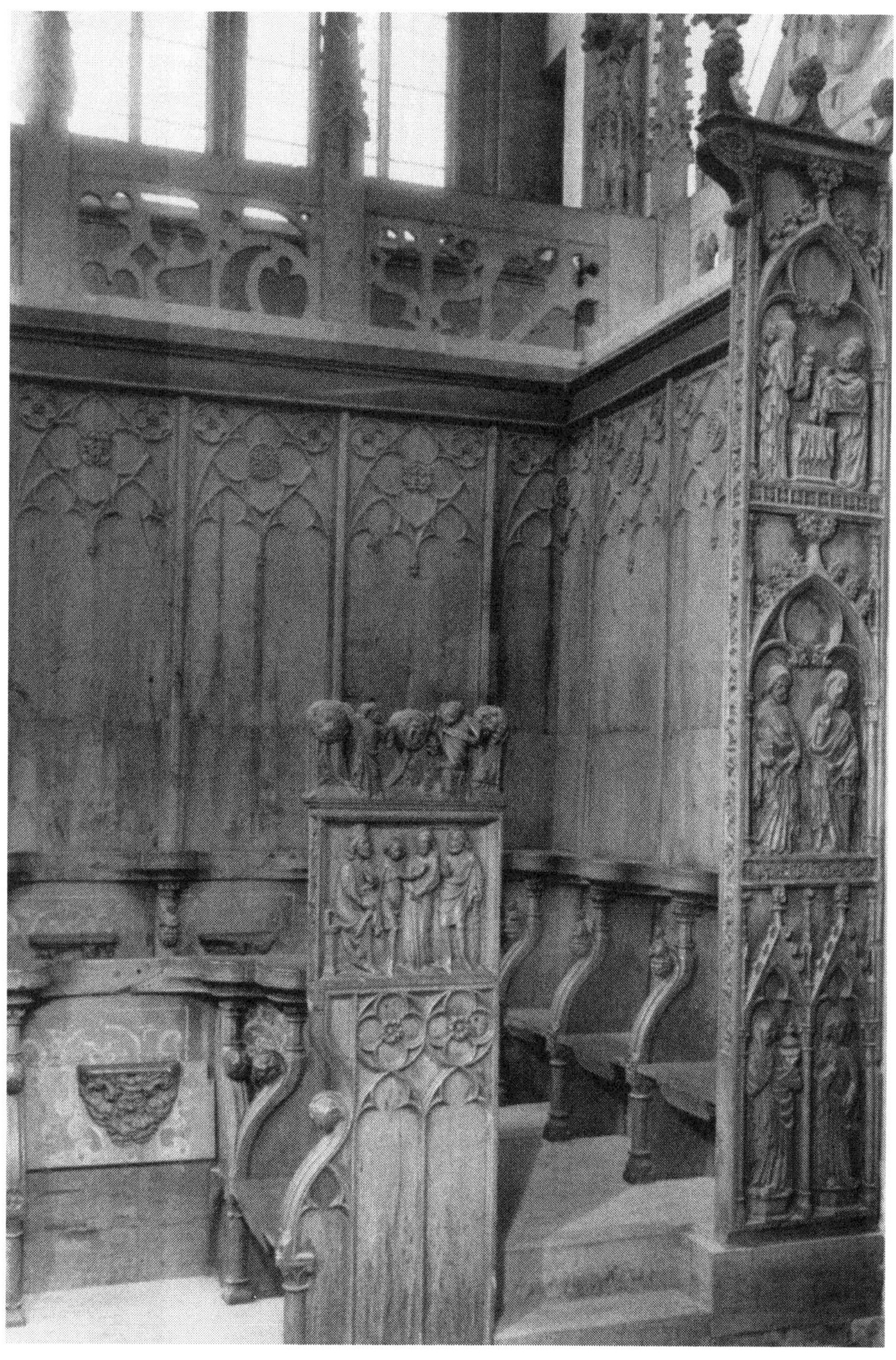

Abb.16   Südwest-Ecke: Hohe Wange mit Darbringung Jesu, Aposteln und Heiligen,
vorn: halbhohe Wange mit Jesus vor Pilatus

2. Die Darbringung Jesu im Tempel und Simeon   (Wange B, Südseite vorn oben)

Das Lukas-Evangelium (2, 22-35) berichtet zur Darbringung Jesu im Tempel: „Und als die Tage ihrer Reinigung nach dem Gesetz um waren (nämlich 40 Tage nach der Geburt), brachten sie ihn nach Jerusalem, um ihn dem Herrn darzustellen... und um das Opfer darzubringen, ein Paar Turteltauben. Und ein Mann war in Jerusalem mit Namen Simeon, fromm und gottesfürchtig, und wartete auf den Trost Israels. Der nahm ihn auf seine Arme und lobte Gott und sprach: Herr, nun lässt du deinen Diener in Frieden fahren, wie du gesagt hast; denn meine Augen haben deinen Heiland gesehen, ein Licht, zu erleuchten die Heiden und zum Preis deines Volkes Israel. Und Simeon segnete sie und sprach zu Maria: „Siehe, dieser ist gesetzt zum Fall und zum Aufstehen für viele in Israel und zu einem Zeichen, dem widersprochen wird. Und auch durch deine Seele wird ein Schwert dringen.“

Maria mit großem Kopftuch reicht das Christuskind über einen Altar zu Simeon hin, der mit seiner Kopfbedeckung als Priester gekleidet ist und nun mit ehrfürchtig verhüllten Händen das Kind aufnehmen wird. Hinter Maria erscheint links halb verdeckt eine junge Frau mit einer Taube. Die Worte Simeons „ein Zeichen, dem widersprochen wird, und auch durch deine Seele wird ein Schwert dringen“ sowie der Altar deuten bereits den Opfertod Christi an.

Seit dem 4. Jh. gefeiert und seit dem 5. Jh. in der Kunst dargestellt, wird dieses Darbringungsfest noch heute am 2. Februar begangen. Es hat den Namen „Darstellung des Herrn“ und in der Orthodoxen Kirche „Hypapante - Begegnung“ nämlich mit Simeon. Volkstümlich wird es auch „Mariä Lichtmeß“ genannt. Denn es werden an diesem Fest Kerzen geweiht und ausgeteilt, die an Christus , das „Licht zur Erleuchtung der Völker“ erinnern und am Licht seiner Gnade Anteil geben. Der Lobgesang des Simeon, den er am Abend seines Lebens anstimmt, wird am Abend jedes Tages in der Komplet gesungen und ist in der Kirchenmusik oft vertont worden: „Herr, nun lässt du deinen Diener in Frieden fahren...“, auf lateinisch: Nunc dimittis (EG 786.10 und GL 700).

Der Meister der beiden hohen Eingangswangen ist offensichtlich ein anderer als der der übrigen Wangenreliefs. Die Verkündigung und die Darbringung wurden plastischer herausgearbeitet. Die Köpfe wirken länglich, ihre Gesichter, besonders die der Frauen, oval. Die Männer erhielten Wulste über der Nasenwurzel. Die Gewänder zeigen eine große Stofffülle, die sich in Schüsselfalten übereinander staucht und deren Ränder in Zickzack-Linien herabhängen.

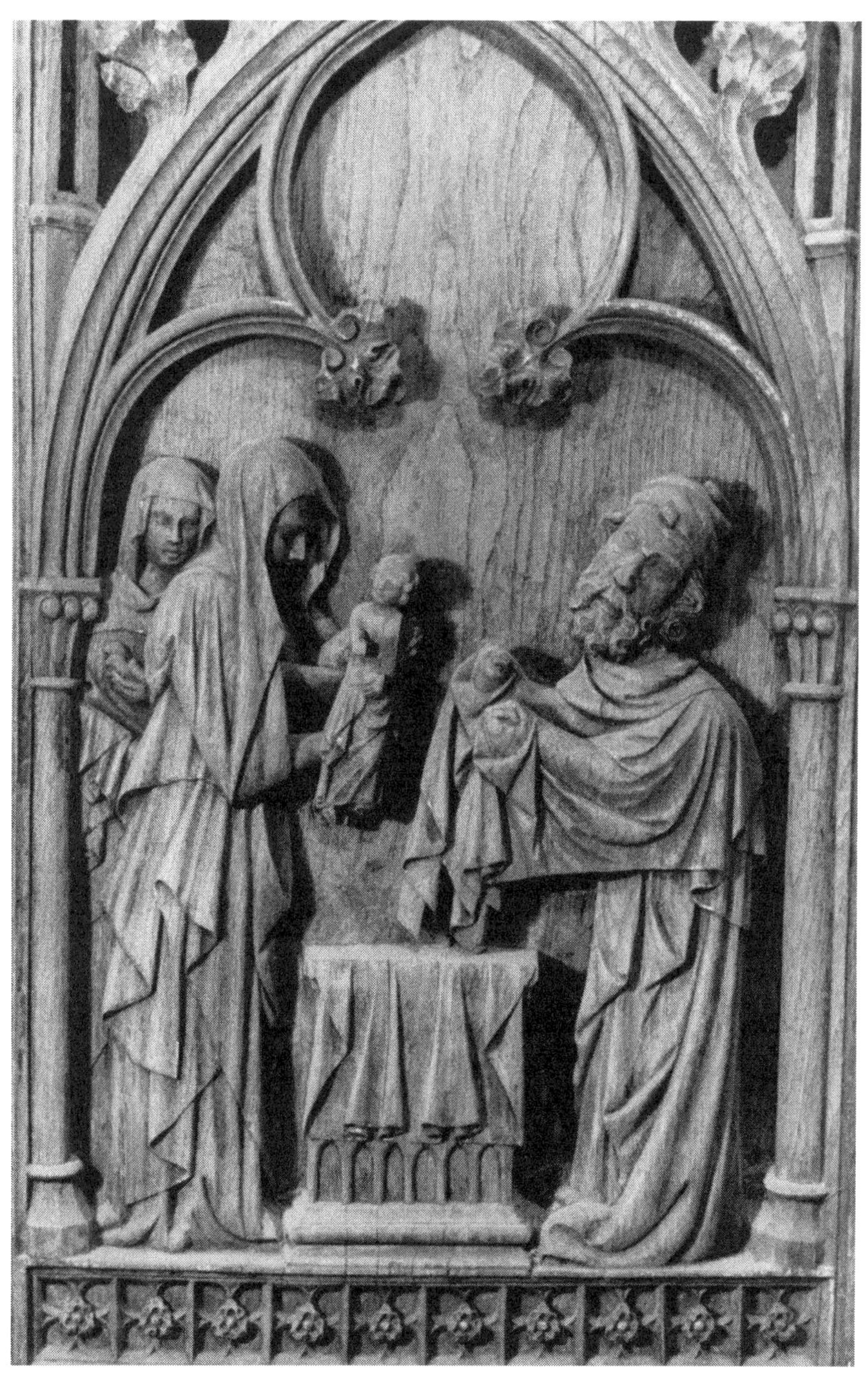

Abb.17   Die Darbringung Jesu im Tempel und Simeon

Petrus, der eigentlich Simon hieß, war mit seinem Bruder Andreas von Beruf Fischer und gehörte zu den ersten Jüngern Jesu. (Mk 1,16ff.) Er wird im Neuen Testament immer als Erster der Apostel genannt, war deren Sprecher und vielleicht auch der Älteste. Jesus nannte ihn „Fels" und sagte zu ihm: „Du bist Petrus, und auf diesen Fels will ich meine Gemeinde bauen." (Mt 16,18ff.) Er war verheiratet. Jesus verkehrte in seinem Haus in Kapernaum und heilte seine Schwiegermutter. Petrus war temperamentvoll und verleugnete seinen Herrn, obwohl er ihm Treue bis in den Tod versprochen hatte. Er bereute es (Mt 26,69-75) und erfuhr die Vergebung des Auferstandenen und einen erneuten Auftrag (Joh 21, 15-17). Nach den Osterereignissenn leitete Simon Petrus die Urgemeinde (Apg 1-5 u. 9-12). Seine Auseinandersetzung mit Paulus zeigt auch die Spannungen zwischen Judenchristen und Heidenchristen (Gal 2).

Die Apostelgeschichte berichtet von ihrer Einigung (Kap.15). Johannes Markus war später sein Reisebegleiter und Missionsgehilfe. Petrus ist unter Kaiser Nero in Rom um das Jahr 64 als Märtyrer gestorben, er wurde wahrscheinlich gekreuzigt. Sein Attribut in der christlichen Kunst ist der Schlüssel, weil Jesus zu ihm sagte: „Ich will dir die Schlüssel des Himmelreichs geben." (Mt 16, 19) Sein Gedenktag ist zusammen mit dem des Paulus der 29. Juni.

Paulus, der aus dem kleinasiatischen Tarsus stammte, trug von Haus aus den stolzen Namen des ersten Königs Israels Saul d.h. „der Erbetene".Er benutzte aber besonders, nachdem ihm Jesus Christus in einer Lichtvision vor Damaskus erschienen war und ihn gefragt hatte: „Saul, Saul, was verfolgst du mich?", auch den römischen Beinamen Paulus, d.h. „der Geringe" oder „der Kleine". Zuvor hatte er als ausgebildeter Rabbiner und eifriger Pharisäer die Christen verfolgt. Nach seiner Bekehrung (Apg 9; 22; 26) wurde er der bedeutendste Missionar Christi in Arabien, Syrien, Zypern, Kleinasien, Mazedonien und Griechenland. Als er eine Missionsreise über Italien nach Spanien plante (Röm 15, 24), wurde er in Jerusalem aufgrund einer Anklage der Juden verhaftet und als Gefangener zu einem Prozeß nach Rom gebracht, weil er das römische Bürgerrecht besaß. Seine Briefe sind einzigartige Dokumente der Welt-und Kirchengeschichte. Besonders hat der Brief an die Römer Menschen durch alle Jahrhunderte beunruhigt und befreit. Sein Attribut ist das Schwert, mit dem er in Rom hingerichtet wurde.

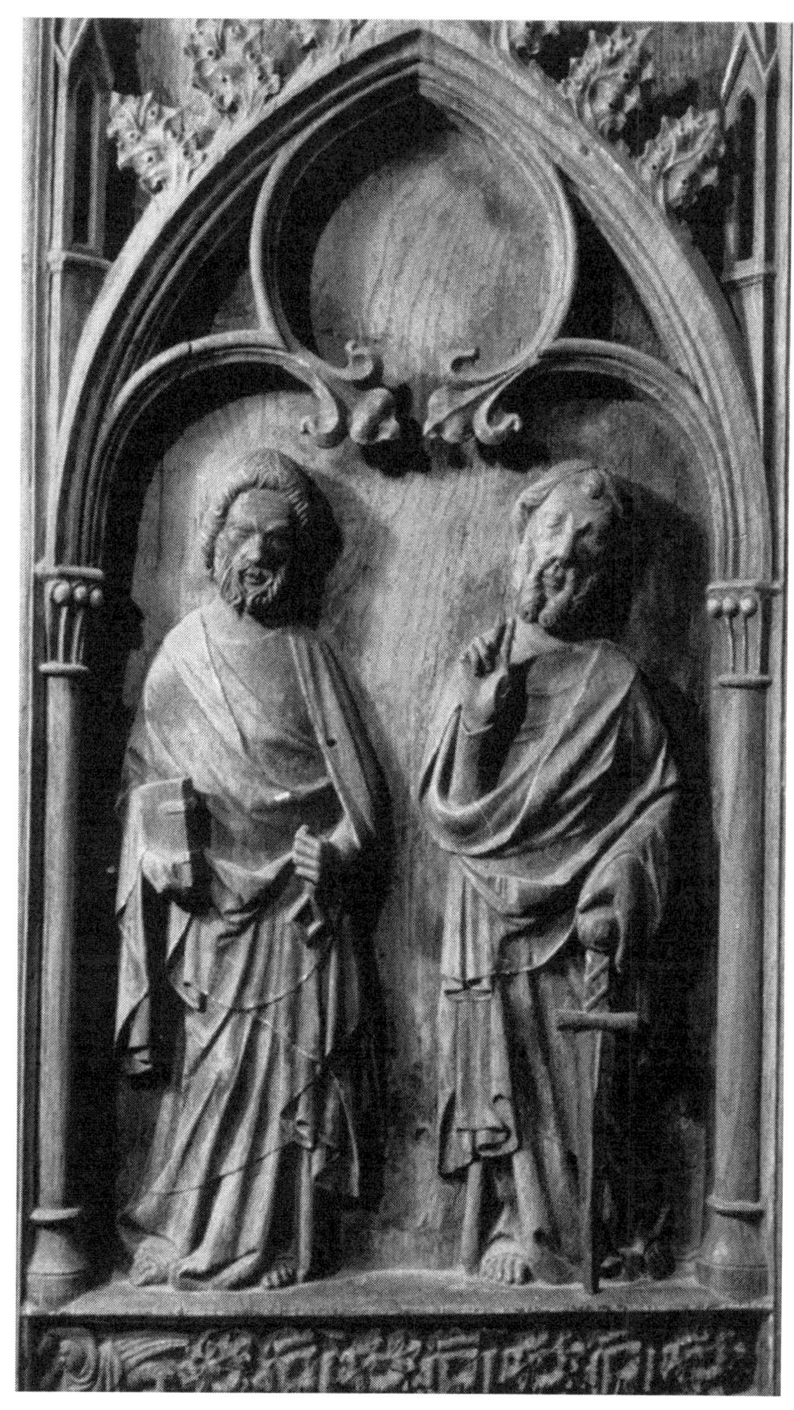

Abb.18   Simon Petrus mit Schlüssel und Paulus mit Schwert

Maria Magdalena wurde von Jesus dadurch geheilt, dass er ihr sieben böse Geister austrieb. (Luk 8,2) Sie diente und folgte ihm mit anderen Frauen bis unter das Kreuz, ging am Ostermorgen mit wohlriechenden Ölen zum Grab, um ihn zu salben, und begegnete noch vor den Jüngern als Erste dem auferstandenen Jesus Christus. (Vergleiche das Tympanon im Chorumgang „Noli me tangere - Rühre mich nicht an". Joh 20, 1ff.; 11-18; Mk 16). Ihr Attribut ist das Salbgefäß, ihr Gedenktag der 22. Juli.

Drei Frauen des Neuen Testamentes werden in der Kunst und Volksfrömmigkeit als ein und dieselbe Person, nämlich als Maria Magdalena, angesehen und verehrt:

Maria Magdalena stammte aus Magdala, gehörte zu den Frauen, die Jesus bis zuletzt begleiteten und war die erste Oster-Zeugin. (Lk 8; Mk 16; Joh 20)

Maria von Bethanien hatte zu Jesu Füßen gesessen und ihm zugehört, während sich ihre Schwester Marta „viel Sorge und Mühe" mit der Bewirtung Jesu gemacht hatte. Sie und Marta waren die Schwestern des Lazarus, den Jesus auferweckte. Sie hatte Jesus vor seiner Passion die Füße gesalbt. (Lk 10; Mt 26; Mk 14; Joh 11 und 12)

Eine Frau, die eine stadtbekannte „Sünderin" war und deren Namen nicht genannt wird, salbt Jesu Füße im Haus des Pharisäers Simon. Sie wird von Jesus gegen üble Nachrede in Schutz genommen und erfährt seinen Zuspruch: „Dir sind deine Sünden vergeben. Dein Glaube hat dir geholfen; geh' hin in Frieden!" (Lk 7, 37ff.)

Die alten Kirchenväter Irenäus, Tertullian und Clemens von Alexandria um 180 n. Chr. hielten sie für drei Personen, die Volksfrömmigkeit aber und der Papst Gregor der Große (540-604 n. Chr.) kennen nur eine Person. Seitdem wird sie in der Liturgie und in der Kunst der Kirche als Maria Magdalena dargestellt.

Es liegt nahe, dass die Figur rechts neben Maria Magdelena ihre Schwester **Marta** ist. Die Evangelien berichten von ihr bei der Einkehr Jesu, wobei er zu ihr sagte: „Eins ist not!", bei der Auferweckung des Lazarus und auch bei der Salbung in Bethanien (Lk 10, Joh. 11 u. 12). Marta, die um das leibliche Wohl besorgte Gastgeberin, vertritt den Typ des aktiven Lebens, der vita activa, während ihre Schwester Maria, die den Worten Jesu zuhört, das Leben der inneren Sammlung, der vita contemplativa, vertritt. Beide Seiten des Lebens gehören zusammen: Arbeit und Kontemplation. Am Chorgestühl scheint bei Marta ein Attribut abgebrochen zu sein. Beide Heilige haben liebliche, ovale Gesichter, die von den bis auf die Schultern fallenden symmetrischen Haarlocken eingerahmt sind. Eine überreiche Stofffülle scheint kaum gebändigt werden zu können. Beide stehen auf Sockeln wie steinerne Standbilder. Martas Gedenktag ist der 29. Juli.

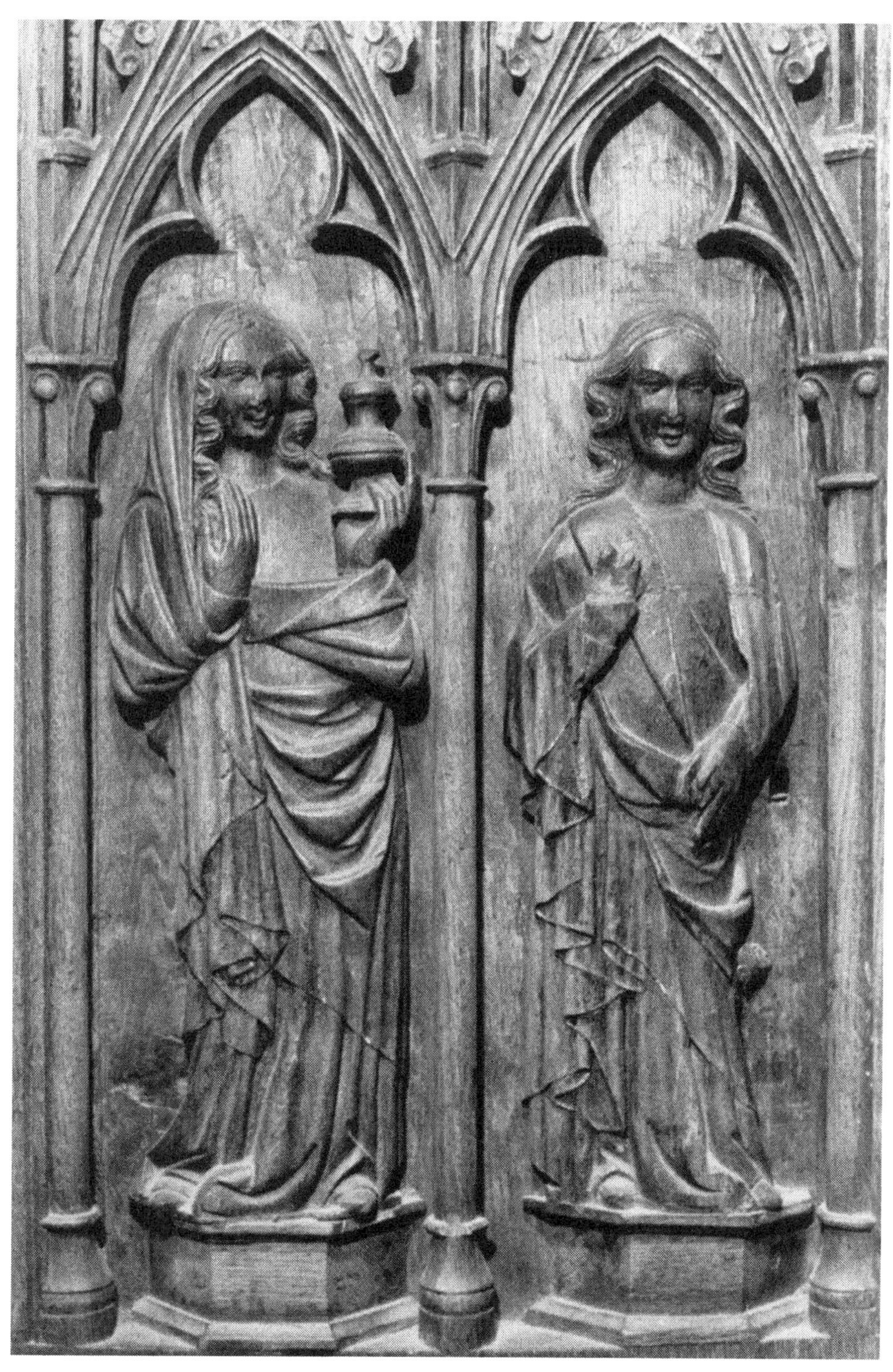

Abb.19   Maria Magdalena mit Salbgefäß und Marta

Unter den Füßen des Petrus kriecht auf der Schmuckleiste ein Fabelwesen mit einem Menschenkopf in einer Kogel, siehe Abb. 20.

Auf der Innenseite der Eingangswange stehen vier alttestamentliche **Propheten** in Blendarkaden. Auffallend sind ihre fülligen Gewänder und kunstvollen Bärte. Die rechten beiden tragen eine Kopfbedeckung. Damit könnte ausgedrückt sein, daß sie Priester sind. In der „Concordantia caritatis" (Lilienfeld, Mitte 14.Jh., RDK III, 837-838) wurden die Priester des AT und Propheten, die Priester waren, mit einem Turban oder „Kopfbund" dargestellt, wie Mose ihre Tracht vorgeschrieben hatte (2. Mose 28, 39f.). Die Propheten Hesekiel und Sacharja waren Priester, Jeremia der Sohn eines Priesters. Welche ihrer Aussagen auf die Darstellung Jesu im Tempel Bezug nehmen und ob überhaupt eine Beziehung gemeint war, kann nicht gesagt werden. Der eine Prophet ohne Kopfbedeckung kann Mose sein, der die Beschneidung vorschrieb (3. Mose 12), der andere Maleachi, dessen Aussage: „Bald wird kommen zu seinem Tempel der Herr" (3, 1-4) seit alters der Darbringung Jesu zugeordnet wird.

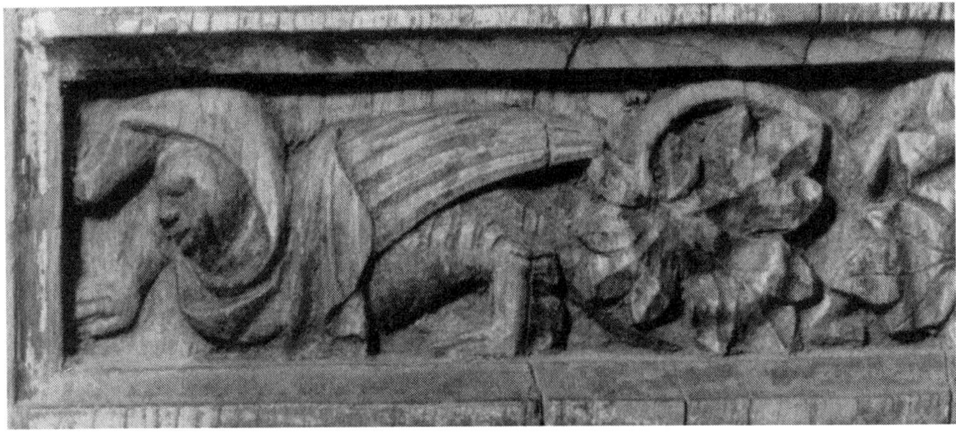

Abb.20 Fabelwesen

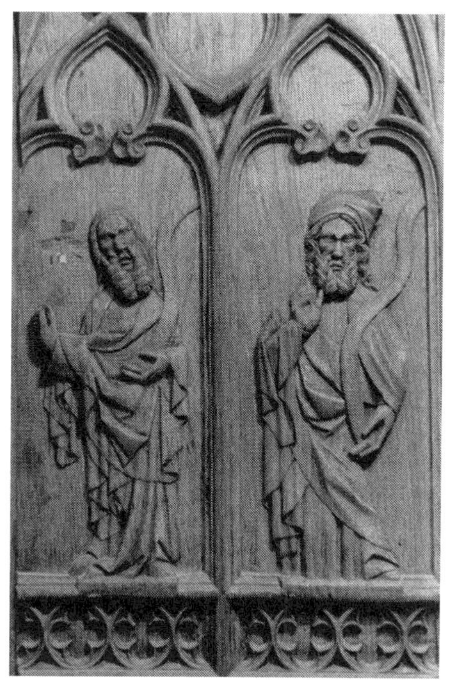

Abb.21   Zwei Propheten (obere Tafel)

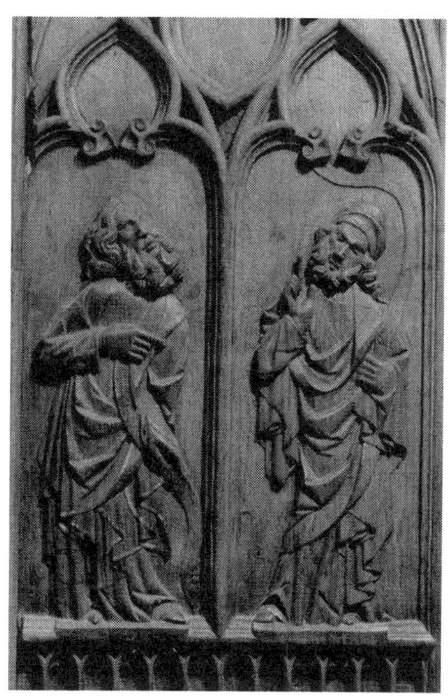

Abb.22   Zwei Propheten (untere Tafel)

3. Die Empfängnis - Josefs Traum - Maria bei Elisabeth   (Wange C, Nordseite)

Diese wenig beachtete Tafel auf der Rückseite des Geburtsreliefs vereinigt drei Szenen:

Die erste zeigt **Marias Empfängnis**. Maria kniet betend in weitem Umhang mit offenem Haar, das in Locken über die Schulter auf den Rücken fällt, auf einem Sockel und blickt zu Gott auf. Dieser erscheint am oberen Rand im Strahlenkranz aus einer Wolke und segnet Maria. Das Buch in seiner Linken deutet an, dass er sein Wort, das uns in der Bibel gegeben ist, wahr macht: „Der heilige Geist wird über dich kommen, und die Kraft des Höchsten wird dich überschatten; darum wird auch das Heilige, das geboren wird, Gottes Sohn genannt werden." (Lk 1) Mit wunderbarer Zartheit hat der Bildhauer Maria gestaltet, die Gottes Gabe empfängt: „Es geschehe, was du gesagt hast. Ich bin bereit." Sie ist die Begnadete, die Ja sagt und sich dem Wirken Gottes öffnet. So wird sie zur Mutter des Erlösers und die Repräsentantin all der Frauen und Männer, die sich Gott hingeben und durch die Gott sein Werk in dieser Welt ausrichtet.

Josefs Traum oder Josefs Zweifel und die Botschaft des Engels an ihn werden hier dargestellt. Josef sitzt in Gedanken versunken auf einen Stock gestützt und

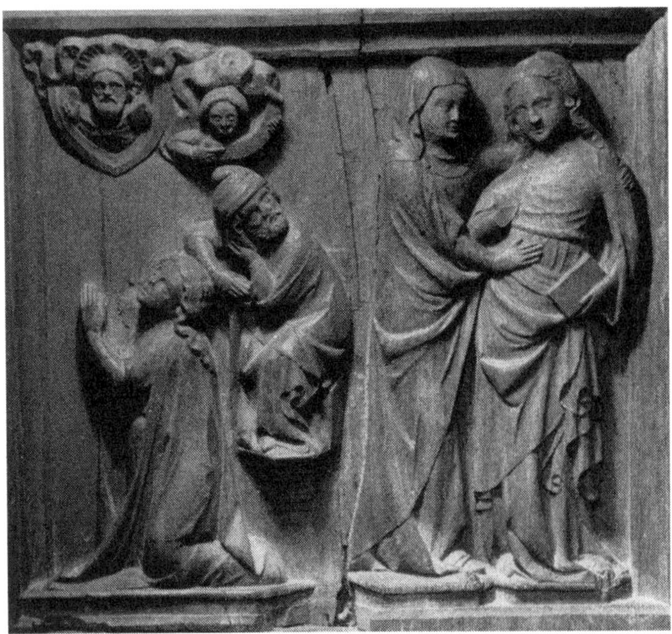

Abb.23   Die Empfängnis - Josephs Traum - Maria bei Elisabeth

hat seinen Kopf auf die linke Hand gelegt. Oder schläft er? Nein, er hat die Augen geöffnet und sieht über sich den Engel aus der Wolke kommen. Dieser hält ein Schriftband und zeigt darauf. „Josef aber gedachte, sie heimlich zu verlassen. Da erschien ihm der Engel des Herrn im Traum und sprach: Fürchte dich nicht, Maria, deine Frau, zu dir zu nehmen; denn was sie empfangen hat, das ist von dem heiligen Geist. Sie wird einen Sohn gebären, dem sollst du den Namen Jesus geben; denn er wird sein Volk retten." (Mt 1, 18-21) „In dem Moment, da er den Engel träumt, hängt das Heil der Welt an einem Statisten, an einem, der sonst keine Rolle spielt, an Josef. Wenn die Stunde schlägt, wird ein Unbrauchbarer zum Brennpunkt der Heilsgeschichte. Er bekommt einen unendlichen Wert, wird zum heiligen Josef." (Rudolf Bohren: Dass Gott schön werde, 1975, S. 74-75)

Der **Besuch der Maria bei Elisabeth** wurde in früheren Jahrhunderten auch die - im guten Sinne - Heimsuchung der Maria genannt, (lateinisch: Visitatio Mariae) „Maria machte sich auf in diesen Tagen und ging eilends in das Gebirge zu einer Stadt in Juda und kam in das Haus des Zacharias und begrüßte Elisabeth. Und als Elisabeth den Gruß Marias hörte, hüpfte das Kind in ihrem Leibe. Und Elisabeth wurde vom heiligen Geist erfüllt und sprach: ‚Gepriesen bist du unter den Frauen und gepriesen ist die Frucht deines Leibes! ... Selig bist du, die du geglaubt hast!' ... Und Maria sprach: ‚Meine Seele erhebt den Herrn, und mein Geist freut sich Gottes meines Heilandes; denn er hat die Niedrigkeit seiner Magd angesehen ... denn er hat große Dinge an mir getan." (Lk 1, 39-56) Die Begegnung der beiden Verwandten mit ihren ungeborenen Kindern ist seit dem 6. Jh. immer wieder in der christlichen Kunst dargestellt worden, besonders nach der Einführung des Festes Visitatio Mariae im Jahre 1263, das auf den 2. Juli gelegt wurde. Auch die lutherischen Kirchen feierten diesen Tag. Die Kirchenmusik intonierte diese Begegnung immer wieder, besonders den Lobgesang der Maria, der nach dem lateinischen Anfangswort das „Magnificat" genannt wird. Die Gestaltung der beiden Frauen ist die innigste des ganzen Gestühls. Elisabeth, die ihren Sohn Johannes den Täufer erwartet, ist mit einem Kopftuch als ältere Frau gekennzeichnet. Sie umfängt Maria liebevoll mit der Linken und legt ihre rechte Hand zärtlich auf Marias Leib. Ihre Worte sind Ausdruck der Ehrfurcht, mit der Maria als Mutter des Erlösers seitdem begrüßt wird. Beide Frauen tragen füllige Umschlagtücher, die in großen Falten kunstvoll gerafft sind. Maria, deren offenes Haar sich über die Schultern wellt, wehrt mit der Rechten, die leider abgebrochen ist, den Gruß der Elisabeth ab und hält mit der Linken ein Gebetbuch. Gleich wird sie in Jubel ausbrechen und Gott rühmen, der sie aus der Tiefe erhoben und in ihrer Armut reich gemacht hat. Ihr Lobgesang erklang täglich im Chorgestühl beim Abendgebet und erklingt noch heute (vgl. EG 785.6 und GL 689-690).

4. Die Geburt Jesu Christi (Wange C, Südseite)

Das Relief mit der Geburt Christi hat einen ganz traditionellen Aufbau. Es zeigt noch keine Anbetungsszene im Stall, sondern folgt dem altkirchlichen Schema, das die Ostkirchen in den Ikonen noch heute beibehalten haben. Den Hauptraum nimmt Maria ein. Sie liegt auf einem mit einem großen Tuch verhangenen Bett. Das Kopfende ist steil aufgerichtet, darunter guckt unter Falten ein gedrechselter Bettfuß vor. Maria trägt als verheiratete Mutter erstmals ein Kopftuch. Den Kopf stützt sie auf die rechte Hand und wendet sich dem Kinde zu, das links in einem Holzbottich stehend von einer Hebamme gewaschen wird. Mit beiden Händen hält es einen Apfel. Das will sagen: Christus bringt die Erlösung und das verlorene Paradies.

Josef sitzt ganz am rechten Bildrand und schläft anscheinend oder sinnt. Er stützt seinen Kopf auf den rechten Arm, seinen Ellbogen auf die Krippe gelehnt, während die Hand einen Krückstock hält. Die Krippe in der Mitte hinter Marias Rücken wurde perspektivisch gestaltet wie ein Altar mit Maßwerkbögen. Eine alte Tradition deutet die Krippe symbolisch als Altar, auf dem Christus geopfert wird, und nicht nur als Zeichen, in welcher Armut Jesus Christus geboren wurde.

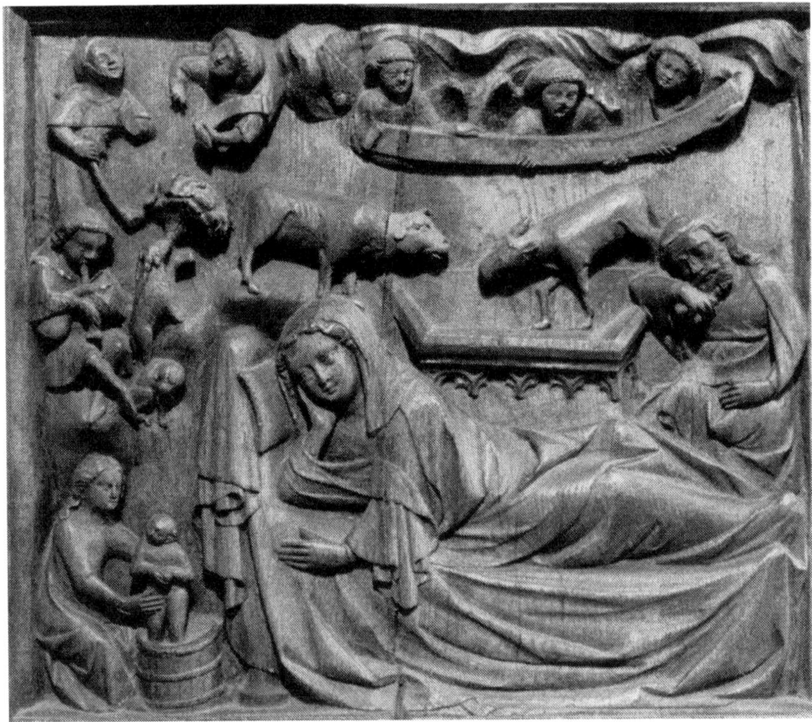

Abb.24   Die Geburt Jesu Christi

An der Krippe sind Ochs und Esel zu sehen als Vertreter der Kreatur, die ihren Herrn anbetet, und darüber drei Engel, die aus einer Wolke erscheinen und ein Spruchband halten als Hinweis auf ihren Lobgesang: „Ehre sei Gott in der Höhe und Friede auf Erden...". Am linken Rand über der Badeszene sitzt ein Hirte mit übereinander geschlagenen Beinen und bläst eine Dudelsackflöte. Vor ihm hockt ein Hund, während eine Ziege die Rinde eines Baumes abnagt. Der Baum trägt eine kugelige Krone mit lappigen Blättern. Hinter dem musizierenden Hirten wird ein anderer gerade von dem Engel überrascht, der ihm die Botschaft bringt: „Euch ist heute der Heiland geboren", wie ein Schriftband andeutet, auf das der Engel zeigt. Dieser Hirte trägt eine Kogel um Kopf und Schultern und hebt abwehrend die Linke, weil ihn die Erscheinung des Engels erschreckt. Alles ist sorgsam und ausdrucksvoll plastisch geschnitzt und im Raum angeordnet.

Die Darstellung folgt den Berichten des Lukas- und des Matthäus-Evangeliums (Lk 2,1-20; Mt 1,25) sowie den apokryphen Kindheitsevangelien des Jakobus (um 150 n. Chr.) und des Pseudo-Matthäus (8. - 9. Jh.). Diese letzten beiden hatten durch ihre Legenden den stärksten Einfluss auf die christliche Kunst und Literatur, vor allem auf die Marienverehrung. Durch sie sind Ochs und Esel (Jes 1,3) in die Weihnachtsbilder gekommen. Aus den oben genannten legendären Evangelien stammen auch die Hebammen in der Badeszene, die feststellten, dass Maria sogar nach der Geburt Jesu Jungfrau geblieben sei. Darum wird Josef so unbeteiligt am Rand dargestellt. Seine sinnende Haltung verdeutlicht zugleich, dass er vor der Geburt im Traum die Weisung erhielt, Maria mit dem Neugeborenen nicht wegzuschicken, sondern anzunehmen und mit ihnen nach Ägypten zu fliehen (Mt 1,20-24; 2,13) .

Die westliche Randleiste der Wange C zeigt drei Musizierende. Die obere Figur zupft eine Zither, die mittlere eine Laute und die untere ein ähnliches Instrument, das man nicht erkennt, weil die Figur von rückwärts dargestellt ist. Sie musizieren zur Geburt Christi.

Die östliche Randleiste ist mit zwei weiblichen Figuren geschmückt, die der Geburt zugewandt sind: die obere trägt langes offenes Haar und in der Linken einen Apfel. Ihre rechte Hand ist leider abgeschlagen. Die untere Gestalt ist in eine weite Kutte gehüllt, die nur das Gesicht frei läßt. Auch die vor die Brust gehobenen Hände sind verhüllt.

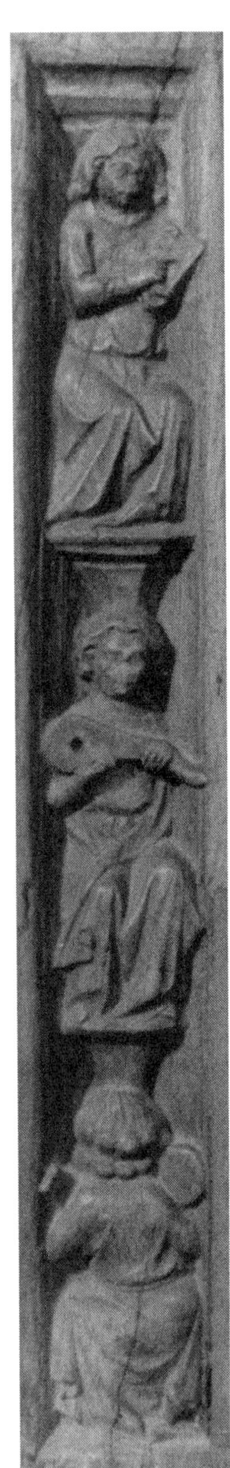

Abb.25
Drei Musizierende
Randleiste
Wange C
Westseite

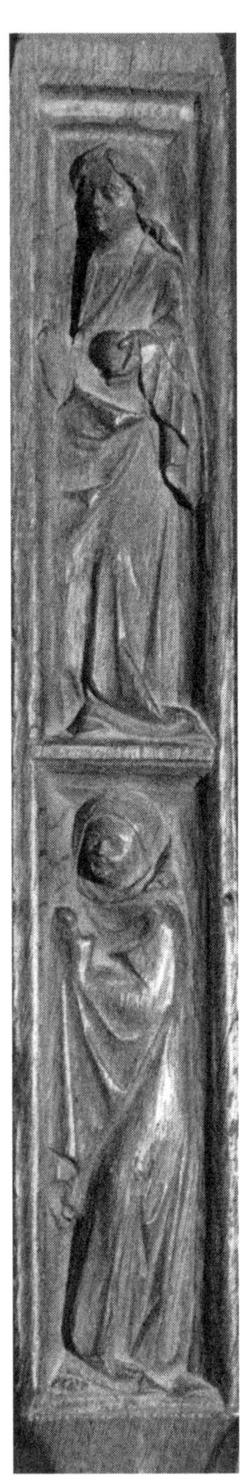

Abb. 26
Zwei Frauen
Randleiste
Wange C
Ostseite

Die Bekrönung der Wangen nimmt auf das Relief darunter Bezug. Ob aber auf jeder Wange heute noch die ursprüngliche Bekrönung vorhanden ist, bleibt nach den mehrfachen Ab- und Umbauten des Gestühls fraglich. Zwei liegende Bögen mit Blattknolle, Blattmaske oder meist Blütenrosetten darauf bilden die Bekrönung. Davor steht je ein Prophet mit einem Schriftband. Diese beiden Propheten weisen darauf hin, dass Gott seine Heilszusagen des Alten Testaments in Jesus Christus wahr gemacht hat. Oft sind sie in visionärer Schau dargestellt.

Die Bekrönung der Tafel mit der Empfängnis, Josefs Traum und Maria bei Elisabeth hat rechts und links eine Rosette, darunter in den Zwickeln jeweils ein zweibeiniges, geflügeltes Fabeltier mit langem Hals, das rechte mit einem schreienden Affenkopf. In der Mitte zwischen den Propheten klagt eine Blattmaske. Darunter fügt sich die Büste eines Engels mit dachförmig aufgestellten spitzen Flügeln in den Zwickel. Die beiden Propheten scheinen lebhaft miteinander zu diskutieren, der linke mit abwehrender Hand. Auf die Empfängnis sind Jesaja 7,14, auf die Geburt Jesaja 9,5 und Micha 5,1 zu beziehen.

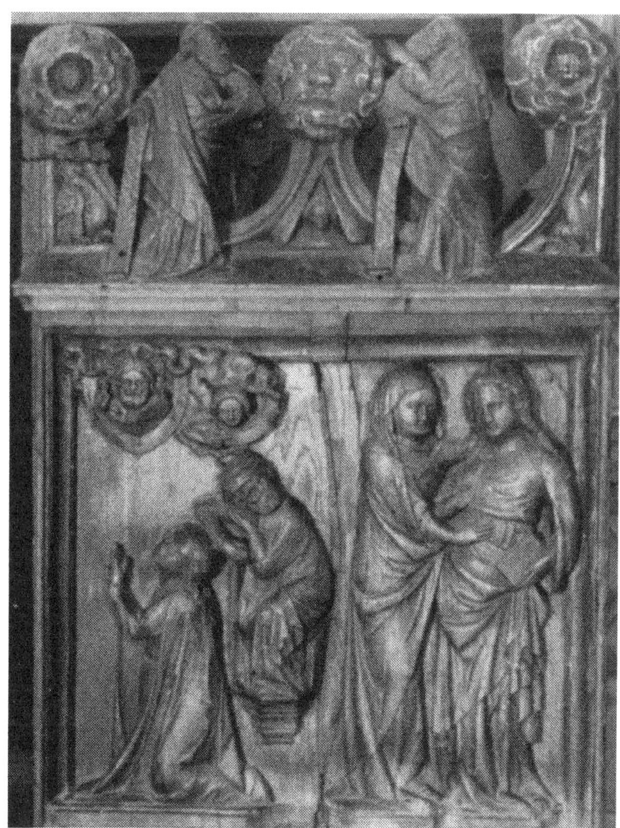

Abb.27
Empfängnis
Josefs Traum und Visitatio
mit Bekrönung

5. Die Anbetung des Kindes durch die drei Könige   (Wange N, Ostseite)

„Als sie den Stern sahen, wurden sie hoch erfreut und gingen in das Haus und fanden das Kindlein mit Maria, seiner Mutter, und fielen nieder und beteten es an und taten ihre Schätze auf und schenkten ihm Gold, Weihrauch und Myrrhe." (Mt 2, 10-11) „Die Heiden werden zu deinem Licht ziehen und die Könige zum Glanz, der über dir aufgeht ... Denn die Menge der Kamele wird dich bedecken ... Sie werden aus Saba alle kommen, Gold und Weihrauch bringen." (Jes 60, 1-6) An der nordöstlichsten Wange finden wir die Anbetung des Kindes, halb hinter dem Pfeiler versteckt. Die Darstellung verbindet feierliche Würde mit großer Lebendigkeit. Links thront Maria mit dem Kind, das auf ihrem linken Knie sitzt und sich streckt, um sich mit der Rechten an ihrem Hals zu halten. Marias linke Hand hält das Kind, ihre Rechte einen Blumenstrauß. Auf dem offenen Haar trägt sie eine Krone. In der rechten Armbeuge staut sich ihr üppiges Umschlagtuch in vielen Falten.

Von rechts nahen die Könige. Der älteste ist demütig niedergekniet. Er hat seine Krone abgelegt und reicht sein Geschenk dar, in das das Kind hineingreift. Der mittlere König weist mit ausgestrecktem Arm auf den Stern und macht den jüngsten auf das Geschehen aufmerksam. Dieser steht abwartend mit fast kindlichem Gesicht, fragend seine rechte Hand vor der Brust. Unter der Albe trägt er einen Panzer. Große Diagonallinien, die durch den Rücken des Alten und die Arme des

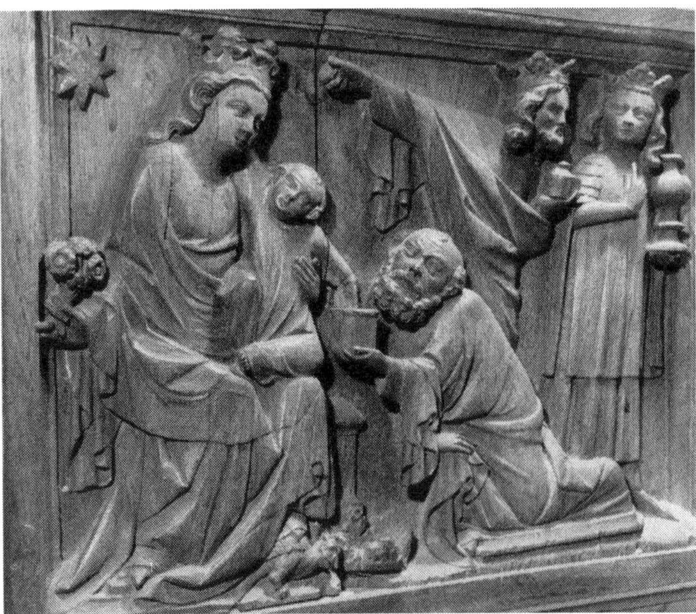

Abb.28   Die Anbetung des Kindes durch die drei Könige

Kindes gebildet werden und darüber noch einmal durch den ausgestreckten Arm des mittleren Königs, lenken die Blicke auf das Kind und auf den Stern und verbinden beide Gruppen. Auffallend ist die Stellung des Christuskindes. Wir erwarten, dass es die Könige ansieht. Aber es wendet sich seiner Mutter zu. Das legt die Vermutung nahe, der Künstler habe die Bauplastik einer thronenden Maria mit Kind ohne die Anbetungsszene vor Augen gehabt, wie sie in der Severikirche zu Erfurt und am Rathaus in Arnstadt ähnlich zu finden ist. Dort wie am Chorgestühl hier hat Maria ihren linken Fuß auf einen zweifüßigen, geflügelten Drachen gesetzt, nach Psalm 91,13 das Zeichen des Sieges über die bösen Mächte, als deren Sinnbilder Löwen und Drachen genannt werden.

An dieser Gestaltung der Anbetung, deren Form im 14. Jahrhundert weit verbreitet war, kann man beispielhaft beobachten, wie Liturgie und Volksfrömmigkeit den biblischen Bericht weitergebildet und in der Kunst Ausdruck gefunden haben. Der Evangelist spricht von „Sternkundigen, Magiern aus dem Osten", die durch eine besondere Sternenkonstellation den Weg zu dem neugeborenen König der Juden fanden, während der regierende König und die Schriftgelehrten des Gottesvolkes den wahren König verwarfen. Aus der Zahl der Geschenke schließt man: Es waren drei Weise, aus Jesaja 60 und Psalm 72: Es waren drei Könige, so seit dem 3. Jh. Seit dem 9. Jh. kennt man ihre Namen: Caspar, Balthasar und Melchior. Darum schreiben die Sternsinger am 6. Januar an die Haustür: C + B + M, auch gedeutet als „Christus benedicat mansionem = Christus segne dieses Haus". Seit dem 6. Jh. sind es die Vertreter der drei Lebensalter: Greis, Mann und Jüngling, seit dem 14. Jh. repräsentieren sie auch die drei Erdteile Europa, Asien und Afrika. Ihre Gaben gelten Christus in seinem dreifachen Amt: Gold dem König, Weihrauch dem Priester und Myrrhe dem Heiland und Arzt.

Abgesehen von der Tradition, die die Gestaltung der Anbetungsszene durch Bauplastik, Elfenbeinaltärchen, Öl- und Buchmalerei und gestickte Wandteppiche weitergab, wurde diese Szene durch das geistliche Schauspiel lebendig geprägt. Da ziehen die drei Könige ein. Einer weist den anderen auf den Stern: „Das ist das Zeichen des großen Königs!" Dann knien sie vor dem Altar oder einer Madonnenstatue nieder und bringen ihre Gaben dar. Sie haben sie in Gefäßen bewahrt, wie sie damals im Gottesdienst zur Aufbewahrung des Weihrauchs und der Hostien verwendet wurden. Der kniende und der mittlere König halten jeder eine Büchse, eine Pyxis aus Buchsbaumholz oder Elfenbein, und der jüngste ein Ziborium aus Silber in Kelchform mit Deckel. Das 14. Jahrhundert gilt als Zeitalter der gesteigerten Marienverehrung. Daher huldigen die Könige fast mehr Maria, die die Himmelskönigin und der Thron Gottes ist, und erst in zweiter Linie dem Christuskind.

6. Die Flucht nach Ägypten   (Wange N, Westseite)

„Da erschien der Engel des Herrn dem Josef im Traum und sprach: Steh auf, nimm das Kindlein und seine Mutter mit dir und flieh nach Ägypten und bleib dort, bis ich dir's sage; denn Herodes hat vor, das Kindlein zu suchen, um es umzubringen. Da stand er auf und nahm das Kindlein und seine Mutter mit sich bei Nacht und entwich nach Ägypten und blieb dort bis nach dem Tod des Herodes, damit erfüllt würde, was der Herr durch den Propheten gesagt hat (Hosea 11,1): Aus Ägypten habe ich meinen Sohn gerufen." (Mt 2,13-15)

Wie der biblische Bericht in starkem Kontrast auf die Anbetung den Aufbruch bei Nacht folgen lässt, so ist auf der Rückseite dieser Drei-Königs-Tafel die Flucht nach Ägypten dargestellt. Ihr gegenüber ist der Kindermord zu sehen. Angesichts des Herrschers, der um seine Macht Angst hat und vor keinem Mittel zurückschreckt, um sie zu behalten, zeigt diese Tafel, wie Gott in Verfolgung und Hass Jesus zu bewahren weiß, der zu seiner Stunde sein Leben am Kreuz opfern wird.

Das Relief ist besonders klar gearbeitet: Rechts geht Josef der Gruppe voran und führt mit der Rechten den Esel am Zaum. Über der linken Schulter trägt er einen Stock mit einem Tuch, vielleicht ist es der zusammengelegte Mantel. Sonst ist nur ein Wassergefäß am linken Arm das einzige Flüchtlingsgepäck. Das halbärmlige Obergewand ist durch einen Gürtel gerafft und gibt die Stiefel frei. Ein kleiner Beutel am Gürtel enthält wohl das Reisegeld. Josefs Gesicht ist durch einen kur-

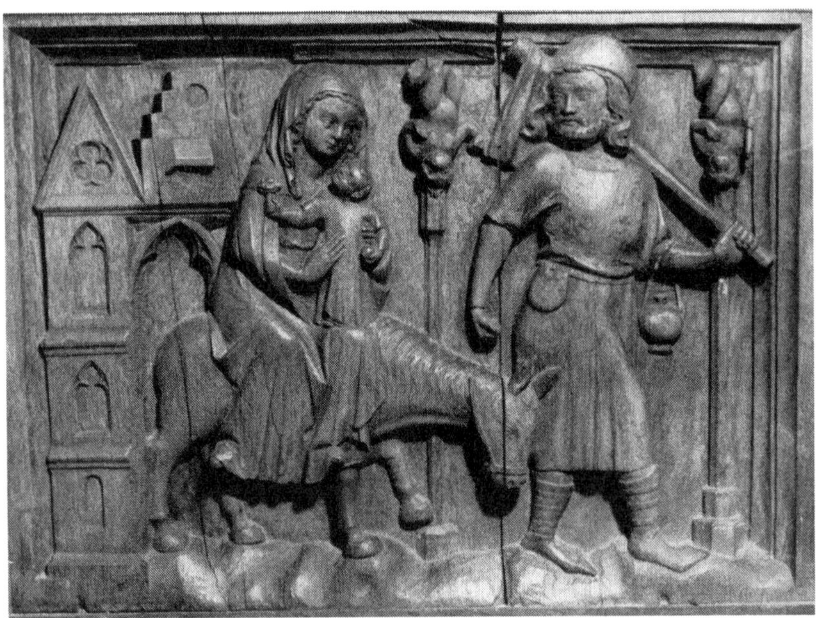

Abb.29   Flucht nach Ägypten

zen Bart und symmetrische Locken gerahmt und wirkt nicht so alt, wie sonst oft dargestellt. Mit sorgenden Stirnfalten blickt er zurück zu Mutter und Kind. Maria sitzt seitlings auf dem Esel, der mit großen Hufen über den buckligen Boden dahin trottet. Kopftuch und ein weiter Mantel umhüllen sie. Mit beiden Händen umpfängt sie das Christuskind, das auf ihrem Knie steht. Es hält in der Linken einen Apfel und in der Rechten eine Blume - beides Zeichen des Paradieses und seiner Weltherrschaft. Sein Gesichtchen blickt zur Mutter auf, die sich ihm liebevoll zuneigt, zugleich aber in die unbekannte Zukunft schaut.

Im Hintergrund links erkennen wir ein dreigeschossiges Stadttor, das die Familie soeben durchschritten hat. In der Mitte und rechts am Rand ist der Hintergrund durch zwei merkwürdige Gestalten ausgefüllt, die jede auf einer Säule mit angewinkelten Beinen kopfzustehen scheinen. Was bedeuten sie? Schon die Kirchenväter des 4. Jahrhunderts Athanasius, Kyrill von Jerusalem, Hieronymus, Rufinus u. a. und das Kindheits-Evangelium des Pseudo-Matthäus aus dem 8. bis 9. Jahrhundert berichten ebenso wie der zeitgenössische Kartäuserprior Ludolf von Sachsen (1300-1377) in seinem weit verbreiteten Erbauungsbuch Vita Jesu Christi, die heilige Familie sei auf der Flucht in die ägyptische Stadt Heliopolis oder Hermopolis gekommen. Bei ihrer Ankunft seien die 365 Götzenbilder im Tempel umgestürzt. So habe sich das Wort des Propheten Jesaja (19,1) erfüllt: „Der Herr wird über Ägypten kommen. Da werden die Götzen Ägyptens vor ihm beben." Der Meister unseres Reliefs stellt diesen Augenblick dar: Die Götzen stürzen kopfüber von ihren Postamenten. Sie haben Affengesichter, sind nackt und der rechte hält noch sein Zepter.

Das Relief ist wieder ganz der altkirchlichen Tradition verpflichtet. Wenige Jahrzehnte später wird man das Thema als Ruhe auf der Flucht und Familienidylle an einer Waldquelle gestalten. Hier herrscht noch keine Idylle, dennoch wird die bergende Fürsorge der Eltern für ihr Kind sichtbar. Als das Wichtigste wird gesagt: Wo Christus erscheint, fallen die Götzen; das schwache Flüchtlingskind aus Bethlehem ist der Herr der Welt und bringt das Paradies wieder.

Auf der Randleiste sind eine Frau mit Buch und ein Prophet zu sehen (Abb.36, S. 57). Die Bekrönung stammt von 1844. Die Propheten der Anbetung stehen für den Seher Bileam: „Es wird ein Stern aus Jacob aufgehen" (4. Mose 24) und für Jesaja 60. Die Propheten der Flucht sind Hosea (11,1): „Ich rief meinen Sohn aus Ägypten" und Jesaja (19,1).

7. Der Kindermord in Bethlehem   (Wange J, Ostseite)

Auch im 20. Jahrhundert erlebten wir ähnliche Schreckenstaten: „Als Herodes sah, dass er von den Weisen betrogen war, wurde er sehr zornig und schickte aus und ließ alle Kinder in Bethlehem und in der ganzen Gegend töten, die zweijährig und darunter waren. Da wurde erfüllt, was gesagt ist durch den Propheten Jeremia (31,15): In Rama hat man ein Geschrei gehört, viel Weinen und Wehklagen; Rahel beweinte ihre Kinder und wollte sich nicht trösten lassen, denn es war aus mit ihnen." (Mt 2,16-18)

Das Relief stellt drei Figuren groß dar: den König Herodes, links auf einem Thron mit Podest sitzend, mit einem großen, faltigen Umhang. Er stützt seine linke Hand herrschaftlich auf das Knie. Die rechte Hand ist abgebrochen. Sie war auf die mordenden Soldaten befehlend gerichtet. Auf dem Chorgestühl-Relief im Bremer Dom hängt am Handgelenk des Herodes ein Geldbeutel, sicher zur Belohnung der Soldaten für ihr blutiges Handwerk. Die beiden Soldaten sind so groß, dass ihre Köpfe in den Rahmen ragen. Ihre Schönheit und die Freundlichkeit ihrer Minen stehen im krassen Gegensatz zu ihrem grausigen Tun. Beide haben mit der Linken je ein kleines Kind gepackt und halten es kopfüber. Der linke Soldat will mit dem Schwert einem Kind den Leib spalten, der Rechte schwingt sein Schwert hoch über dem Kopf.Beide blicken auf den König. Der linke trägt modisch gewelltes

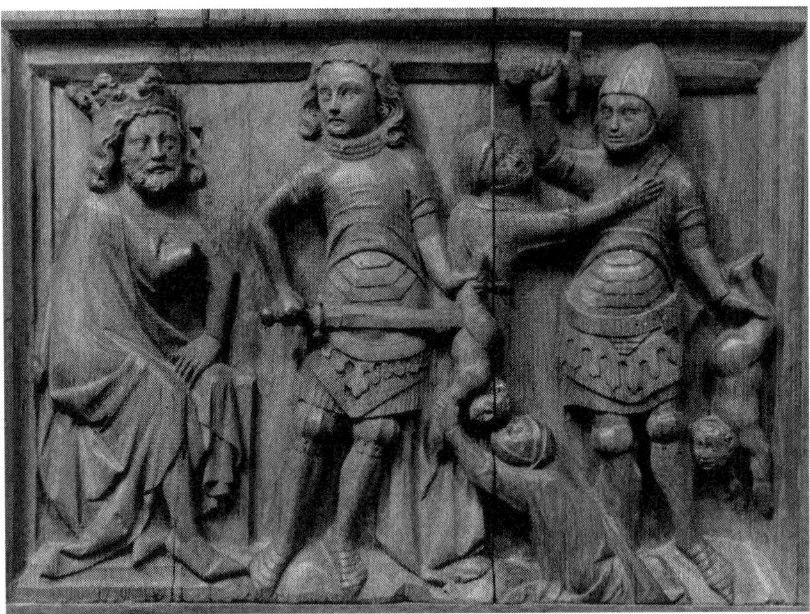

Abb.30   Der Kindermord in Bethlehem

Lockenhaar, der Rechte einen Topfhelm auf dem Kopf.

Die Soldaten tragen die damals ganz moderne Rüstung: einen Plattenpanzer über dem vom Kinn bis zu den Knien reichenden Kettenhemd mit dem modisch tief sitzenden Gürtel. Der Panzer hat unten ledernes Zaddelwerk. Die Beine stecken in Kniekacheln, Kettenstrümpfen und Schuhplatten. Über den Plattenpanzer haben sie ein Hemd gezogen, das an den Ärmeln und am Bauch aufgekrempelt wurde. Das alles ist sorgfältig bis ins Einzelne geschnitzt.

Die beiden Mütter dagegen wirken winzig. Am Boden kniend versucht eine, dem linken Soldaten ihr Kind zu entreißen. Die andere will stehend mit dem Arm an der Brust des Soldaten den tödlichen Schwerthieb verhindern.

Herodes, der selbst kein Jude war, aber von Roms Gnaden König der Juden, fürchtete ständig um seine Macht. Er ließ sich wegen seiner Prunkbauten in Jerusalem und in vielen Städten als „Wohltäter" feiern und war gefürchtet wegen seiner Grausamkeit. Allein aus Angst ließ er zwei Hohepriester, einen Onkel, eine seiner zehn Frauen, seine drei ältesten Söhne und viele andere ermorden. Dass Gott ein ohnmächtiges Kind zum König der Juden und Erlöser aller Menschen werden lässt, kann er nicht verhindern. Gedenktag des Kindermordes ist der 28. Dezember.

Die Bekrönung dieser Wange wurde 1844 durch eine neue ersetzt. Ihre Propheten könnten Mose und Jeremia sein. Mose berichtet (2. Mose 1, 15-22): „Da gebot Pharao seinem ganzen Volk: Alle Söhne der Israeliten die geboren werden, werft in den Nil." Und durch Jeremia verheißt Gott, dass das Klagen und Weinen der Mütter über ihre getöteten Kinder ein Ende haben wird. (Jeremia 31, 15-17).

Die Randleiste zwischen den Reliefs mit dem Kindermord und dem zwölfjährigen Jesus im Tempel ist alt und meisterhaft geschnitzt. Sie zeigt oben einen Engel mit Posaune, der angesichts des Kindermordes an Gottes Gericht erinnert, darunter eine Frau mit Kopftuch, die in der linken Hand ein kleines Buch trägt und deren Rechte verhüllt ist. (Abb. 37, S. 57)

8. Der zwölfjährige Jesus im Tempel   (Wange J, Westseite)

„Seine Eltern gingen alle Jahre nach Jerusalem zum Passafest. Als er zwölf Jahre alt war, gingen sie hinauf nach dem Brauch des Festes. Und als die Tage vorüber waren und sie wieder nach Haus gingen, blieb der Knabe Jesus in Jerusalem, und seine Eltern wussten's nicht. Nach drei Tagen fanden sie ihn im Tempel sitzen unter den Lehrern, wie er ihnen zuhörte und sie fragte. Und alle wunderten sich über seinen Verstand und seine Antworten. Und als sie ihn sahen, entsetzten sie sich. Und seine Mutter sprach zu ihm: Kind, warum hast du uns das getan? Dein Vater und ich haben dich mit Schmerzen gesucht. Doch er sprach zu ihnen: Warum habt ihr mich gesucht? Wisst ihr nicht, dass ich im Haus meines Vaters sein muss? Doch sie verstanden das Wort nicht. Und er ging mit ihnen hinab und kam nach Nazareth und war ihnen untertan... Und Jesus nahm zu an Weisheit, Alter und Gunst bei Gott und den Menschen." (Lk 2, 41-52, 2. Sonntag nach dem Christfest).

Das Relief, das neben dem Vierungspfeiler steht, stellt den zwölfjährigen Jesus in den Mittelpunkt. Erhöht auf einem Podest mit gotischem Blendmaßwerk, sitzt er auf einem Predigtstuhl, hält in der Linken ein kleines Buch und hat die Rechte im Redegestus vor der Brust erhoben. Vielleicht wehrt er gerade den Vorwurf der

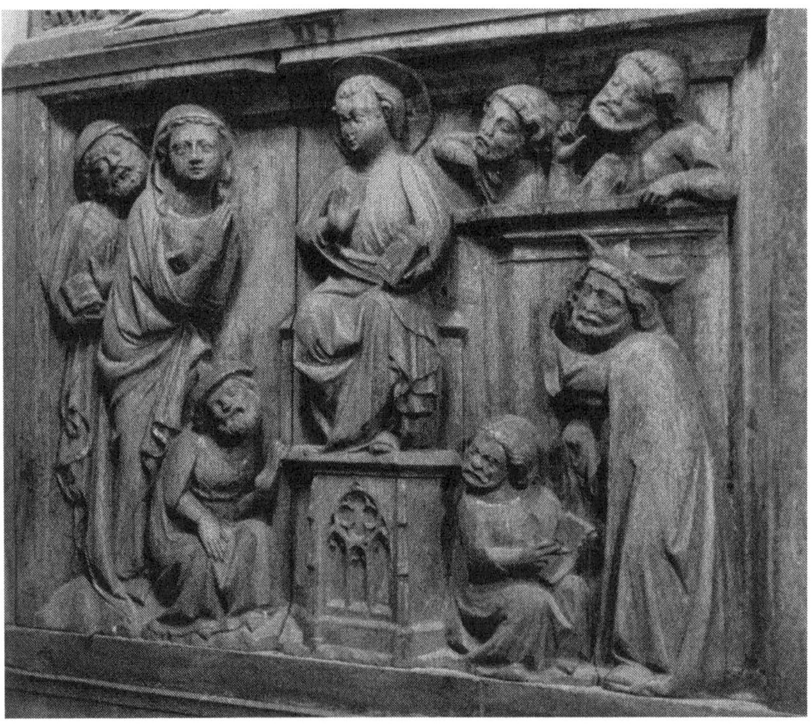

Abb.31   Der zwölfjährige Jesus im Tempel

Mutter mit der Gegenfrage ab, ob sie denn nicht wissen, dass er in dem Haus Gottes sein muss. In der ersten Rede, die von ihm im Lukas-Evangelium überliefert ist, nennt er Gott mit dem Kinderwort Abba - aramäisch: lieber Vater - und weist auf seine selbstverständliche Verbindung mit ihm hin. Diese Gottessohnschaft unterstreicht auch der Kreuznimbus um seinen Kopf. Rechts am Rand die große Figur mit Dreispitz ist der Hohepriester. Seine linke Hand - leider abgebrochen - ist zu Jesus erhoben. Vielleicht hielt sie das Bibelbuch oder ein Schriftband, denn seine Rechte ist verhüllt. Man berührte die Bibel nicht mit bloßer Hand.

Zwischen ihm und dem Predigtstuhl hockt ein Mann, der genau zuhört und das Gehörte in einem Buch mitschreibt. Über eine Art Empore darüber lehnen sich zwei Schriftgelehrte , die - der eine mit ausgestrecktem Zeigefinger - mit dem jugendlichen Jesus diskutieren.

Ein weiterer älterer Lehrer links neben dem Podest ist mit erhobener linker Hand am Disput beteiligt. Er trägt den seit dem 12. Jahrhundert vorgeschriebenen Judenhut, der ursprünglich zuckerhutförmig, später niedriger aus weißem oder orangefarbigem Filz mit einer Spitze bestand. Auch am Bremer Chorgestühl und - besonders bekannt - am Naumburger Lettner tragen die Juden solche Hüte. Von links sind Jesu Eltern gerade hereingekommen: Maria im weiten, faltenreichen Umhang, die Hände bittend vor der Brust zusammengelegt, hinter ihr Josef mit einem Gebetbüchlein, das Schließen hat, in der Rechten. Seine Linke redend erhoben. Sie entsetzten sich: Wer ist er denn?

Bei den Propheten der Bekrönung (1844) haben wir an Samuel und an Jesaja zu denken. Samuels Jugend wird mit den Worten beschrieben, die der Evangelist Lukas für das Aufwachsen Jesu zitiert: „Er nahm zu an Alter und Gunst bei Gott und den Menschen." (1. Samuel 2,26). Jesajas Worte von der guten Botschaft für die Elenden, von dem Verbinden der zerrissenen Herzen, der Freiheit für die Gefangenen und Gebundenen, von der Tröstung aller Trauernden und dem Jahr der Gnade wird Jesus bei seinem ersten Auftreten in der Synagoge in Nazareth aufnehmen. Sie sind von alters her dem Bericht vom zwölfjährigen Jesus zugeordnet, der im Tempel die heilige Schrift auslegt (Jesaja 61, 1-3).

9. Die Taufe Jesu (Wange F, Westseite)

„Zu der Zeit kam Jesus aus Galiläa an den Jordan zu Johannes, dass er sich von ihm taufen ließe. Aber Johannes wehrte ihm: Ich habe nötig, von dir getauft zu werden, und du kommst zu mir? Jesus antwortete: Lass es jetzt geschehen! Denn so gebührt es uns, alle Gerechtigkeit zu erfüllen... Als Jesus getauft war, stieg er aus dem Wasser. Und siehe, da tat sich ihm der Himmel auf, und er sah den Geist Gottes wie eine Taube herabfahren und über sich kommen. Und siehe, eine Stimme vom Himmel herab sprach: „Dies ist mein lieber Sohn, an dem ich Wohlgefallen habe." (Jes 42,1; Mt 3,13-17, 1. Sonntag nach Epiphanias).

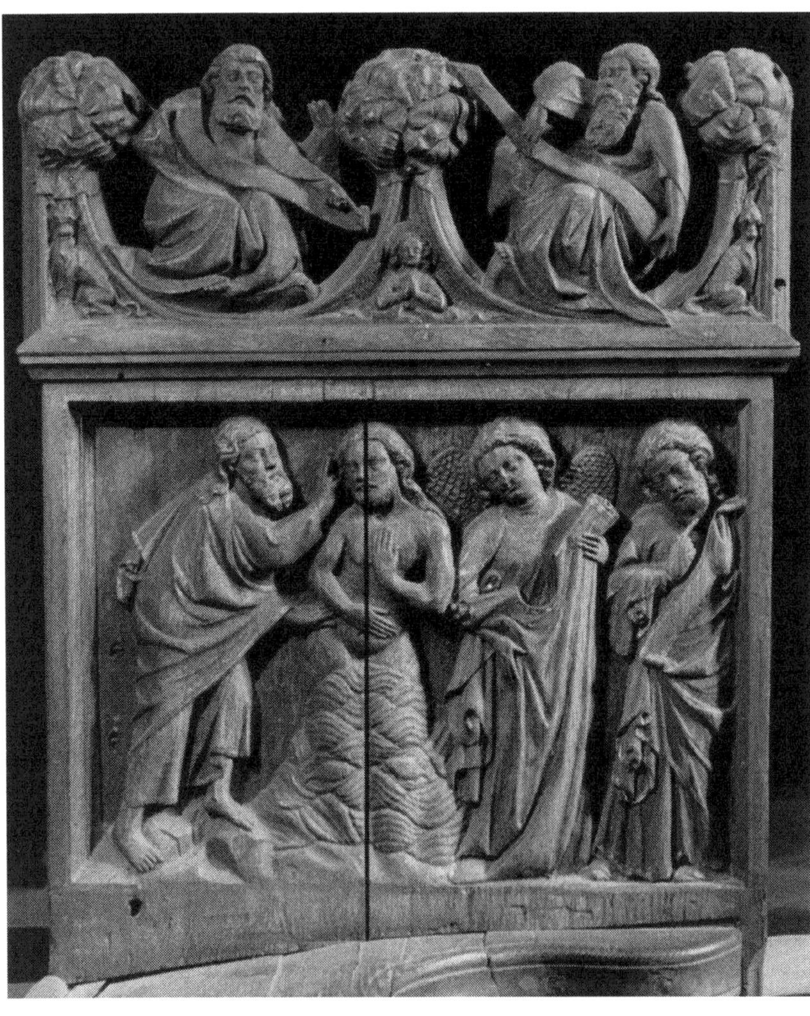

Abb.32   Die Taufe Jesu

Seit dem frühen 3. Jahrhundert wird die Taufe Jesu in der christlichen Kunst dargestellt. Das Magdeburger Relief ist von vier Figuren ausgefüllt: Links barfuß auf felsigem Ufer beugt sich Johannes der Täufer zu Jesus Christus. Er hat seine Linke auf dessen Hüfte gelegt und segnet ihn mit der Rechten. Jesus mit schulterlangem Haar und kurzem Bart steht nackt im Jordan, der zu einem Wellenberg aufgeschäumt ist. Er stellt sich den Sündern gleich und lässt sich von Johannes, dem Propheten des Gerichtes Gottes, taufen. Rechts hält ein Engel ein weißes Taufgewand bereit.

Das Relief ist geprägt von dem Ritus, als Erwachsene in offenen Gewässern oder Taufbassins entkleidet untergetaucht und von einem Diakon mit einem neuen Taufkleid umhüllt wurden. Da man gewiss war, dass der Gottesdienst der Kirche dem im Himmel entspreche, wurden Engel als Diakone bei der Taufe dargestellt. In der Bibel sind sie bei der Taufe Jesu nicht erwähnt. Ganz rechts am Rand steht als Taufzeuge ein älterer Mann, der auf ein Schriftband hinweist. Es ist der Prophet Jesaja. Seine Worte werden als Gottes Stimme zitiert, die Jesus als Gottes Sohn ausweist. Er ist der Gottesknecht, an dem Gott Wohlgefallen hat und der durch seinen Tod, den er selbst als Taufe bezeichnete (Mk 10,38), die Erlösung bewirkt.

Die Taube des Heiligen Geistes ist hier nicht dargestellt. Aber der Engel mit dem Taufgewand spricht von dem neuen Leben, das in Christus Gegenwart wird, wie Jesaja (61,10) sagt: „Gott hat mir die Kleider des Heils angezogen" So versteht Paulus die Taufe als das Anziehen des neuen Menschen. (Eph 4,24; Kol 3,10; Gal 3,27; Röm 13,14)

Wer genau hinsieht, entdeckt in den Ornament-Wellen des Jordan zwei Fische. Sie sind Symbol für die Christen, die in der Taufe Christi leben. (Röm 6,3-4)
Bei den Propheten der Bekrönung muß man an mehrere denken; denn die Christen haben seit alters viele prophetische Bezüge auf die Taufe im Alten Testament gesehen. Josua (Kap.3) führte Israel durch den Jordan. Elia und Elisa durchschritten den Jordan, und Elisa befahl dem aussätzigen Hauptmann Naaman, zur Heilung im Jordan siebenmal unterzutauchen (2. Kön. 2, 8ff. und 5, 10ff.). Jesaja wird im Taufbericht zitiert und durch Hesekiel sprach Gott (36, 25-27): „Ich will reines Wasser über euch sprengen, dass ihr rein werdet. Und ich will euch ein neues Herz und einen neuen Geist geben."

Im mittleren Zwickel sieht man einen betenden Engel und seitlich je ein dämonisches Fabeltier.

10. Die Versuchung Jesu (Wange F, Ostseite)

„Da wurde Jesus vom Geist in die Wüste geführt, damit er von dem Teufel versucht würde. Und da er vierzig Tage und vierzig Nächte gefastet hatte, hungerte ihn. Der Versucher trat zu ihm: Bist du Gottes Sohn, so sprich, dass diese Steine Brot werden. Er aber antwortete: Es steht geschrieben (5. Mose 8,3): Der Mensch lebt nicht vom Brot allein, sondern von einem jeden Wort, das aus dem Munde Gottes geht. - Da führte ihn der Teufel auf die Zinne des Tempels und sprach zu ihm: Bist du Gottes Sohn, so wirf dich hinab; denn es steht geschrieben (Ps 91): „Gottes Engel werden dich auf den Händen tragen.“ Da sprach Jesus zu ihm: „Wiederum steht auch geschrieben (5. Mose 6,16): Du sollst den Herrn, deinen Gott, nicht versuchen.“ (Mt 4,1-7)

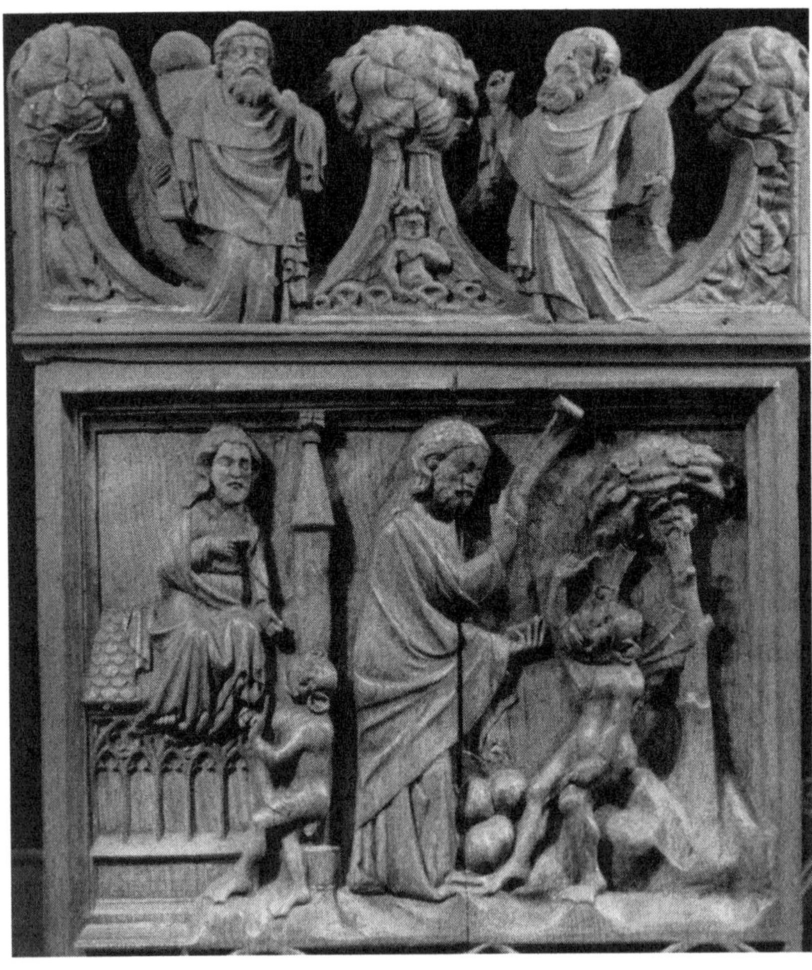

Abb.33   Die Versuchung Jesu

Dieses Relief stellt nur die ersten beiden Versuchungen dar. Jesus steht in der Mitte und zeigt auf ein Schriftband. Zwischen ihm und dem Teufel liegen drei Steine, die der hungernde Jesus zu Brot verwandeln soll, um sich und allen Menschen zu helfen. Der Teufel ist als der Unterlegene dargestellt: klein mit häßlicher Fratze, großen Ohren, Fledermausflügeln, Flossen und Schwanz. Mit einer Hand zeigt er nach oben: Wenn du Gottes Sohn bist... Aber Jesus missbraucht seine Gottessohnschaft nicht, sondern bleibt gehorsam unter Gottes Wort und Gebot. Gott wird den, der ihm vertraut, mit allem Notwendigen versorgen. Hier wie auf dem Metzer Elfenbeinrelief um 850 und in dem Albani-Psalter um 1130 findet die erste Versuchung unter einem großen Baum statt, „vielleicht als Hinweis auf den Baum des Paradieses." Damit wäre die Versuchung Christi das Gegenbild zum Sündenfall. (Schiller I, S. 154). Christus ist der zweite Adam.

Die zweite Versuchung ist kleiner gestaltet: Anstatt auf der Zinne des Tempels sitzt Jesus auf dem Dach einer kleinen, gotischen Kirche. Sie hat Blendmaßwerk und einen zierlichen Turm. Wegen Raummangels ist auf das Schriftband in der Hand des Teufels verzichtet, obwohl nun auch er das Bibelwort von den schützenden Engeln zitiert und mit dem Zeigefinger nach oben auf Gottes Hilfe weist. Aber Jesus fordert Gott wiederum nicht heraus.

Die dritte Versuchung, in der der Teufel Jesus die Weltherrschaft und allen Reichtum anbietet, wenn er ihm dient, wurde hier nicht dargestellt. Immer wieder in seinem Leben bis hin zum Sterben am Kreuz hat Jesus es abgelehnt, sich und anderen mit Satans Kräften zu helfen und die Menschen durch Wunder zum Glauben zu zwingen.

Die Bekrönung bietet im linken Zwickel einem zweibeinigen, geflügelten Drachen engen Raum. In der Mitte erscheint über den Wolken ein Teufel mit Hörnern, Ziegenohren und großen Flügeln. Er zeigt nach unten auf die Versuchung Christi und nach links auf den Propheten. Der wird David sein, dessen Psalm 91 zitiert wird, der andere Prophet ist Mose, auf dessen Gebote sich Jesus beruft.

Die Randleiste der Wange F zwischen Taufe und der Versuchung zeigt nördlich einen Mann, der nach Osten zum Altar hin gewendet betet, und einen Mann mit Tonsur, der in der einen Hand ein Buch hält und die andere im Redestautus erhebt.

Die südliche Randleiste stellt einen zum Altar hin betenden Priester mit Birett und mit sehr weiten Ärmeln dar und darunter eine anmutige, junge Frau, die ihre rechte Hand aufs Herz legt und in der Linken ein Büchlein hält. (Abb. 34 und 35).

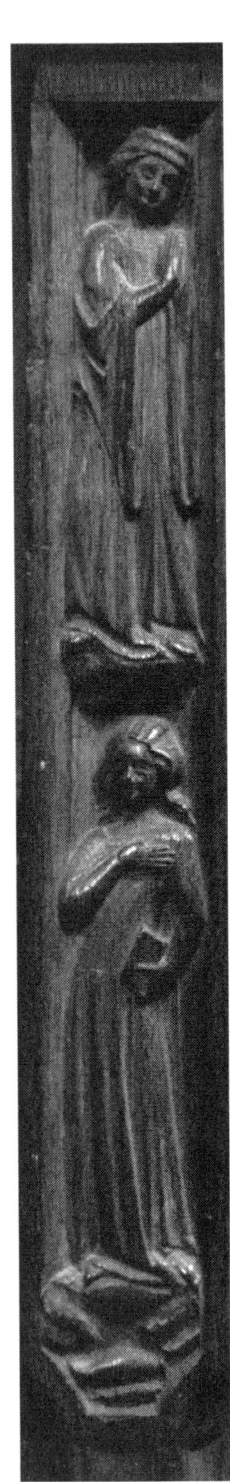

Abb.34
Betender Priester
und junge Frau
Randleiste Süd
Wange F

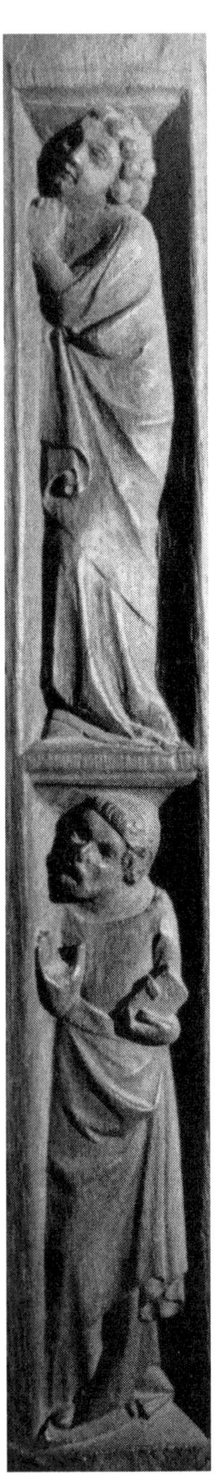

Abb.35
Beter und
Mönch mit Buch
Randleiste Nord
Wange F

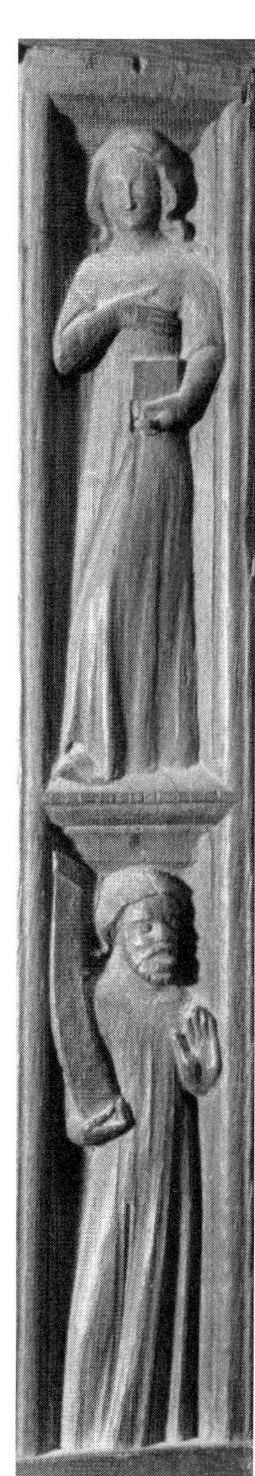

Abb.36
Frau mit Buch,
Prophet
Randleiste
Wange N

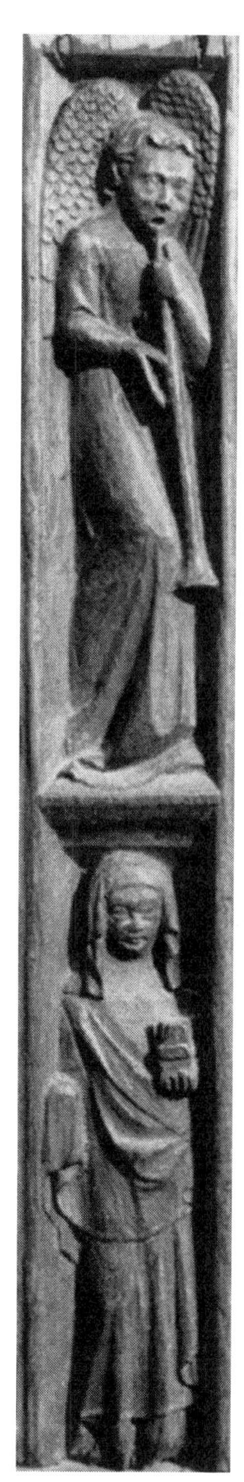

Abb.37
Engel mit Posaune,
Frau mit Buch
Randleiste
Wange J

11. Der Einzug in Jerusalem (Wange G, Ostseite)

„Die Jünger brachten die Eselin und das Füllen und legten ihre Kleider darauf, und er setzte sich darauf. Aber eine sehr große Menge breitete ihre Kleider auf den Weg; andere hieben Zweige von den Bäumen und streuten sie auf den Weg. Die Menge aber, die ihm voranging und nachfolgte, schrie: Hosianna dem Sohn Davids! Gelobt sei, der da kommt in dem Namen des Herrn! Hosianna in der Höhe!"„Sie nahmen Palmenzweige und gingen ihm entgegen." (Ps 118,25; Mt 21; Joh 12)

Es ist bei jeder Tafel neu zu bewundern, wie die Meister des Magdeburger Domgestühls im Rahmen der jahrhundertealten Bildtradition das Wesentliche des biblischen Berichtes als Bild umsetzten und durch den Bildaufbau im Großen und die Gestaltung der Bewegungen, der Hände und des Ausdrucks der Gesichter im Kleinen auch den Betrachter in das Geschehen mit hineinnehmen.

Hier muss man zuerst auf den von links einziehenden Christus sehen. Der demütig gebeugte Esel, die Diagonalen der Männer vor dem Tore Jerusalems bis zu dem Äste abhauenden Knaben auf der Palme, die erhobenen Köpfe der Leute vor und auf dem Stadttor, ihre fröhlichen Mienen - alles ist auf Christus ausgerichtet, den so lange erwarteten König der Heilszeit. Wie es der Prophet Sacharja vorhergesagt hatte, benutzt Jesus den friedlichen Esel, einen Palmenzweig in der verhüllten Hand, die Rechte segnend erhoben. Hinter ihm - als Vertreter aller zwölf -

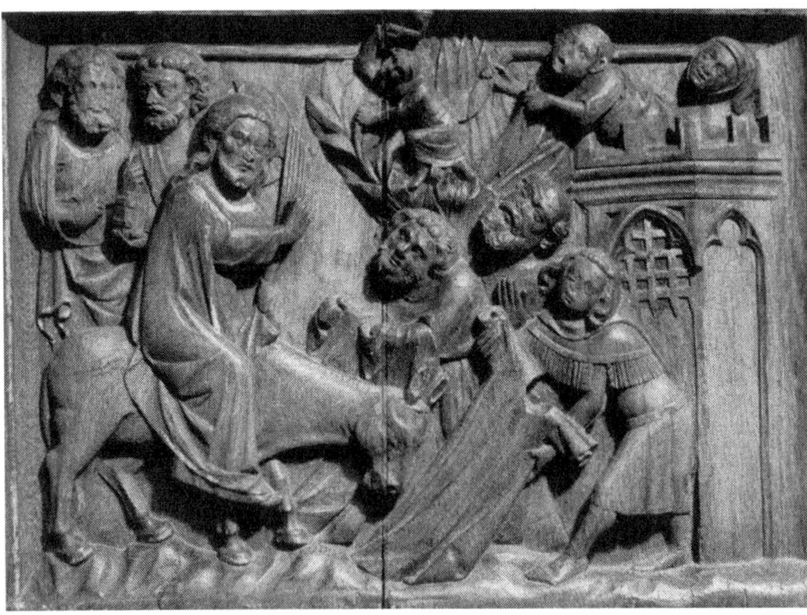

Abb.38   Der Einzug in Jerusalem

drängen zwei Jünger noch in die Szene, heftig miteinander diskutierend, wie man an ihren Händen sieht und an den Sorgenfalten des Petrus. Dieser trägt eine Tonsur, weil er nach damaliger Ansicht der erste Bischof in Rom wurde. Der andere mit dem kleinen Gebetbüchlein ist wahrscheinlich Jakobus, der Bruder des Johannes. Was hier vorgeht, „verstanden seine Jünger zuerst nicht," berichtet Johannes (12,16). Aber die Leute am Stadttor empfangen ihn als Davids Sohn und König: Sie breiten ihre Kleider als Teppich für den Friedensbringer aus und stimmen das Hosianna des Passafest-Psalmes 118 an.

Der junge Mann vor dem Stadttor, der das schöne Obergewand ausbreitet, hat seine Festkogel mit langen Fransen bis über die Schultern übergestreift, aber die Zipfelmütze abgezogen. Hinter ihm im gotischen Torbogen hat man das schwere, eiserne Sperrgitter hochgezogen. Oben über der Zinne erscheint ein Mann mit Kogel und ein anderer nimmt die abgehauenen Palmzweige entgegen. Eine Stadt in Erregung berichtet Matthäus. „Alle Welt läuft ihm nach!" lässt Johannes die Pharisäer sagen. Um Jesu Kopf aber scheint vielsagend der Nimbus mit dem Kreuz wie dann zuletzt auf dem Abendmahlsrelief.

Der Bericht des Matthäus (21,1-11) ist von alters her das Evangelium des ersten Adventssonntags, der des Johannes (12,12-19) aber die Evangelienlesung für den Palmsonntag, den Sonntag vor Ostern. Der Lobgesang des Hosianna erklingt mit dem dreimal Heilig in jeder Meß- und Abendmahlsfeier alle Sonntage zur Begrüßung des Herrn. So hat dieser Einzug drei Dimensionen, die zukünftige: den Ausblick auf das endzeitliche Kommen, die vergangene: den Rückblick auf Jerusalem damals, und die gegenwärtige Dimension: Jesu Kommen in unsere Herzen, in die Kirche und in die Welt heute.

Zu der Zeit, als unser Chorgestühl entstand, gab es Prozessionen über den Domplatz zur Kirche St. Nicolai zu Weihnachten, Aschermittwoch, Ostern, Pfingsten, Fronleichnam und am Tag der älteren Domweihe. Am Palmsonntag aber fand eine große Prozession zur Liebfrauen-Klosterkirche, wo Palmzweige geweiht wurden, und zurück zum Dom statt. Dabei wurden sieben Vortrage-Kreuze und ein Bild voran getragen, das auf der einen Seite den Einzug Christi in Jerusalem, auf der anderen seine Passion zeigte.

Die Bekrönung passt gut zur Tafel des Einzugs Jesu in Jerusalem: drei Rosetten schmücken die Bögen. In diesen sitzt der linke Prophet, während der rechte kniet. Es sind Jeremia und Sacharja. Jeremia kündigte einen gerechten König aus dem Hause Davids an mit den Worten: „Siehe, es kommt die Zeit, spricht der Herr, daß ich dem David einen gerechten Nachkommen erwecken will. Er soll ein König sein, der wohl regieren und Recht und Gerechtigkeit im Lande üben wird." (Jer 23, 5-6) Sacharja rief zur Freude auf, weil ein Friedenskönig kommen wird: „Du, Tochter

Zion, freue dich sehr, und du, Tochter Jerusalem, jauchze! Siehe, dein König kommt zu dir, ein Gerechter und ein Helfer, arm und reitet auf einem Esel, auf einem Füllen der Eselin." (Sacharja 9,9-10) Beide Propheten blicken nach oben. Auch der Engel in dem mittleren Zwickel öffnet betend seine Hände nach oben. Alle stimmen ein in den Ruf: Hosianna in der Höhe!

Angesichts dessen, dass Gottes Heil in die Welt einzieht, geraten die Dämonen in Bedrängnis. Der in dem rechten Zwickel hat seine Flügel aufgestellt und duckt seinen Hundekopf mit hängenden Ohren ganz tief. Der im linken Zwickel aber ist auf seinen Rücken gefallen, hebt seinen Drachenkopf ganz hoch und schreit um Hilfe.

Die Randleisten an der Einzugs- und Abendmals-Wange zeigen nach Norden Blattornamente und nach Süden in gotischen Blendrahmen drei Affen. Der untere trommelt, der mittlere tanzt und der obere hockt und stützt nachdenklich seinen Kopf auf die Hand: Ist es ein Kontrast oder Beteiligung an der Freude? Im Verständnis des 14. Jahrhunderts waren die Affen im Chorgestühl nicht die lustigen Tiere der Gaukler auf dem Jahrmarkt, sondern die dämonischen Gegenspieler des auf den Wangen dargestellten Heilsgeschehens und des im Chorraum vergegenwärtigten himmlischen Gottesdienstes. Das Dämonische galt als der dunkle Hintergrund, vor dem das überirdische Licht umso heller leuchtete und Grund zu Dank und Freude war.

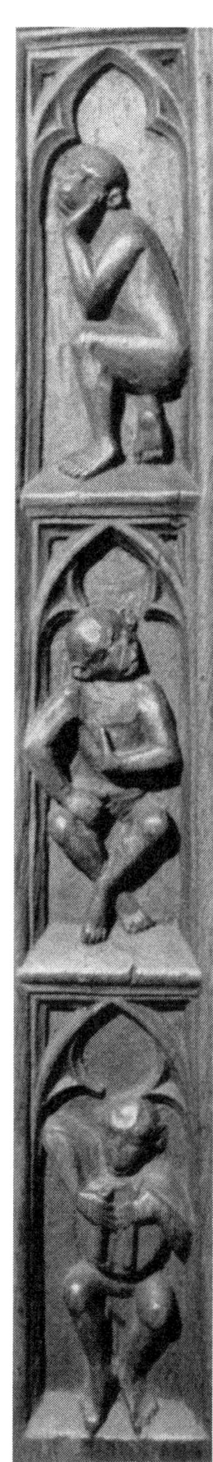

Abb. 39
Drei Affen
Randleiste Süd
Wange G

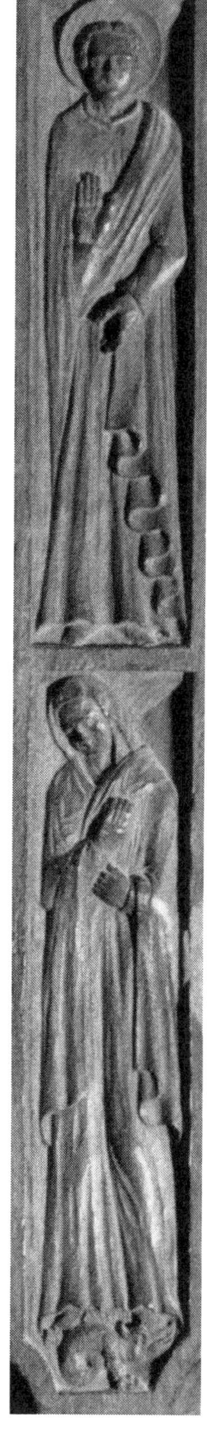

Abb. 40
Heiliger und
Frau auf Drachen
Randleiste Süd
Wange O 1844

12. Das Abendmahl   (Wange G, Westseite)

„Und am Abend setzte er sich zu Tisch mit den Zwölfen und sprach: Mich hat herzlich verlangt, das Passalamm mit euch zu essen, ehe ich leide... Und er nahm das Brot, dankte und brach's und gab's ihnen und sprach: Das ist mein Leib, der für euch gegeben wird; das tut zu meinem Gedächtnis. Desgleichen nahm er auch den Kelch nach dem Mahl und sprach: Dieser Kelch ist der neue Bund in meinem Blut, das für euch gegeben wird! ... Und als sie den Lobgesang gesungen hatten, gingen sie hinaus an den Ölberg.“ (Mt 26,17-30; Lk 22,7-23; 1. Kor 11,23-26)

„Jesus sprach: Einer unter euch wird mich verraten. Da sahen sich die Jünger an und ihnen wurde bange, von wem er wohl redete. Es war aber einer unter seinen Jüngern, den Jesus lieb hatte, der lag bei Tisch an der Brust Jesu und fragte ihn: Herr, wer ist's? Jesus antwortete: Der ist's, dem ich den Bissen eintauche und gebe. Und er nahm den Bissen, tauchte ihn ein und gab ihn Judas Iskariot.“ (Joh 13)

„Wer ist's? Bin ich's?“ Das Relief, das das letzte Mahl Christi mit seinen Jüngern darstellt, muss jeder sehen, der zum Altar geht und dort Brot und Wein empfängt. Christus sieht den Betrachter an, als wollte er ihn fragen: Wirst auch du mich verraten? So wie er im Johannes-Evangelium die Klage des Psalmisten aufnimmt: „Auch mein Freund, dem ich vertraute, der mein Brot isst, tritt mich mit Füßen.“ (Ps 41,10; Joh 13,18).

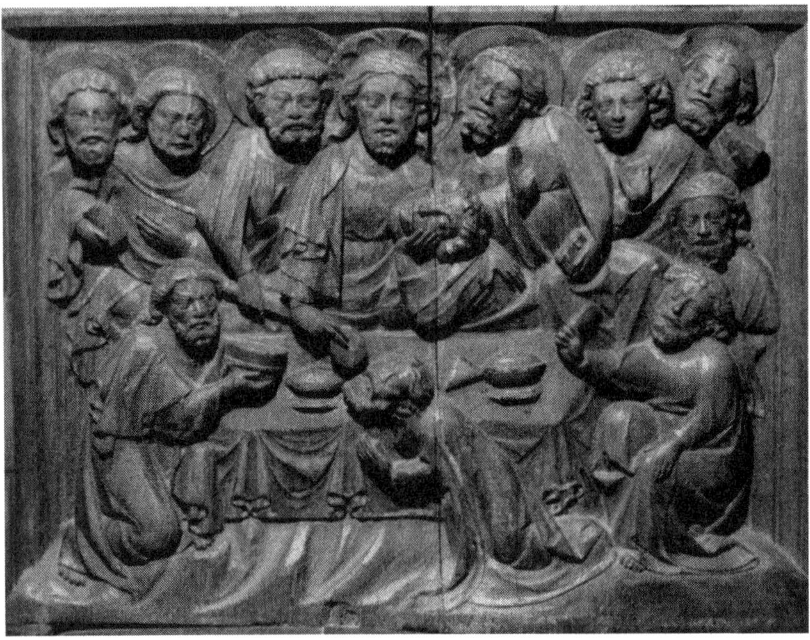

Abb.41   Das Abendmahl

Es ist der Augenblick dargestellt, in dem Christus dem Judas das Brot reicht und ihn damit als Verräter kennzeichnet, wie Johannes es berichtet. Judas, kleiner als die anderen Jünger, kniet in betender Haltung allein vor der offenen Seite des Tisches. Von links reicht ihm ein Jünger den schalenförmigen Kelch mit Wein. So ist auf mittelalterlichen Bildern meistens das letzte Mal Jesu inmitten der Seinen mit der Bezeichnung des Verräters verbunden worden. Insgesamt zählen wir in dieser Tischgemeinschaft nur elf Jünger und denken: Vielleicht ist Judas schon hinausgegangen?

Aber ein Vergleich mit anderen Abendsmahlbildern zeigt uns, dass manchmal noch weniger Jünger zu sehen sind, aber auf alle Fälle immer Judas im Vordergrund, oft mit dem Beutel voll Geld, das er für den Verrat erhalten hatte. Am Naumburger Lettner sind es mit ihm nur fünf. Gleich wird Jesus zu ihm sagen: Was du tust, das tue bald! Und danach wird Judas hinausgehen. Und es war Nacht, heißt es bei Johannes vielsagend. Indem er ihm das Brot reicht und zum baldigen Tun auffordert, ist Christus der Herr des Geschehens. Und auch seiner Passion.

So ist Jesus hier auch der Mittelpunkt der Tischrunde. Links neben ihm, also auf dem Ehrenplatz erkennen wir Petrus, rechts Jakobus. Neben ihnen drängen sich noch je zwei weitere Jünger. Christus und die Köpfe der sechs Jünger füllen die ganze Breite des Reliefs. Alles Gewicht liegt auf dem Ausdruck der verschiedenen Gesichter und der Bewegung ihrer Hände: Erregung, Unmut, Neugier, aber auch Freude sind zu erkennen. Hinter dem Haupt Christi ist der Lichtschein der göttlichen Welt, der Nimbus, zu sehen. An ihr haben auch die sechs anderen Jünger Anteil. Im Nimbus Christi aber leuchtet das Kreuz auf.

Unmittelbar vor Christus stützt einer, die Ellbogen auf dem Tisch, seinen jugendlichen Kopf in beide Hände. Christus hat seine linke Hand auf seine Schulter gelegt. Es ist Johannes, derjenige, den Jesus besonders lieb hatte. Die Gestalten der beiden wurden seit dem Mittelalter auch ohne die übrigen Jünger als Andachtsbild geschaffen.

Zum Abschluss der nächtlichen Mahlfeier, in der Christus die Worte über Brot und Wein gesprochen hatte, die heute in allen christlichen Kirchen als Sakrament des Altars erklingen, wurde der Lobgesang angestimmt. Er bestand aus den Psalmen 113 bis 118 und war der Dank für die Befreiung aus der Knechtschaft in Ägypten und aus aller Not. Zugleich drückte er die Gewissheit aus, dass Gott auch in Zukunft die Seinen nicht dem Tod überlässt. In dieser Gewissheit brach Jesus in die Nacht seiner Passion auf: „Ich werde nicht sterben, sondern leben und die Werke des Herrn verkündigen. Der Herr züchtigt mich schwer, aber er gibt mich dem Tode nicht preis. Danket dem Herrn, denn er ist freundlich und seine Güte

währet ewiglich!" (Ps 118, 17ff.) Die Bekrönung wird hier mit drei Rosetten festlich geziert. Wer sind die beiden knienden Propheten, deren Worte durch die Einsetzung des Abendmahls in Erfüllung gingen? Mose verkündet das Gebot der Passa-Feier (2.Mose 12 u. 24,8): „Das ist das Blut des Bundes, den der Herr mit euch am Sinai geschlossen hat." Jeremia spricht von dem neuen Bund (31, 31-34): „Ich will mit dem Hause Israel und mit dem Hause Juda einen neuen Bund schlie-ßen." Der Psalm 111 rühmt:"Er hat ein Gedächtnis gestiftet seiner Wunder. Er gibt Speise denen, die ihn fürchten". Salomo läßt im Buch der Sprüche 9,5 die Weisheit sagen: „Kommt esset von meinem Brot und trinket von dem Wein."
In der Mitte hält ein freundlicher Engel mit einem Kopf voller Locken ein Buch. In den Zwickeln reckt ein zweibeiniges Fabeltier links seinen Hals empor, rechts duckt sich eins mit einem Greisenkopf ganz tief. Beide sind geflügelt.

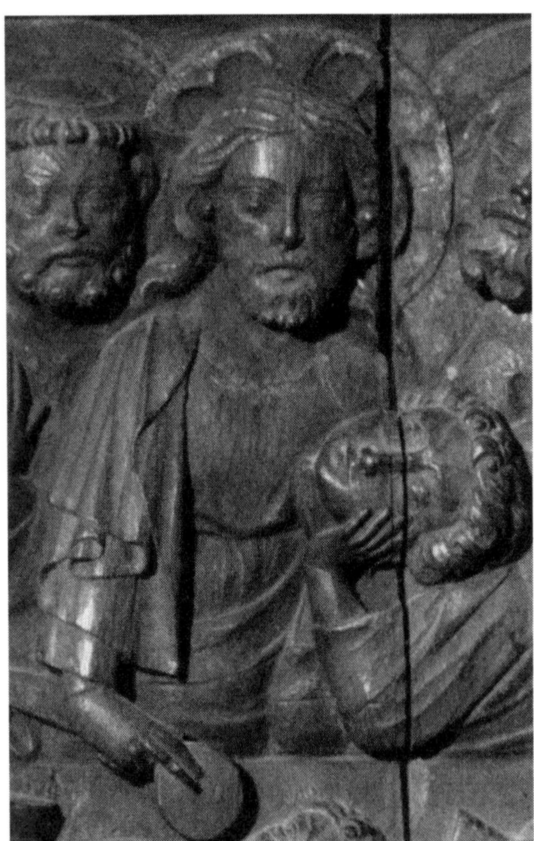

Abb.42
Christus und Johannes beim Abendmahl
(Detail)

Der Typus des Christusbildes

Die Christusdarstellungen des Magdeburger Domgestühls gehören dem „Typ des schönen Christus" an, wie die Kunsthistoriker sagen. Christus offenbart die Schönheit Gottes und die Schönheit des Menschen. „Die Schönheit gehört nach der von der Antike übernommenen Auffassung der Scholastik zum Begriff der göttlichen Vollkommenheit. Thomas von Aquino sagt: ‚Christus besaß jene körperliche Schönheit im höchsten Grade, die seinem Antlitz etwas Majestätisches und Anmutiges zugleich verlieh. Es leuchtete etwas Göttliches in seinem Angesicht, das alle mit Ehrfurcht erfüllte.' (Kommentar zu Psalm 44 bzw. 45,3 ‚Lied für den König: Du bist der Schönste unter den Menschen'.) Diesem Höhepunkt einer idealistischen Kunst steht innerhalb der deutschen Kunst des 13. Jahrhunderts ein realistischer im Werk des Naumburger Meisters gegenüber... Das 14. Jahrhundert hat unter dem Einfluss der Mystik beides gesteigert, sowohl die Schönheit wie den Realismus, der zum Erbärmdebild führte... Dagegen schuf das Liebesbedürfnis in den Andachtsbildern der Christus-Johannes-Gruppe einen wesentlich anderen Typus, in welchem das französische Schönheitsideal des 13. Jahrhunderts weiterlebt. Charakteristisch sind die starken Ausbiegungen der Locken in Höhe der Ohren." (Eberhard Hempel: Reallexikon zur deutschen Kunstgeschichte Bd. III, Stuttgart 1954, Sp. 736-737)

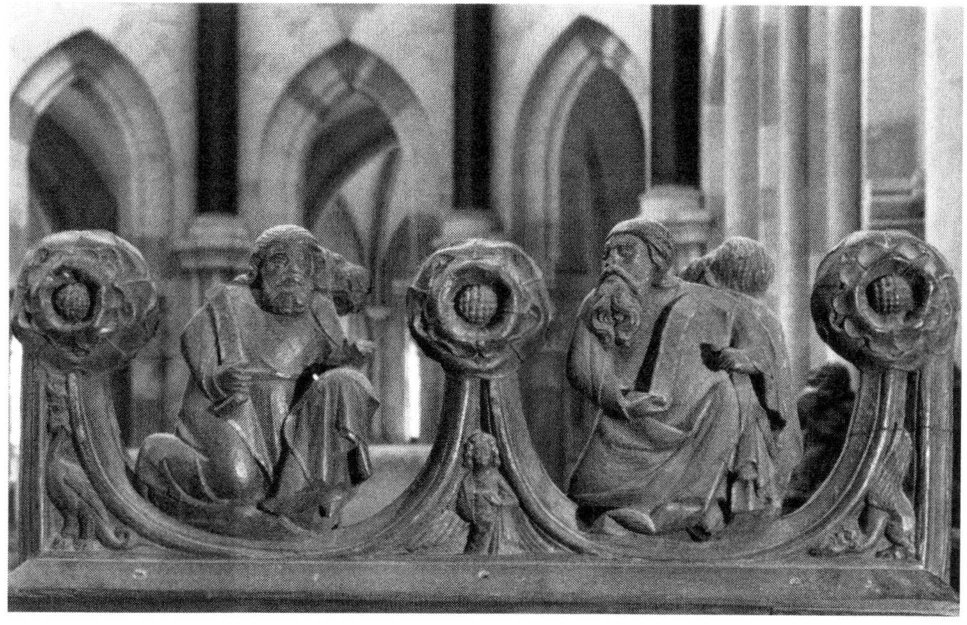

Abb. 43   Bekrönung der Tafel: Abendmahl

13. Das Gebet in Gethsemane (Wange M, Westseite)

„Und sie kamen zu einem Garten mit Namen Gethsemane. Und er nahm mit sich
Petrus und Jakobus und Johannes und fing an zu zittern und zu zagen und sprach:
Meine Seele ist betrübt bis an den Tod; bleibt hier und wachet! Und er ging ein
wenig weiter, warf sich auf die Erde und betete: Abba, mein Vater, ist's möglich, so
gehe dieser Kelch an mir vorüber; doch nicht wie ich will, sondern wie du willst!
Und er kam und fand sie schlafend und sprach zu Petrus: Könnt ihr denn nicht eine
Stunde mit mir wachen? Wachet und betet, dass ihr nicht in Anfechtung fallt! Der
Geist ist willig; aber das Fleisch ist schwach.“
(Mk 14,32-42; Mt 26,36-46; Lk 22,39-46)

Christus ringt um Leben und Tod mit Gott, seine Vertrauten aber, die ihn stärken
sollten, schlafen. Er kniet gebeugt auf dem Felsen, Gesicht und Hände aber sind
zu Gott erhoben. Hier ist kein Stolz des Märtyrers, keine heitere Gelassenheit des
Sokrates, der den Giftbecher trinkt und im Gespräch mit seinen Schülern vor dem
Tod keine Erschütterung zeigt. Mit Zittern und Zagen - Warum berichtet die
Urchristenheit das überhaupt? - bittet er Gott, den Gottlosen und dem Tod in
Gottverlassenheit nicht ausgeliefert zu werden; „aber dein Wille geschehe!“ -

In die Felsen gleichsam eingebettet, sind die drei Lieblingsjünger in bleiernem
Schlaf versunken. Vorn liegt Jakobus, in seinen Mantel gehüllt. Über ihm zwischen

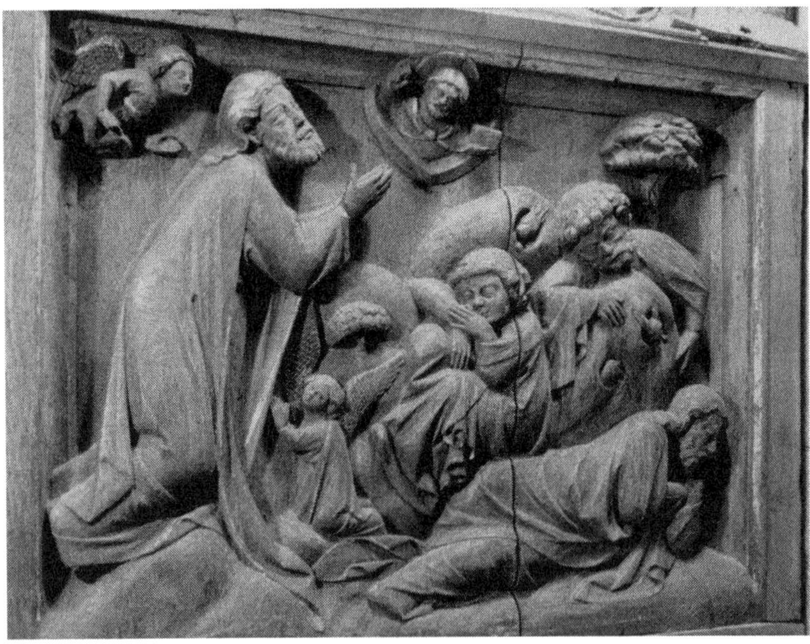

Abb.44   Das Gebet in Gethsemane

den Felsen hockt Johannes mit dem bartlosen Jünglingsgesicht, die Hände friedlich übereinander. Hinter ihm ist Petrus mit seinem schweren Kopf auf einen Felsen gesunken und umfängt ihn mit seinen Armen. Nein, sie können nicht eine Stunde mit Jesus wachen und schalten ab, um nicht sehen zu müssen, was Unangenehmes auf sie zukommt. Nicht immer gibt's der Herr den Seinen im Schlaf. Manchmal ist das Gebet wichtiger. Schlafend werden sie unfähig, die Belastungen der kommenden Stunden zu bestehen: Petrus wird den Herrn verleugnen, die anderen ihn verlassen. „Jesus wird im Todeskampf sein bis ans Ende der Welt; wir dürfen nicht schlafen. Während seine Jünger schliefen, hat Jesus ihr Heil gewirkt.. Als Jesus sieht, daß alle seine Freunde schlafen und all seine Feinde wach sind, überantwortet er sich völlig seinem Vater." notierte Blaise Pascal, der 39-jährig im Jahr 1662 starb, in seinen Pensées (Béguin, S 148f.).

In den Felsen entdecken wir drei Hasen. Zwei gucken aus ihren Löchern hervor, einer verschwindet eben. Weil der Hase beim Schlafen die Augen nicht schließt, galt er seit dem Altertum als Sinnbild für die immer wachende Gottheit und drei Hasen als Symbol für den dreieinigen Gott. Die drei Hasen auf diesem Relief können besagen: Christus wacht, doch die Christen schlafen. - Hasen zwischen Felsen können aber nach Psalm 104,18 („In den Felsen finden die Hasen Zuflucht".) in der christlichen Kunst seit alters auch Symbol für die Menschen sein, die in Gott Zuflucht finden - Die rechte obere Ecke füllt ein stilisierter Ölbaum aus, weil der Garten Gethsemane am Ölberg lag.

Nach dem Markus- und Matthäus-Evangelium hat Jesus auf sein Gebet keine Antwort erhalten. Lukas aber überliefert: „Es erschien ihm aber ein Engel vom Himmel und stärkte ihn." Dies hat der Bildhauer aufgegriffen: Ein kleiner Engel kniet vor Christus und betet mit ihm und ein anderer kommt mit großen Flügeln von oben herbei mit ausgebreiteten Armen, als wolle er sein Haupt umfangen und ihn trösten.

In der Mitte des Bildes sprengt Gott den Rahmen unserer Welt und bleibt nicht im Verborgenen. Der Bildhauer lässt Gott in einer Mandorla, in einem mandelförmigen Heiligenschein, über dem Ölberg erscheinen. In der Linken hält er das Buch seines Wortes, während die segnende rechte Hand seinen Beistand ausdrückt. Nach dem Zeugnis des Johannes bittet Jesus in dieser Nacht nicht nur für sich, sondern auch für die Seinen und alle Menschen, „dass du sie bewahrest vor dem Bösen und dass sie alle eins seien". (Joh 17)

Die Bekrönung ist hier leider beschädigt. Bei dem Propheten rechts, der das Schriftband nach unten hält, aber mit dem Gesicht und der rechten Hand nach oben weist, hören wir Jesaja (51,17 u.22) Gottes Worte sagen: „Du hast getrunken von der Hand des Herrn den Kelch seines Zorns, den Taumelkelch hast du ausgetrunken, den Becher geleert!"

Die linke Gestalt, die ebenfalls ein Schriftband hält und mit der anderen Hand in die Höhe zeigt, ist kein Prophet des Alten Testamentes, sondern eine Prophetin des heidnischen Altertums, eine Sibylle. Ursprünglich im persisch-iranischen und kleinasiatischen Raum eine Frau, die in Ekstase meist drohende Orakel vom Weltuntergang ausstieß, wurde die Sibylle später eine Gestalt der apokalyptischen Literatur, die geschichtliche Ereignisse prophezeit und im Versmaß des Hexameters vortrug. Auch das hellenistische Judentum und die frühe Christenheit schrieben sibyllinische Bücher, in denen Gottes Gericht über die heidnischen Götter und Völker und die Geburt, Taten, Leiden und Auferstehung Christi als Weissagungen heidnischer Prophetinnen gestaltet wurden. Entsprechend der Zahl der alttestamentlichen Propheten kannte man im Mittelalter zwölf Sibyllen.

Die berühmtesten Darstellungen der Sibyllen in der Kunst finden wir am Chorgestühl im Ulmer Münster und in Michelangelos Sixtinischer Kapelle in Rom. So wurde auch am Magdeburger Chorgestühl im Aufbruch der Frührenaissance auf das Altertum zurückgegriffen und Sibyllen wurden als Seherinnen der Heilsgeschichte dargestellt. Eine von ihnen ist über dem Gethsemane-Relief, die andere auf ihrer Rückseite über dem Gefangennahme-Relief erhalten. Vielleicht waren noch andere Sibyllen auf zerstörten Bekrönungen vorhanden? - Einen direkten Bezug der sibyllinischen „Weissagungen" zu dem Gebet Christi am Ölberg gibt es nicht, wohl aber zu den folgenden Passionsszenen.

In dem mittleren Zwickel der Bekrönung wird das Thema des Gethsemane-Reliefs aufgenommen: Über Wolken betet ein Engel mit großen Flügeln. Er hat die

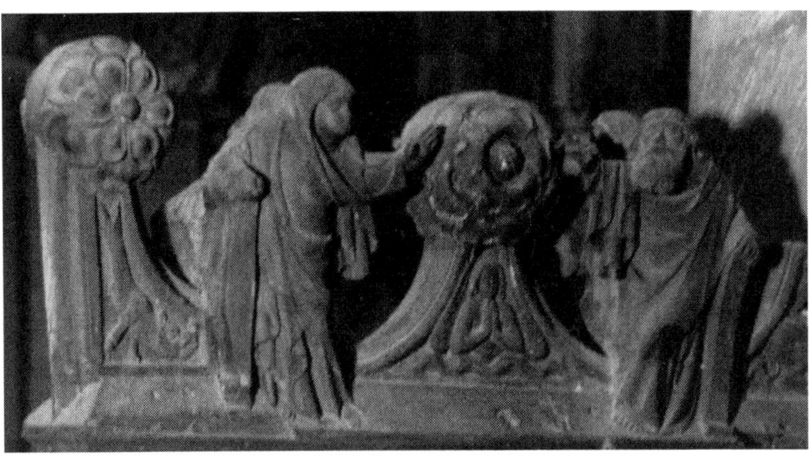

Abb.45   Bekrönung der Tafel: Gethsemane; Delphin, Sibylle und Prophet

Hände vor seiner Brust zusammengelegt. Im rechten Zwickel reckt ein zweibeiniges Drachentier Hals und Kopf heulend in die Höhe. Im linken Zwickel entdecken wir einen Delphin, der aus der Höhe hinabspringt. Seit alter Zeit ist er ein Symbol für Christus: Er trägt aus tödlichen Fluten ans rettende Ufer. Ein aus dem Wasser springender Delphin wird aber auch in der Concordia caritatis ,d.h. Übereinstimmung des Liebeswerkes Christi, Harmonie der Heilsgeschichte, dem Gebet in Gethsemane zugeordnet mit den Worten: „Bei Unwettern spielen Delphine über den Wellen." (RDK III, 843-845). In dieser illustrierten Predigthilfe des Zisterzienserabtes Ulrich in Lilienfeld NÖ. um das Jahr 1355 werden einer Szene aus dem Leben Jesu, die von vier Propheten umgeben ist, zwei Darstellungen aus dem Alten Testament und zwei aus der Natur typologisch beigefügt. Es kann sein, daß diese weit verbreitete Concordantia den Domherren und Bildhauern in Magdeburg bekannt war. Jedenfalls ist die Verbindung des Delphins mit dem Gethsemane-Gebet Christi beachtenswert, vorausgesetzt, daß diese Bekrönung ursprünglich zu diesem Relief gehörte. Gemeint kann damit nur sein: Wie der Delphin bei Unwetter aus dem Wasser, so erhebt sich Christus im Gebet aus der Not empor zu Gott. In dieser Concordantia sind dem betenden Christus als Propheten David und Hiob zur Seite gestellt: David, der in der Höhle zu Gott um Hilfe schrie (Psalm 142), und Hiob, der erschütternd klagte (Kap. 19): Ich schreie „Gewalt!" und werde doch nicht gehört; ich rufe, aber kein Recht ist da!

Die nördliche Randleiste der Wange mit den beiden Gethsemane-Reliefs ist durch zwei Figuren geschmückt: Die untere ist eine junge betende Frau. Sie wendet sich nach rechts, also zu dem betenden Christus hin. Die obere Figur trägt ein Gebetbuch, ihr Gesicht ist leider abgeschlagen. - Die südliche Randleiste kann man nicht sehen, weil die Wange direkt am südöstlichen Vierungspfeiler steht.

14. Die Gefangennahme   (Wange M, Ostseite)

„Da kam Judas, einer von den Zwölfen, und mit ihm eine große Schar mit Schwertern und mit Stangen, von den Hohepriestern und Ältesten. Der Verräter hatte ihnen ein Zeichen genannt: Welchen ich küssen werde, der ist's; den ergreift! Und alsbald trat er zu Jesus und sprach: Sei gegrüßt, Rabbi! und küsste ihn. Jesus aber sprach zu ihm: Mein Freund, dazu bist du gekommen? Da traten sie heran und legten Hand an Jesus... Da verließen ihn alle Jünger und flohen." (Mt 26,47f). „Jesus sprach zu ihnen: Wen suchet ihr?... Ich bin's! Sucht ihr mich, so lasst diese gehen! Simon Petrus aber hatte ein Schwert und zog es und schlug nach dem Knecht des Hohenpriesters und hieb ihn sein rechtes Ohr ab. Und der Knecht hieß Malchus. Da sprach Jesus zu Petrus: Steck dein Schwert in die Scheide! Soll ich den Kelch nicht trinken, den mir mein Vater gegeben hat? Denn wer das Schwert nimmt, wird durch das Schwert umkommen." „Lasst ab! Nicht weiter! und rührte sein Ohr an und heilte ihn... Aber dies ist eure Stunde und die Macht der Finsternis." (Joh 18,10-11; Mt 26,17; Lk 22,51)

Alles ist in Bewegung auf diesem Bild: die Hände, die Gesichter, die Falten der Gewänder. Jesus aber steht in der Mitte, groß und ruhig. Mit langen, geraden Falten stellt ihn der Bildhauer dar, das Buch in der Hand. Jesus hält sich an die Bibel und damit an Gottes Gebot und Zusage, „damit die Schrift erfüllt wird", wie

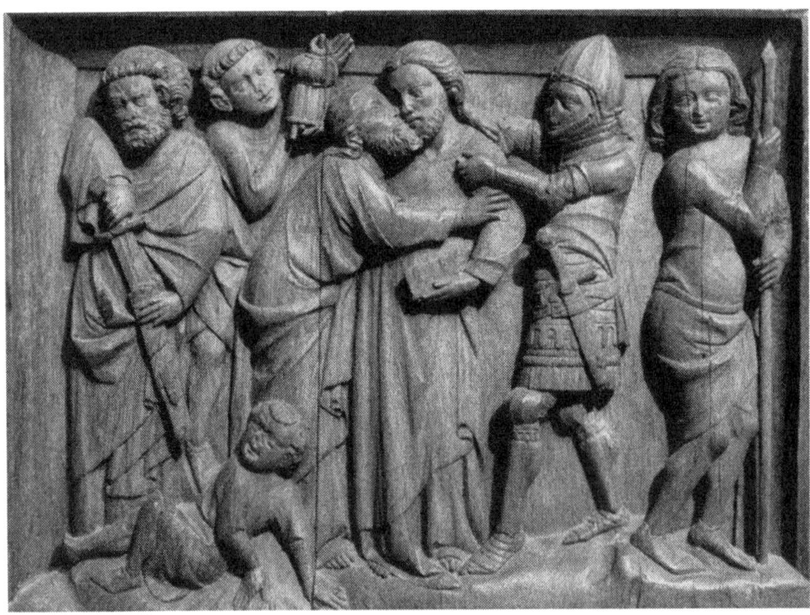

Abb.46   Die Gefangennahme

Matthäus hier zweimal betont. - Judas ist seitlich an ihn herangetreten, hat ihn umarmt und küsst ihn. „Judas, verrätst du den Menschensohn mit einem Kuss?" Jesus redet ihn mit Namen an, mit dem Ehrennamen Judas. Aus diesem Stamm soll der Held des Friedens kommen (1.Mose 49,10f.). Er nennt ihn „mein Freund", nicht ironisch. Eben noch haben sie zusammen an einem Tisch gesessen und Brot und Wein geteilt. -

Da hat auch schon ein von Kopf bis Fuß mit Helm, Kettenhemd, Ringelpanzer und Schwert gewappneter Soldat Jesus mit beiden Fäusten an der Schulter gepackt. Hinter Judas hält einer von dem Verhaftungskommando die Laterne hoch, um die dunkle Szene zu beleuchten. „Dies ist eure Stunde und die Macht der Finsternis." Und doch ist es auch seine Stunde, wie das Johannes-Evangelium bezeugt, in der er seine Herrlichkeit und Gottes Macht offenbart. Danach gab sich Jesus selbst zu erkennen: Wen sucht ihr? Ich bin's! und tritt schützend vor die Seinen, damit sie nicht auch verhaftet werden. Auch mit gebundenen Händen bleibt er der Aktive, der in diese dunkle Welt Licht bringt, obwohl hier und in den folgenden Passionsbildern kein Lichtschein um sein Haupt mehr zu sehen ist. -

Links am Rand zieht Petrus das Schwert und will seinen Herrn verteidigen. Vor Schreck ist Malchus, ein Diener des Hohenpriesters, umgefallen und liegt zu Füßen des Petrus. Aber Jesus greift ein und fordert Gewaltverzicht um Gottes Willen. Er lehrt die Seinen, im Gegenüber nicht den bösen Feind, sondern den Mitmenschen zu sehen, der noch zu retten ist, „und heilte ihn". „Unbewaffnete Liebe ist die stärkste Macht der Welt", sagte der Bürgerrechtler Martin Luther King.

Ganz rechts am Rand stützt sich ein junger Mann in eng anliegender Kleidung auf seine Lanze. Hält er Wache? Freut er sich über den nächtlichen Einsatz? Oder ist es der junge Mann, von dem allein das Markus-Evangelium berichtet: „Der war mit einem Leinengewand bekleidet auf der bloßen Haut; und sie griffen nach ihm. Er aber ließ das Gewand fahren und floh nackt davon." Ist dieser notdürftig Bekleidedete, der gleich fliehen wird, hier dargestellt? Seit alters gilt dieser nächtliche Augenzeuge als der Johannes Markus, der das Evangelium verfasste und in dessen Elternhaus sich später die Apostel und die Urgemeinde versammelten. (Apg 12,12)

Es fällt auf, dass Judas gar nicht hässlich dargestellt ist wie sonst oft. Ist Judas noch zu retten? „Was geht das uns an? Da sieh du zu!' Und er warf die Silberlinge in den Tempel, ging fort und erhängte sich." (Mt 27,4-5). Die Tat und der Tod sind unwiderrufbar. Kein Mensch kann dem Judas und seinesgleichen, den Verrätern, Denuzianten, Bestien in Menschengestalt und Schreibtischmördern die Verantwortung abnehmen und die Schuld vergeben. Gott aber kann das und tut das durch Jesus Christus; „Der Herr warf unser aller Sünde auf ihn." (Jes 53,6)

Beim Abendmahl empfing auch Judas von Jesus Brot und Wein, „mein Leben für dich und für viele gegeben zur Vergebung der Sünden". Darum müssen wir auch für ihn und für jeden von uns hoffen.

Im Gesangbuch ist ein Hymnus „über die Passion des Herrn" überliefert, in dem die einzelnen Leidensstationen auf sieben Strophen verteilt sind, so wie die Domherren und ihre Vikare im 14. Jahrhundert die Lesungen der Passionsgeschichte in der Nacht des Gründonnerstags und am Karfreitag während des Stundengebetes gehört haben. Es beginnt in der Matutin mit der Gefangennahme (1. Strophe):

> „Christus, der uns selig macht, kein Bös's hat begangen,
>
> ward für uns zur Mitternacht als ein Dieb gefangen." (EG 77).

Dieser Hymnus aus der Zeit, in der das Chorgestühl entstand, lässt erleben, in welchem Geist es geschnitzt worden ist.

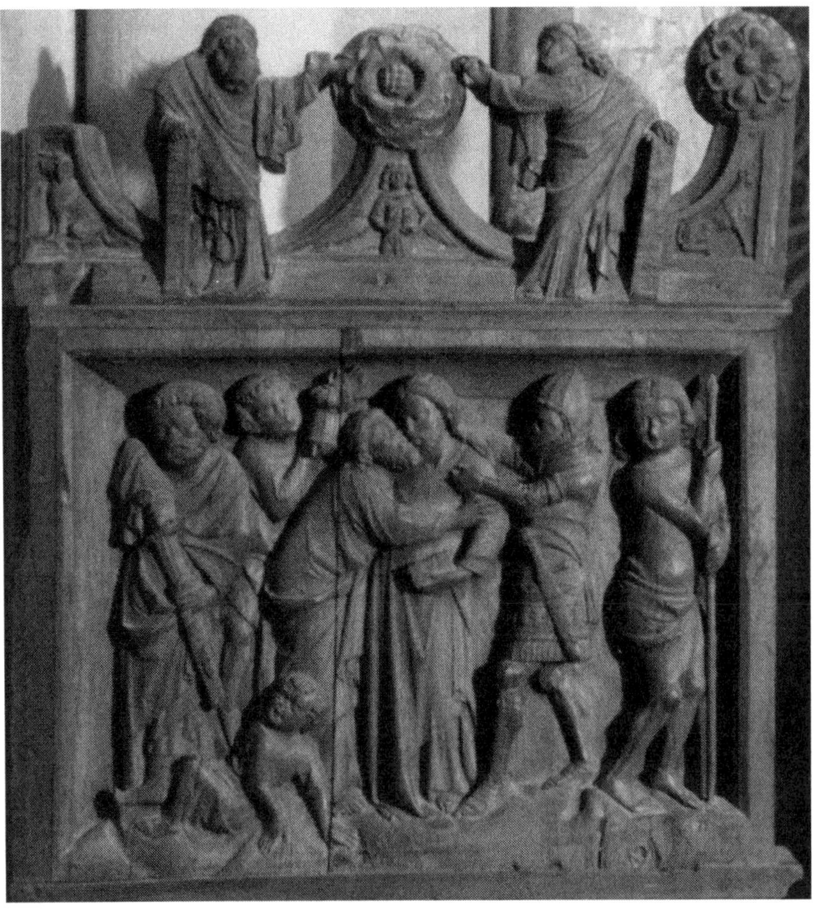

Abb.47   Bekrönung der Tafel: Gefangennahme

In den Zwickeln der Bekrönung hockt links und rechts je ein Hund, der linke mit großen Ohren, der rechte heult mächtig. In der Mitte zeigt ein Engel auf ein Buch, das er hält. Die linke Rosette ist leider abgebrochen. Bei dem Propheten denken wir an Sacharja (13,7):

> „Schlage den Hirten, dass sich die Herde zerstreut!"

und an Jesajas Worte über den Knecht Gottes, über sein stellvertretendes Leiden und Sterben und seinen Lohn:

> „Fürwahr, er trug unsere Krankheit und lud auf sich unsere Schmerzen.
>
> Er ist um unsrer Missetat willen verwundet
>
> Und um unsrer Sünde willen zerschlagen.
>
> Die Strafe liegt auf ihm,
>
> Auf daß wir Frieden hätten,
>
> Und durch seine Wunden sind wir geheilt."
>
> (Jes 53,1-12).

Rechts ist wie über dem umstehenden Gethsemane-Relief eine Sibylle zu sehen. Sie trägt einen Kopfbund und ein großes Umschlagtuch, das über den linken Arm und die Schulter geschlagen ist und das Gewand darunter zusammenrafft, so daß es in schönen Falten bis über die Füße herabfällt. Ihr rechter Arm ist vielsagend ausgestreckt, ihr ausdrucksvolles Gesicht schräg erhoben. Sie macht deutlich, dass auch unter den Völkern hellsehende Frauen einen Erlöser der Menschheit erwartet haben:

> „Und das Wort, das die Welten erschuf und dem alles gehorsam,
>
> Das sogar Tote erweckt und Heilung bringet den Siechen,
>
> Kommt in der Bösen Gewalt, gottloser, ungläubger Menschen.
>
> Schläge versetzen dem Gott ruchlose, unheilige Hände.
>
> Und aus ekelem Mund besudelt ihn giftiger Speichel.
>
> Er aber bietet geduldig den blutigen Rücken der Geißel.
>
> Trotz aller Schläge wird stille er schweigen, dass keiner erkenne,
>
> Wer und wessen er sei und woher, um die Toten zu rufen.
>
> Und von Dornen den Kranz wird er tragen; denn immerdar kommen
>
> Wird aus den Dornen der Kranz der Heiligen, welche erwählt sind."
>
> (Sibyllinen, VIII. Buch, Verse 285 ff. bei Hennecke Bd. 2, S.520f.)

Diese Verse sind um 150 n. Chr. entstanden, als die Christen im römischen Reich verfolgt wurden.Ihre Lektüre war bei Todesstrafe verboten, weil der Untergang Roms prophezeit wurde. Die Sibylle galt als „Bundesgenossin im Lager der Heiden"(Hennecke, Bd. 2, S. 501)

15. Das Verhör vor dem Hohenpriester, Verspottung und Geißelung

(Wange Q, Westseite)

„Die Jesus ergriffen hatten, führten ihn zu dem Hohenpriester Kaiphas. Der aber und der ganze Hohe Rat suchten falsches Zeugnis gegen Jesus, dass sie ihn töteten... Zuletzt traten zwei herzu und sprachen: Er hat gesagt: Ich kann den Tempel Gottes abbrechen und in drei Tagen aufbauen. Und der Hohepriester sprach zu ihm: Antwortest du nicht auf das, was diese gegen dich bezeugen? Aber Jesus schwieg still. Und der Hohepriester sprach zu ihm: Ich beschwöre dich bei dem lebendigen Gott, dass du uns sagst, ob du der Christus bist, der Sohn Gottes. Jesus sprach zu ihm: Du sagst es. Da zerriss der Hohepriester seine Kleider: Er hat Gott gelästert! Er ist des Todes schuldig. Da spien sie ihm ins Angesicht und schlugen ihn mit Fäusten. Einige verdeckten sein Angesicht (Lk 22,84), schlugen ihm ins Angesicht und sprachen: Weissage uns, Christus, wer ist's, der dich schlug?" (Mt 26,57ff.)

Mit dieser Tafel begleiten wir Jesus in das Verhör vor dem Hohen Rat mit der anschließenden Verspottung. Dies zeigt die linke Bildhälfte, während der Bildhauer rechts die Geißelung gestaltet hat, die eigentlich erst nach der Verurteilung durch Pilatus geschah. Dennoch verstand es der Künstler, beide Szenen zu einem Ganzen zu fügen. Er hat sie spiegelbildlich aufgebaut: in der Mitte steht jedes Mal Jesus, der sich den beiden Figuren links und rechts zuwendet, die ihn verhören

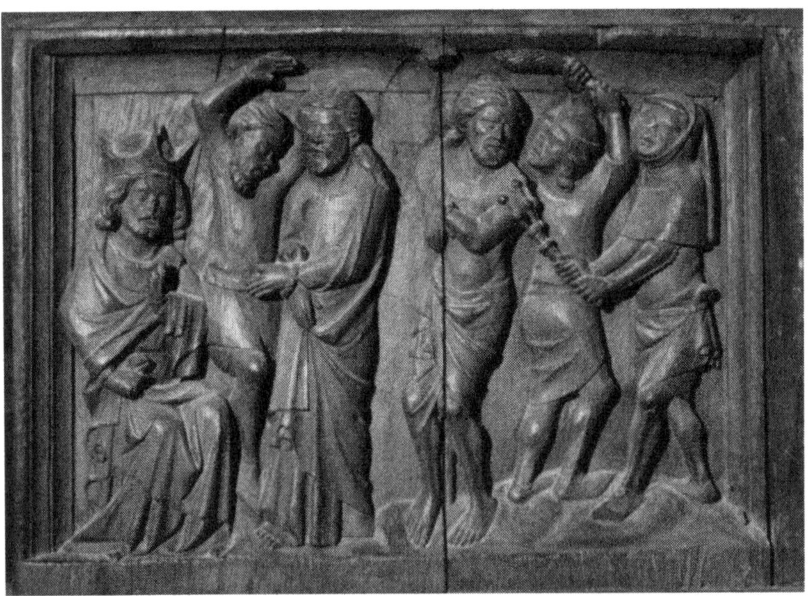

Abb.48   Verhör vor dem Hohenpriester, Verspottung und Geißelung

und schlagen. Die mittlere Gestalt jeder Gruppe holt mächtig aus, um Jesus mit voller Wucht zu treffen. Bis an den oberen Bildrand reichen die Schwung holende Hand und das sausende Rutenbündel. Dadurch werden beide Szenen aufeinander bezogen und zusammengehalten. Die beiden äußeren Figuren am Bildrand rechts und links sind so gestaltet, dass sie diese Linie aufnehmen und beide Gruppen wie in einer großen Elipse zusammengefasst werden, in deren Brennpunkten jedes Mal Jesus steht.

Der Hohepriester Kaiphas war der Vorsitzende des obersten jüdischen Gerichts, das aus 71 Ratsmitgliedern bestand. Wir erkennen ihn an der kronenähnlichen Kopfbedeckung mit drei Spitzen wie bei dem Relief vom zwölfjährigen Jesus im Tempel. Das Verhör hat bereits stattgefunden, in dem Jesus sich als Messias bekennt. Dazu kam das Wort Jesu über den Tempel, das die Zeugen vorbrachten. Beides galt als Gotteslästerung und war der Grund zum Todesurteil. Wir sehen Kaiphas mit Zornesfalten auf der Stirn. Seine Rechte hat das Gewand gerafft. Gleich wird er es zerreißen.

Jesus steht mit verbundenen Augen vor seinem Richter. Dadurch, dass man ihn bespucken, ohrfeigen und verhöhnen kann, scheint bestätigt, dass seine Aussage Anmaßung ist. Hätte er Macht von Gott, würde er sie jetzt gebrauchen, denken sie. Doch Jesus hält diese Versuchung durch und hilft sich nicht selbst. Gelassen steht er mit gefesselten Händen da. Beim letzten Mahl mit den Jüngern hatte er gebetet: „Der Herr ist mit mir, darum fürchte ich mich nicht; was können mir Menschen tun? Der Herr züchtigt mich schwer, aber er gibt mich dem Tode nicht preis." (Ps 118)
Die rechte Bildhälfte stellt die Züchtigung dar. Jesu Hände sind an einer Säule gefesselt, die hier abgebrochen ist. Obwohl er nicht gerade steht, ist er doch größer als die, die ihn schlagen. Es sind junge Leute, die mit einem Rutenbündel, einem so genannten „Fuchsschwanz", und einer dreifachen Geißel mit Bleikugeln auf ihn einschlagen.

Fuchsschwanz und Geißel waren zur Entstehungszeit des Chorgestühls Werkzeuge für Strafen, auch in Klöstern. Es waren die Jahre der Pest, in denen die Friedhöfe die Leichen nicht mehr aufnehmen konnten. Gruppen von sich geißelnden Menschen zogen von Stadt zu Stadt, von Kirche zu Kirche und erflehten Gottes Erbarmen.

Der Mann rechts am Bildrand mit der Geißel ist ganz modisch gekleidet. Seine Kogel hat einen langen Zipfel und angearbeiteten Schulterumhang. Die Unterärmel seines engen Gewandes werden durch eine lange Knopfreihe geziert. Dazu trägt er einen tief sitzenden Gürtel. Er hat anscheinend Lust an der Folter. Jesus ist nicht zerfleischt und blutend. Auch hier hat der Bildhauer den „schönen Christus" gestaltet, weil er ihn von Ostern her im Licht des unzerstörbaren Lebens gesehen hat. Seine Beine stehen in spannender Gegenbewegung zu denen der Folterknechte. Die durchfurchte Stirn zeigt, dass er über sie traurig ist. Er sieht sie an und hofft auch für sie.

Der Anblick dieser Passionsbilder möchte uns gleichzeitig machen mit dem Leiden Jesu und, dass wir es wiedererkennen in dem tausendfachen Leiden und Sterben unserer Mitmenschen heute. Bonhoeffer schrieb 1944 im Gefängnis: „Gott ist ohnmächtig und schwach in der Welt, und gerade und nur so ist er bei uns und hilft uns." und: „Der Mensch wird aufgerufen, das Leiden Gottes an der gottlosen Welt mitzuleiden... Christen stehen bei Gott in seinen Leiden." (Bonhoeffer S. 195f.)

Die Bekrönung hat keine Blatt- oder Blütenknollen, sondern links einen grinsenden Hundekopf mit hängenden Ohren, darunter einen zweibeinigen, geflügelten Drachen. Die mittlere Knolle ist abgeschlagen, die rechte im Jahre 1844 durch eine Blattknolle, die früher die Mitte einer Bekrönung war, ersetzt. Darunter im rechten Zwickel liegt ein Mischwesen, ein bärtiger Männerkopf mit großen Flügeln und kleinen Füßen, ohne Leib, ein Kopffüßer, ein Kephalopode.

Im mittleren Zwickel erscheint das Brustbild eines Engels mit Lockenkopf und großen aufgestellten Flügeln. Er hat die rechte Hand vor der Brust erhoben, als wolle er etwas sagen, und hält in seiner Linken eine Kugel. Ist sie das Zeichen für die Weltherrschaft des kommenden Menschensohnes?

Die Propheten sind Daniel und Jesaja. Jesus selbst antwortet dem Hohepriester, dass der Menschensohn zum Gericht kommen wird mit Daniels Worten (7, 13-14):

„Es kam einer mit den Wolken des Himmels wie eines Menschen Sohn...

Seine Macht ist ewig und sein Reich hat kein Ende."

Und Jesaja sagt vom Leiden des Gottesknechtes (Jesaja 50, 4-9):

„Ich bot meinen Rücken dar denen, die mich schlugen,

und meine Wangen denen, die mich rauften:"

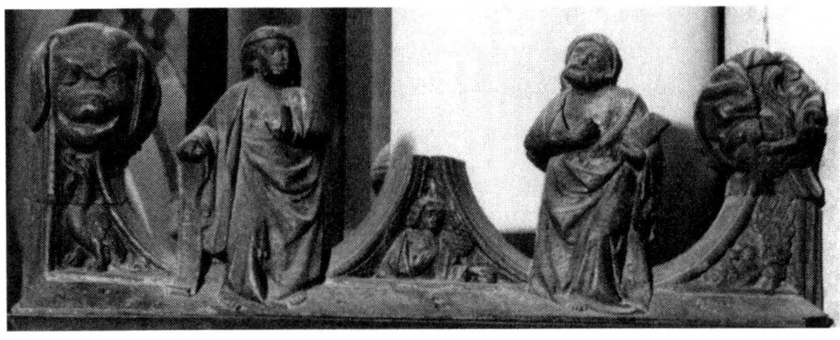

Abb.49   Bekrönung der Tafel: Verhör vor dem Hohenpriester

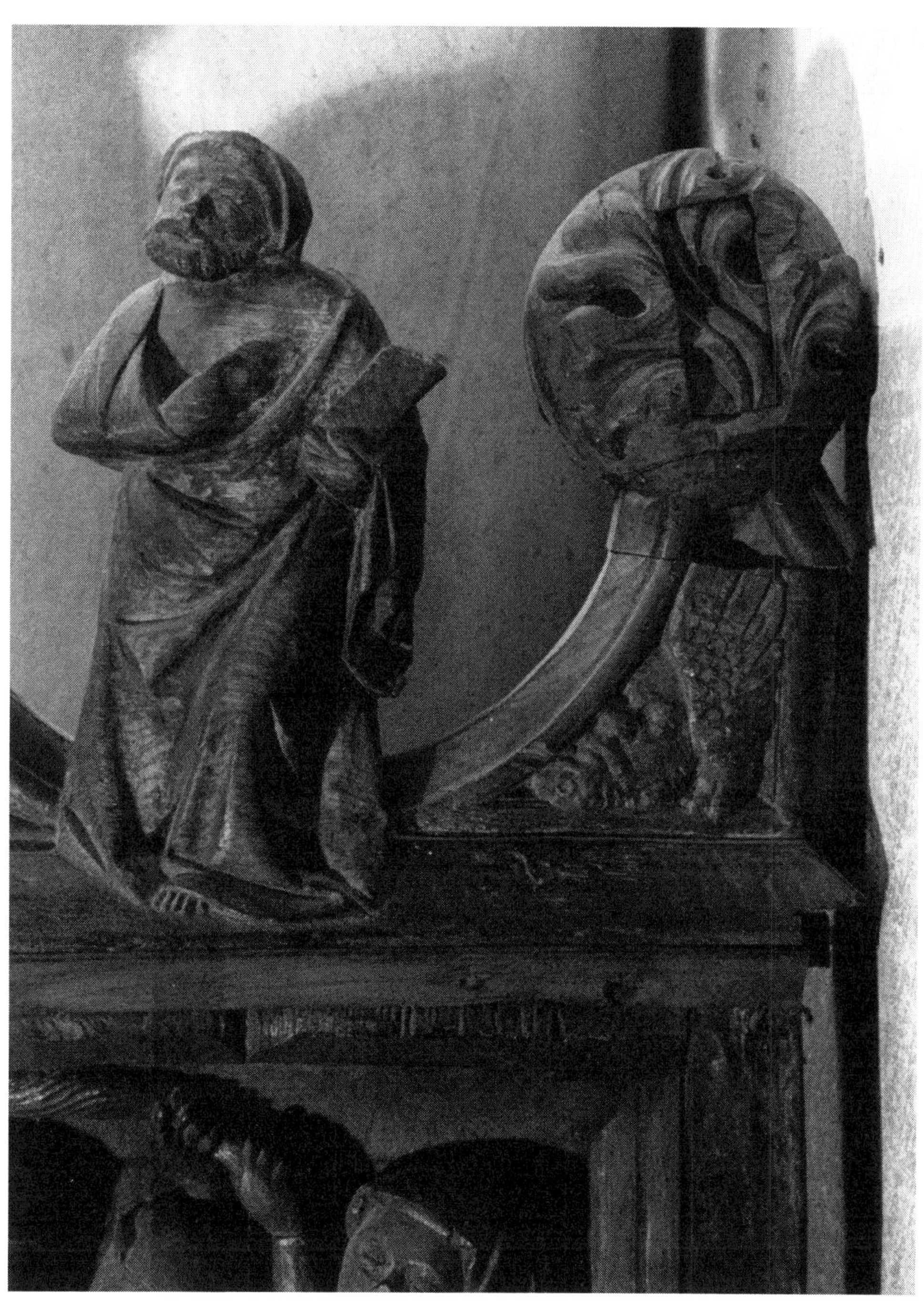

Abb.50　Prophet und Kephalopode über der Geißelung

16. Das Verhör vor Pilatus (Wange D, Nordseite)

„Am Morgen fassten alle Hohenpriester und die Ältesten des Volkes den Beschluss über Jesus, ihn zu töten, und sie banden ihn und führten ihn ab und überantworteten ihn dem Statthalter Pilatus. Der fragte ihn: Bist du der König der Juden? Jesus sprach: Du sagst es. Und als er von den Hohenpriestern und Ältesten verklagt wurde, antwortete er nichts. Da sprach Pilastus zu ihm: Hörst du nicht, wie hart sie dich verklagen? Und er antwortete ihm nicht auf ein einziges Wort, so dass sich der Statthalter sehr verwunderte." (Mt 27, 1-14)

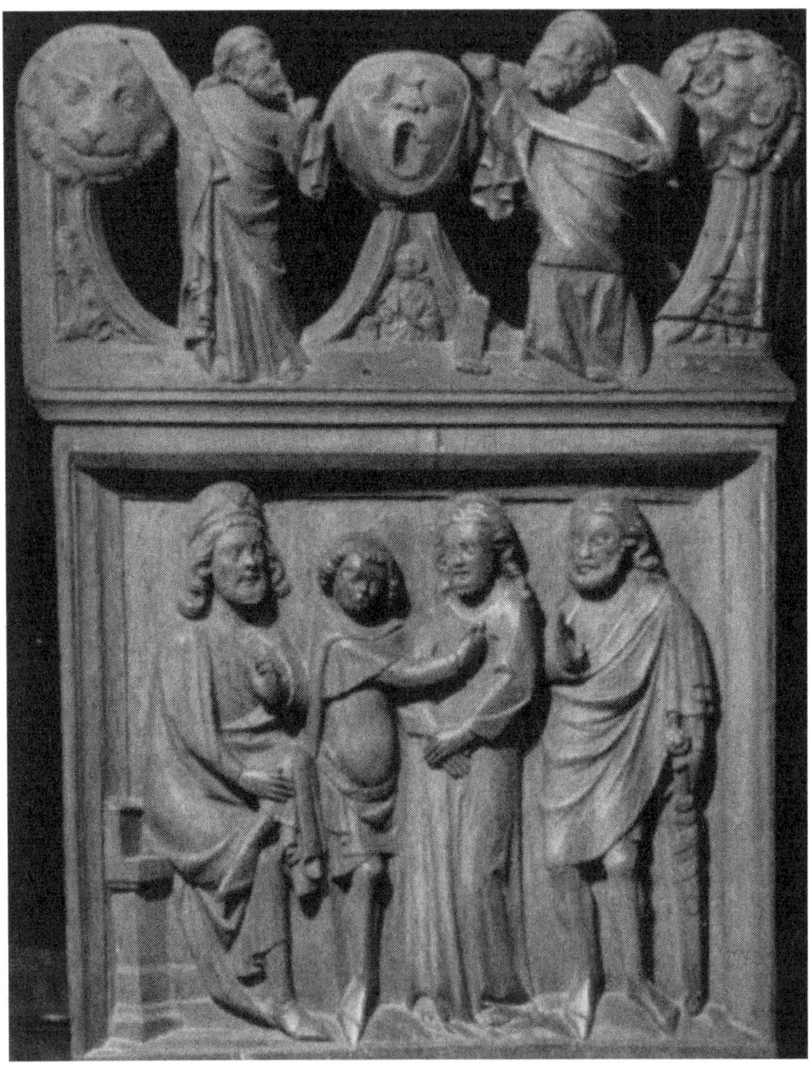

Abb.51   Das Verhör vor Pilatus

Nach dem Johannes-Evangelium antwortete Jesus: „Mein Reich ist nicht von dieser Welt... Ich bin ein König. Ich bin dazu geboren und in die Welt gekommen, dass ich für die Wahrheit zeugen soll. Wer aus der Wahrheit ist, der hört meine Stimme. Spricht Pilatus zu ihm: Was ist Wahrheit?" (Joh 18,36-37)

Am Magdeburger Chorgestühl finden wir vier Darstellungen der Verhöre Jesu: vor dem Hohenpriester, vor Pilatus, vor Herodes und noch einmal vor Pilatus mit dem Händewaschen und der Verurteilung. Hier folgt das Chorgestühl dem Lukas-Evangelium, das zwischen die Vernehmungen durch Pilatus eine Szene vor Herodes überliefert.

Jesus wird von einem jugendlichen Diener, der ihn vor der Brust am Gewand gefasst hat, vorgeführt. Auffallend ist auch hier wie in allen anderen Verhören, dass Jesus so ruhig dargestellt ist. Nur wenige Gewandfalten fallen senkrecht herunter und stauchen sich am Boden über seinen bloßen Füßen. Er hat die Hände übereinander gelegt. Dagegen drücken die Gewandformen der anderen Personen und ihre Hände lebhafte Aktion aus. Der bärtige Mann hinter Jesus rechts bringt die Anklage vor. Seine Linke hält ein großes Schwert. Seine rechte Hand unterstreicht seine Rede: „Er wiegelt das Volk auf." (Lk 22,5)

Links sitzt Pilatus, der Vertreter der römischen Staatsmacht, auf einem Thron, eine phrygische Mütze über seinem lockigen Haar. Er hat das linke Bein über das rechte geschlagen. Im 14. Jahrhundert schrieb das Soester Recht vor: „Der Richter soll sitzen auf dem richterstole als ein grisgrimmiger Löwe und den rechten Fuß schlahen über den linken." (Koch: 1936, S. 47) Wenn aber auf der hiesigen Tafel wie am Naumburger Lettner dargestellt ist, daß Pilatus das linke Bein über das rechte geschlagen hat, könnte er damit als ungerechter Richter gekennzeichnet worden sein. Beide Beinstellungen des Pilatus sind auf oberrheinischer Buch- und niedersächsischer Tafelmalerei des 13. Jahrhunderts zu sehen (Schiller, II, Abb. 214f.). Wie bekannt Bilder mit der richterlichen Haltung des Pilatus waren, zeigt die „Niederdeutsche Tischzucht" aus dem 15. Jahrhundert: „Du sollst auch nicht ein Knie über das andere hängen, wie man Pilatus pflegt zu malen." (ins Hochdeutsch übertragen aus G. Porstmann, 1997, S. 81)

Die Bekrönung reagiert auf das Verhör, dem Jesus ausgeliefert ist. In der Mitte schreit ein Menschengesicht mit weit geöffnetem Mund über die Ungerechtigkeit, Lüge und Gewalt, die Jesus erleiden muß. In dem Zwickel darunter hält ein Engel ein Buch, als wolle er Jesus mit Gottes Wort beistehen.

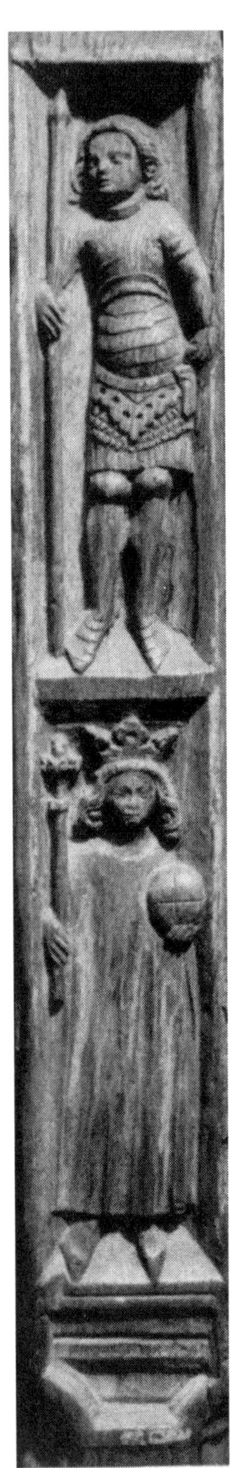

Abb.52
Soldat
und König
Randleiste Ost
Wange D

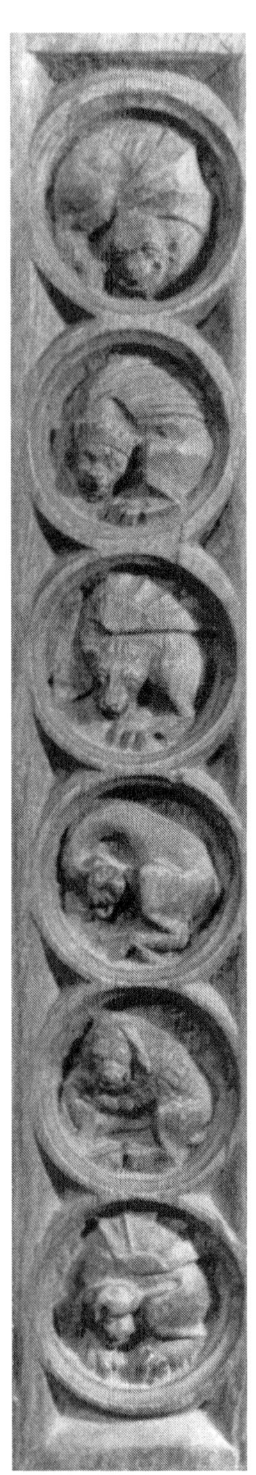

Abb.53
Sechs Dämonen
Randleiste West
Wange D

Die linke Knolle zeigt das Gesicht eines Löwen. In dem Zwickel unter ihm reißt ein Drache sein Maul weit auf. Die Klagepsalmen vergleichen den Gottlosen oft mit einem Löwen, der den Unschuldigen überfällt . (vgl. die Psalmen 7, 10, 17, 22 und 57) Rechts sehen wir eine Blattknolle. Unter ihr füllt ein grotesker bärtiger Männerkopf mit spitzer Mütze den Zwickel aus. Der rechte Prophet war früher abgebrochen und ist nun ersetzt. Er wirkt sehr ausdrucksvoll und erinnert an Jesajas Worte vom Gottesknecht (53, 7-8): „Als er gemartert war, litt er doch willig und tat seinen Mund nicht auf." Der andere Prophet kann Jeremia sein, der im Namen aller Gefangenen und Unrecht Leidenden klagte (Klagelieder 3).

Vielleicht nehmen die beiden Randleisten aufeinander und auf die Reliefs mit den Verhören Bezug, zwischen denen sie stehen. Die westliche Randleiste birgt sechs tierische Ungeheuer in Medaillons. Sie haben Köpfe wie Hunde, Katzen oder Affen. Vier von ihnen besitzen Flügel. Einer trägt eine Krone, ein anderer einen Zackenreif, ein dritter eine Narrenkappe. Alle ducken sich, lauern frontal dem Betrachter auf, bellen und heulen. - Sind sie die Ausgeburten spielerischer Fantasie, lustige Kontraste zu den ernsten Passionstafeln? Es sind vielmehr Darstellungen böser Geister und Dämonen.

Damals hat man den Teufel und seine Gehilfen durchaus ernst genommen. Das schließt nicht aus, dass man sie komisch und lächerlich dargestellt hat, weil Christus sie besiegt hat. Daher gehörte zu den Ostergottesdiensten auch das Lachen über den Teufel. Seine ohnmächtige Dummheit ist einfach entlarvt, auch wenn er immer noch Menschen zur Vernichtung der Schöpfung Gottes sich dienstbar zu machen versteht. Die Menschen des 14. Jh. kannten verschiedene Teufel: der Lüge, des Unrechts, des Hasses, der Unzucht, der Geldgier, der Verführung u. a. ... Sie sind hier in Kreisen gefangen dargestellt, „incurvatus in se", wie Luther sagte, „in sich gekrümmt".

Die andere Randleiste zeigt einen Soldaten mit Speer in der damals modernen Rüstung, über die er ein Hemd gezogen hat, vergleiche die Soldaten beim Kindermord. Zusammen mit dem König unter ihm, der ein Szepter und einen Reichsapfel in den Händen hält, erinnert er an die guten Ordnungsmächte, die ein besseres Gericht halten müssen, als Herodes und Pilatus es tun. Der Gepanzerte kann auch die Worte veranschaulichen, die Paulus an die Epheser (Kap. 6) schrieb: „Wir haben nicht gegen Fleisch und Blut zu kämpfen, sondern gegen Mächte und Gewalten, gegen die Herrscher der Finsternis, gegen die Geister der Bosheit. Darum greift zur Waffenrüstung Gottes. Mit Wahrheit gürtet eure Hüften. Gerechtigkeit legt als Panzer an. Nehmt den Glauben als Schild, den Helm des Heils und das Schwert des Geistes, das ist Gottes Wort." (Eph 6)

17. Das Verhör durch Herodes (Wange D, Südseite)

„Als Pilatus das hörte, fragte er, ob der Mensch aus Galiläa wäre. Und als er vernahm, dass er ein Untertan des Herodes war, sandte er ihn zu Herodes, der in diesen Tagen auch in Jerusalem war. Als Herodes Jesus sah, freute er sich sehr; denn er hätte ihn längst gerne gesehen. Er hatte von ihm gehört und hoffte, er würde ein Zeichen von ihm sehen. Und er fragte ihn viel. Er aber antwortete ihm nichts. Die Hohenpriester aber und Schriftgelehrten standen dabei und verklagten ihn hart. Aber Herodes mit seinen Soldaten verachtete und verspottete ihn, legte ihm ein weißes Gewand an und sandte ihn zurück zu Pilatus. An dem Tage wurden Herodes und Pilatus Freunde; denn vorher waren sie einander feind." (Lk 23, 6-12)

Links thront Herodes. Er ist an der Krone und dem langen Zepter, das in einer Kreuzblume endet, als König erkennbar. Die linke Hand hält er wie Pilatus im Redegestus. Ihm zugewandt steht ein Mann vom Wachpersonal. Er trägt ein kurzes, knielanges Obergewand, das so eng ist, dass es mit Mühe durch die Knöpfe über den Bauch gespannt ist. Den Unterarm ziert eine ganze Knopfreihe. Dieser Wächter hat in grober Art seinen Arm unter Jesu Kinn geschoben und hält ihn fest.

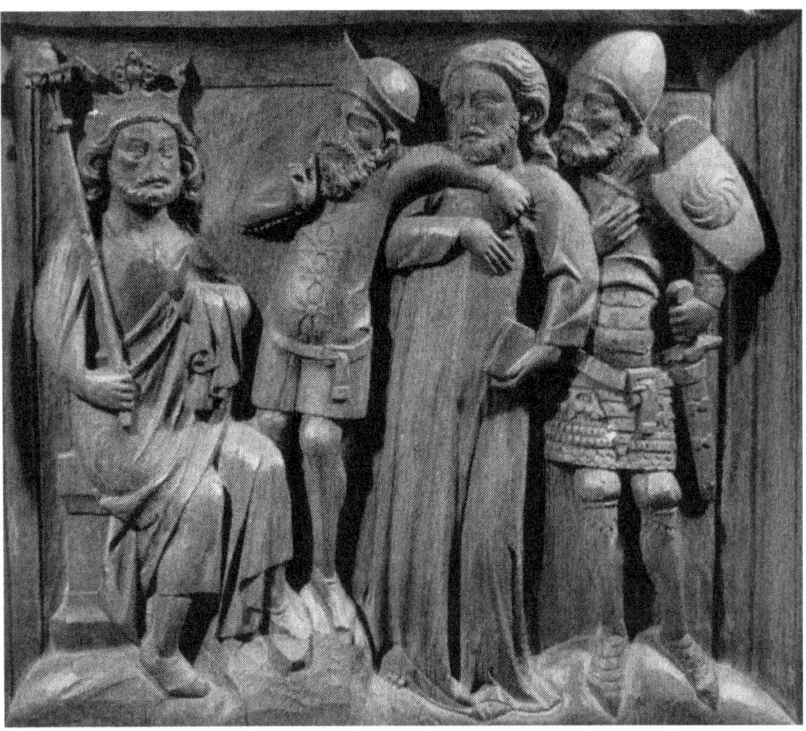

Abb.54   Das Verhör durch Herodes

Den Rand seiner Kappe hat er hochgeschlagen. Wieder ist Jesus in dieser Szene der Größte. Seine Füße stehen in einer Vertiefung, während die anderen auf Erhebungen stehen, um den Gefangenen an Größe zu erreichen. Wie auf den anderen Reliefs trägt Jesus einen kurzen Bart und schönes, langes Haar. Die rechte Hand hat er auf sein Herz gelegt, seine Linke hält ein Buch - ein Zeichen dafür, dass er über seine Lehre Auskunft gegeben hätte. Aber Herodes wollte nur ein Wunder von ihm sehen.

Hinter Jesus steht ein Schwerbewaffneter, von Kopf bis Fuß gepanzert, und wendet sich ebenfalls dem König zu. Über der linken Schulter trägt er einen Schild, die Hand darunter am Griff des Schwertes. - Herodes Antipas hatte Johannes den Täufer hinrichten lassen. Er war in Galiläa der Landesherr Jesu und war den Juden zuliebe zum Passafest nach Jerusalem gekommen. Als Jesus sich nicht durch Wunder als Messias erweist, wird er in ein Königsgewand gekleidet und muss dulden, dass man sich über ihn lustig macht.

Die Bekrönung zeigt in der Mitte eine Blattmaske, aus deren Nasenwurzel Blätter quellen. In dem Zwickel darunter hält ein Diakon ein Buch und ein Schriftband. Der linke Bogen der Bekrönung bietet Raum für einen fabulösen Kopf mit steil aufgestellten Flügeln und mündet in einer Blüte. Rechts ist wie umseitig ein Löwenkopf. Die linke Prophetenfigur ist durch eine mittelalterliche ergänzt. Der eine Prophet könnte Jeremia sein, in dessen Klage es heißt (15, 15ff.): „Du weißt, daß ich um deinetwillen geschmäht werde. Aber dein Wort ist meines Herzens Freude und Trost..“ Der andere mag der Psalmist David sein (Ps. 2): „Seid verständig, ihr Könige, laßt euch warnen, ihr Richter auf Erden!“

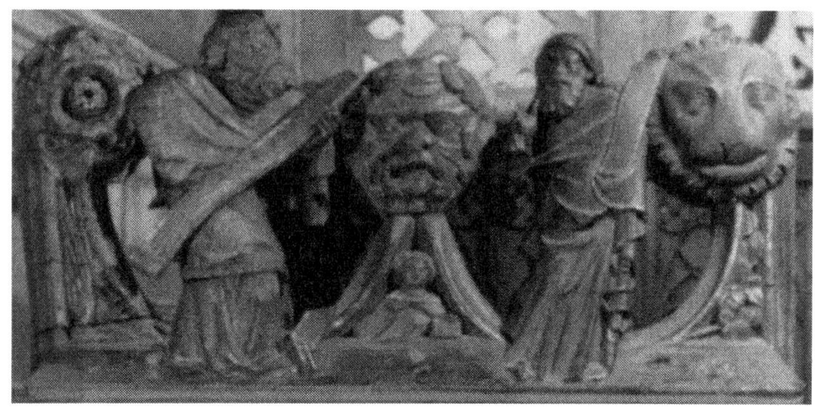

Abb.55   Bekrönung der Tafel: Das Verhör durch Herodes

18. Die Verurteilung Jesu durch Pilatus (Wange Q, Ostseite)

„Pilatus sprach zu den Hohenpriestern und Oberen: Ihr habt diesen Menschen zu mir gebracht als einen, der das Volk aufwiegelt; ich habe ihn verhört und an diesem Menschen keine Schuld gefunden; Herodes auch nicht, denn er hat ihn uns zurückgesandt. Er hat nichts getan, was den Tod verdient." (Lk 23,13-15)

„Pilatus fragte: Wen soll ich euch losgeben? Jesus Barabbas oder Jesus, von dem gesagt wird, er sei der Christus? Als er auf dem Richterstuhl saß, schickte seine Frau zu ihm und ließ ihm sagen: Habe du nichts zu schaffen mit diesem Gerechten; denn ich habe heute viel gelitten im Traum um seinetwillen... Als aber Pilatus sah, daß er nichts ausrichtete, sondern das Getümmel immer größer wurde, nahm er Wasser und wusch sich die Hände vor dem Volk und sprach: Ich bin unschuldig an seinem Blut, seht ihr zu! Da antwortete das ganze Volk: Sein Blut komme über uns und unsere Kinder !" (Mt 27,17-25).

In einem langen Gewand steht Jesus mit gefesselten Handgelenken hoheitsvoll da, ein wenig dem Prokurator Pilatus zugewendet. Er ist der Größte von allen und steht am tiefsten. - Zwei Soldaten halten ihn wie einen Schwerverbrecher fest.

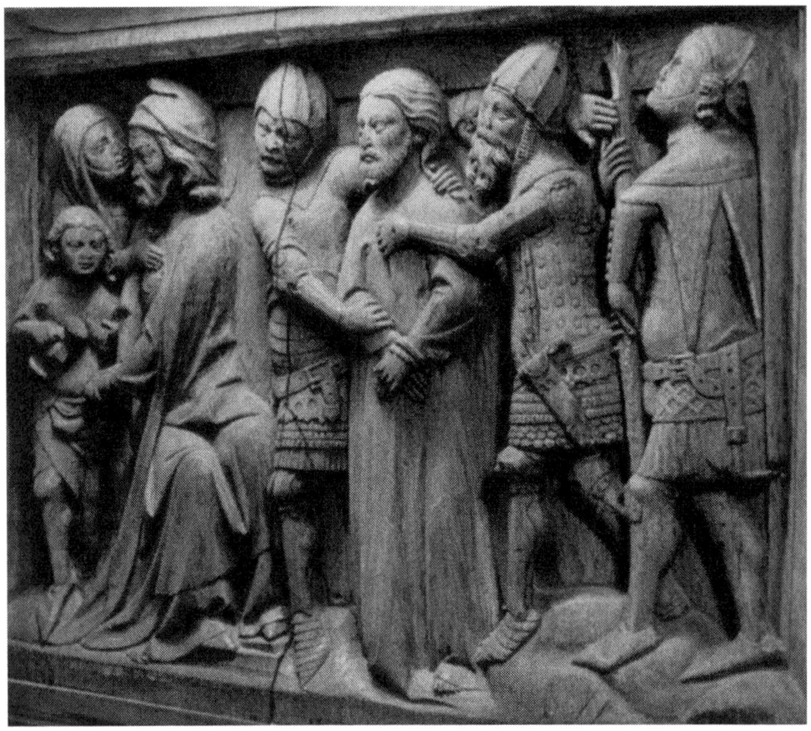

Abb.56   Die Verurteilung Jesu durch Pilatus

Der Bildhauer hat sie so gestaltet, wie Bewaffnete um 1360 aussahen. Auf diese Weise bezog er die Leidensgeschichte Jesu auf seine Zeitgenossen. Der jüngere Bewaffnete zerrt Jesus am Unterarm und an der Schulter vor den Vertreter des römischen Staates. Der Bärtige rechts hat Jesus an der Brust gepackt und holt gerade zu einem Schlag aus. Nach dem Zeugnis des Johannes stellte Jesus den, der ihn beim Verhör vor Hannas schlug, zur Rede: „Habe ich Falsches gesagt, so beweise es; war es aber richtig, was schlägst du mich?"

Wie so oft gibt es auch hier einen, der es lustig findet, wenn einer brutal zuschlägt. Der Speerträger rechts hat seine Freude daran, dass man an einem Gefangenen seine Macht auslassen kann. Der junge Mann trägt modische Kleidung mit einem kostbaren Gürtel und einer Kogel als Kopfbedeckung mit einem knielangen Zipfel und einem Schulterkragen, der in langen Ecken ausläuft. Vielleicht hat der Bildhauer in ihm den Soldaten gesehen, der Jesus kurz nach dessen Tod am Kreuz mit einer Lanze in die Seite stechen wird (Joh 19, 34) und der in der frühen Christenheit mit Namen Longinus genannt wurde, wie es die apokryphen Pilatus-Akten (XVI, 7 Hennecke II, S.347) überliefern. Die Namensgebung wurde wahrscheinlich durch das griechische Wort „Longche" = Lanze veranlaßt. Nach der Legende bewachte er auch das Grab Christi mit und wurde durch die Auferstehung Christi zum Glauben an ihn bekehrt.

Pilatus, der Statthalter des Kaisers, macht hier keine glückliche Figur. Er allein durfte zum Tode verurteilen und die Urteile durch seine Soldaten vollstrecken lassen. Er ist bedrückt. Wie Herodes hatte er Jesus für unschuldig erklärt. Er hat sich von Jesus abgewendet und möchte ihn am liebsten los sein. Seine Füße auf dem Richterpodest sind verlegen einwärts gestellt. Eben flüstert ihm seine Frau zu: „Lass die Hände von diesem!" Beschwörend hat sie die Rechte auf seine Brust gelegt. Sie ist die einzige Frau in diesen mittelalterlichen Passionsszenen. Seit dem 2. Jahrhundert nannte man ihren Namen Claudia Procula und verehrte sie als Heilige, die Gottes Hinweis durch den Traum befolgt und sich mutig in das Geschäft der Staatsmänner und Soldaten einmischt.

Das Gesicht des Pilatus zeigt deutlich: Er hat Angst, Angst vor dem Kaiser, bei dem ihn die Juden anzeigen wollen, wenn er ihnen nicht zu willen ist; Angst vor der aufgewiegelten Volksmenge, die die Freilassung des Mörders Barabbas fordert; auch Angst vor dem Traum seiner Frau, ob Gott nicht doch durch ihn geredet habe, und Angst vor dem Angeklagten, der vor ihm steht, wenn dieser letzten Endes über ihn zu Gericht sitzen sollte. So winkt er dem jungen Diener mit der Wasserkanne und vollzieht den uralten Brauch der Juden und Römer, um seine Unschuld zu bezeugen: Er wäscht sich öffentlich die Hände. Er lässt die Sache einfach laufen und hat nicht den Mut, das als richtig Erkannte zu tun und dem Angeklagten gegen seine Verkläger zum Recht zu verhelfen. Sein Händewaschen hilft nichts. Für das Todesurteil ist er selbst verantwortlich. So wird er zum Justizmörder und „übergibt ihn den Soldaten, damit er gekreuzigt würde". Seitdem wird sein Name an jedem Sonntag im Glaubensbekenntnis der Christen genannt.

Die dazugehörige Bekrönung ist wie die über dem Verhör vor dem Hohenpriester beschädigt und besitzt nur noch eine originale Knolle. Diese ist eine heulende Maske mit großen Ohren und Bart. In dem Zwickel darunter duckt sich ein Zwitterwesen mit einem Menschenkopf in einer Kogel, einem gekringelten Schlangenschwanz und großen aufwärts gestellten Flügeln.

Im mittleren Zwickel sieht man das Brustbild eines Engels, der in der linken Hand ein Buch hält und mit seiner Rechten nach unten zeigt. Den linken Zwickel füllt ein bärtiger Männerkopf mit spitzen Hut aus wie über dem ersten Verhör vor Pilatus. Bei den alttestamentlichen Propheten haben an Mose zu denken (1.Mose 50,20): Josef sprach zu seinen Brüdern, die ihn ausgeliefert hatten: „Ihr gedachtet es böse mit mir zu machen, aber Gott gedachte es gut zu machen." Und an Hiobs Gewissheit (19, 25ff), die „zu ewigem Gedächtnis in einen Fels gehauen werden muss: Ich weiß, dass mein Erlöser lebt. Er spricht das letzte Wort hier auf der Erde. Und ist meine Haut noch so zerschlagen und mein Fleisch dahingeschwunden, so werde ich doch Gott sehen..."

Die Wangen aus dem Jahr 1844

Neben den ausdrucksstarken mittelalterlichen Bildern wirken die 1844 ergänzten Tafeln blaß. Unzeitgemäßheit gehöre zum Programm der christlichen Kunst in der Mitte des 19. Jahrhunderts, urteilt der Literatur- und Kunstwissenschaftler Friedmar Apel in seinem Buch „Himmelssehnsucht" (S. 146). Der Bildhauer um 1360 holte das Leben und Leiden des auferstandenen Jesus Christus in das Leben und Leiden seiner Mitmenschen hinein. Die Soldaten, die Frauen und Männer um Jesus Christus tragen die um 1360 modische Kleidung und Rüstung. Der Bildhauer um1840 holte seine Mitmenschen aus ihrem Leben und Leiden heraus in eine idealisierte Welt. Er steckt auf seinen Reliefs die Soldaten in Fantasie-Rüstungen und die Männer und Frauen in zeitlose Gewänder.

Angesichts des Siegeszuges der Dampfmaschine in Industrie und Verkehr, der technischen, medizischen und landwirtschaftlichen Neuerungen, der Frauen- und Kinderarbeit in den Fabriken und der dadurch zerstörten Familien in den Mietskasernen, angesichts der Arbeitslosigkeit, Hungerkrawalle und Auswanderung, der materialistischen und atheistischen Parolen, der polizeistaatlichen Bedrückung und revolutionären Gewitterstimmung verklärten viele das Mittelalter und suchten himmlischen Frieden und Harmonie in einer idealisierenden christlichen Kunst.

In den acht Tafeln von 1844 sind die Gesichter merkwürdig ausdruckslos. Abgesehen von einem Mann mit Lockenkopf, der bei der Fußwaschung zu den Jüngern Jesu gehört, bei der Verspottung aber als sein Feind ihn verhöhnt, haben alle Männer ähnliche Köpfe. Die Haltung der Arme ist oft posenhaft gekünstelt. Die Anatomie stimmt in einigen Darstellungen nicht. Vieles ist flach ohne Tiefe und ohne dunkle Schatten. Vielleicht war das aber Absicht. So sehen wir auf diesen Passionsszenen Jesus Christus nicht leidend und geschunden, sondern als den sanften Herrn Jesus in überirdischer Würde, der sich schließlich triumphierend in den Himmel erhebt.

Die Bekrönungen der Tafeln aber sind ausdrucksvoll und kräftig gestaltet. Zwar erscheinen die Propheten auffallend gedrungen, aber die liegenden Halbbögen mit den krönenden Blatt-, Blüten- und Maskenknollen sind den mittelalterlichen gut nachgestaltet. Und in den Zwickeln tummeln sich abwechslungsreich märchenhafte Fabeltiere.

19. Die Begegnung mit Simeon und Hanna (Wange O Ostseite)

Die Begegnung mit Simeon war bereits auf der südlichen hohen Eingangswange dargestellt; vgl. S.30. Hier sind es zwei Personen mehr. Von rechts schreitet ein junger Mann mit einer Taube heran, mit dem Opfer armer Eltern nach der Geburt ihres Kindes. Die größte Gestalt ist Simeon, der seine linke Hand auf das Kind legt und die Rechte segnend über Maria hält. Er sieht in dem Kind den lang erwarteten Heiland und kann nun dankbar und in Frieden dem Tod entgegen gehen. Links segnet die 84-jährige Hanna die Eltern. Sie war nach sieben Ehejahren verwitwet und lebte seitdem betend und fastend im Tempelbereich. „Die trat auch herzu und pries Gott und redete von dem Kind zu allen, die auf die Erlösung Jerusalems warteten." (Luk 2) - Die beiden Propheten der Bekrönung sind David, der Gott um Hilfe im Alter bittet (Ps 71), und Mose, der am Ende seines Lebens das Land der Verheißung schauen, aber nicht mehr betreten darf (5. Mose 34). Beide Lesungen sind dem Bericht von Simeon und Hanna, die im Alter den Heiland erleben dürfen, zugeordnet. - In den Zwickeln entdecken wir links einen Drachen mit einem Hundekopf, rechts einen Greif und in der Mitte einen Engel.

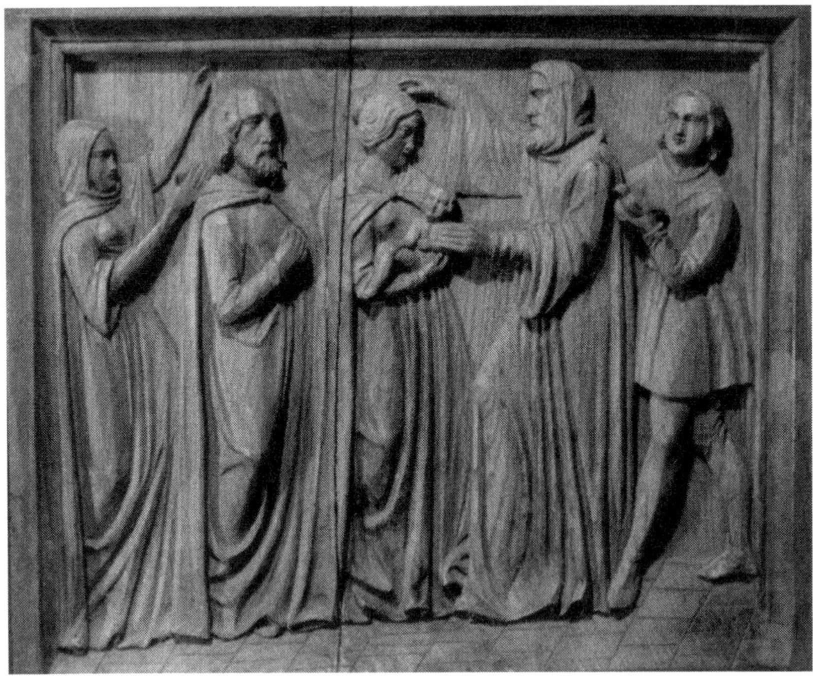

Abb.57   Die Begegnung mit Simeon und Hanna im Tempel

Die zu dieser Wange gehörende südliche Randleiste zeigt einen Mann mit Heiligenschein und redendem Gestus der Hände. Der untere Saum seines Umhangs fällt in einer gleichmäßigen Wellenlinie zu Boden. Unter ihm steht eine Frau auf einem Drachen, wie es im Psalm 91 dem zugesagt wird, der bei Gott Zuflucht nimmt. (Siehe Abb. 40 S. 61)

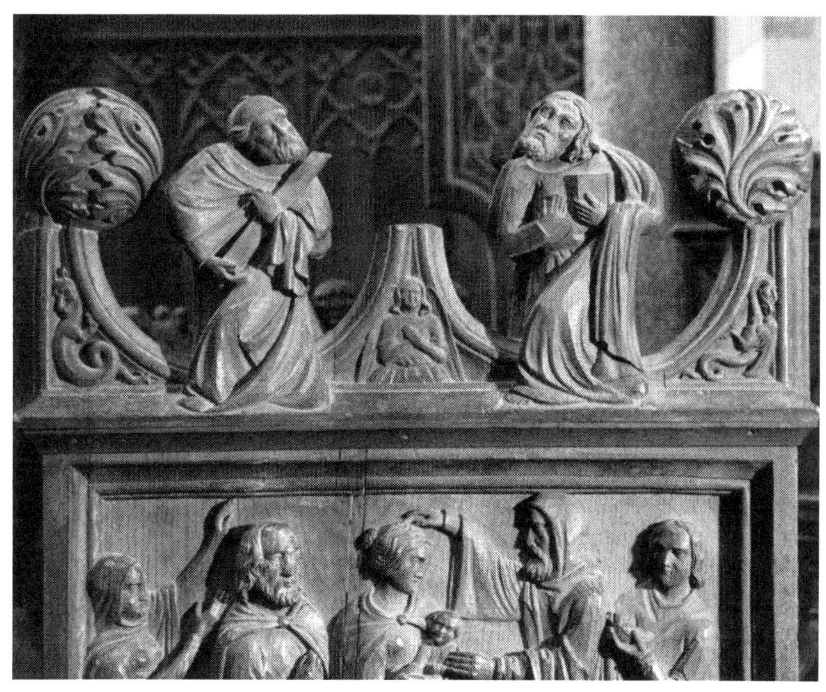

Abb.58   Bekrönung der Tafel: Simeon und Hanna

20. Die Fußwaschung (Wange O, Westseite)

„Vor dem Passafest aber erkannte Jesus, dass seine Stunde gekommen war. Da stand er vom Mahl auf, legte sein Obergewand ab und nahm einen Schurz und umgürtete sich. Danach goss er Wasser in ein Becken, fing an, den Jüngern die Füße zu waschen, und trocknete sie mit dem Schurz. Da kam er zu Simon Petrus; der sprach zu ihm: Herr, solltest du mir die Füße waschen? Jesus antwortete: Was ich tue, das verstehst du jetzt nicht; du wirst es aber hernach erfahren. So sollt ihr euch untereinander die Füße waschen. Ein Beispiel habe ich euch gegeben, damit ihr tut, wie ich euch getan habe." (Joh 13, 1-15)

Die Jünger erleben an dem letzten gemeinsamen Abend mit Jesus, dass er ihnen dient. Sie werden nach seinem Sterben und Auferstehen verstehen, dass sein ganzes Leben und Sterben, seine Worte und Taten ein Dienst waren, den sie sich gefallen lassen müssen. Denn sie brauchen diesen Dienst, solche Liebe, solche Zuwendung, solche Reinigung. Mit der Fußwaschung gibt Jesus den Seinen auch ein Beispiel: Diesen Dienst sollen sie Anderen erweisen. Wer geliebt wird, kann wiederum lieben. Wer erfahren hat, wie Jesus für ihn da ist, kann für andere da sein. So wird ihre Gemeinschaft in Zukunft bestehen, auch wenn Jesus nicht mehr sichtbar unter ihnen ist.

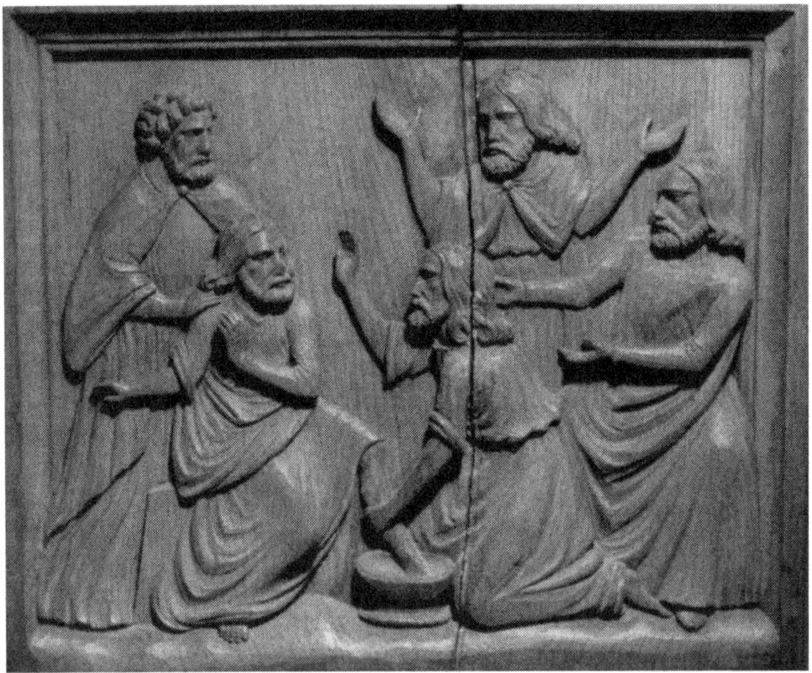

Abb.59 Die Fußwaschung

Die „Fußwaschung", das Für-einander-da-sein ist also grundlegend für die Gemeinschaft der Christen. Die Fußwaschung wird als Ritus in manchen christlichen Kirchen am Gründonnerstag seit der Urchristenheit praktiziert: z. B. in den Klöstern der Orthodoxen und der Römisch-Katholischen Kirche und in einigen Gemeinschaften der Mennoniten, Baptisten und in der Church of the Brethern. Bis heute ist in den Kathedralen der Römisch-Katholischen Kirche die Fußwaschung am Gründonnerstag eine Zeremonie, die der Papst, die Erzbischöfe und Bischöfe als Nachfolger der Apostel ausführen. Sie beginnt mit Jesu Worten (Joh.13, 34): „Ein neues Gebot gebe ich euch, dass ihr euch untereinander liebt."

Vor der Reformation war die Fußwaschung auch im Magdeburger Domkapitel Brauch. Der Erzbischof, der Propst, der Dekan und der Senior wuschen den Domherren im Refektorium die Füße und die Ältesten der Domherren wiederum die Füße des Erzbischofs, Propstes, Dekans und Seniors. Die jüngeren Domherren wuschen die Füße der Vikare und Scholaren. Danach wurden Oblaten, Wein und Bier gereicht und eine Münze aus der Kasse des Erzbischofs verteilt. „Sodann kehrt der Convent in den Chor zurück; Hochaltar und Hl. Kreuzaltar werden mit Wein gewaschen." (Sello, Domaltertümer, S. 172)

Die Tafel zeigt Jesus kniend vor Petrus. Dieser sitzt und hält einen Fuß in das Waschbecken. Während Arme und Hände des Petrus ausdrücken, dass er zurückweicht und dagegen protestiert, daß Jesus an ihm einen Dienst verrichtet, den sonst nur Sklaven zu tun haben, hat Jesus belehrend die rechte Hand erhoben. Um diese Gruppe sehen wir drei andere Jünger. Die beiden rechts blicken Petrus an und erheben ebenfalls die Hände im Redegestus.

In der Bekrönung füllen Blattornamente und ein Fabeltier die Zwickel aus. Der eine Prophet mit dem Buch mag Mose sein. Er hatte vorgeschrieben, daß jeder Priester sich täglich die Füße waschen muß, damit er rein von allen Sünden das Heiligtum betritt (2. Mose 29,4; 30,18-21). Der Prophet mit dem Schriftband könnte Hesekiel sein, durch den Gott verheißt (Kap. 13, 25ff.): „Ich will reines Wasser über euch sprengen, daß ihr rein werdet. Und ich will euch ein neues Herz und einen neuen Geist in euch geben."

21. Die Geißelung (Wange P, Ostseite)

„Da gab Pilatus ihnen Barabbas los, aber Jesus ließ er geißeln und überantwortete ihn, dass er gekreuzigt werde." (Mt 27, 26)

Nachdem Pilatus Jesus zum Tod durch Kreuzigung verurteilt hat, wird Jesus an eine Säule gebunden und gegeißelt. Diese Folter ist der Beginn der grausamen Hinrichtung. Links thront Pilatus. Als Zeichen seiner Macht hält er einen kurzen Stab in der Rechten. Jesus, an einen Säulenstumpf gefesselt und nur mit einem Lendenschurz, ist gebeugt und sieht ihm in die Augen.

Zwischen Pilatus und Jesus holt ein Soldat mit einem Rutenbündel in der linken Hand zum Schlag aus. Auf seinem Kopf trägt er einen Helm oder eine Lederkappe. Weiter rechts hinter der halben Säule steht breitbeinig ein zweiter Söldner, wie der andere mit einem kurzen Rock bekleidet. Sein Arm mit dem Rutenbündel füllt die rechte obere Ecke der Tafel. Darunter ist noch Platz für einen dritten Mann, der sich hingehockt hat und sich offensichtlich von der Anstrengung des Schlagens erholt. Auch er hält ein Rutenbündel in seiner Linken. Er hat fast den gleichen Kopf wie der zweite Folterknecht, oben kahl mit einem Haarkranz und Vollbart. Alle drei Männer fassen das Rutenbündel mit der linken Hand.

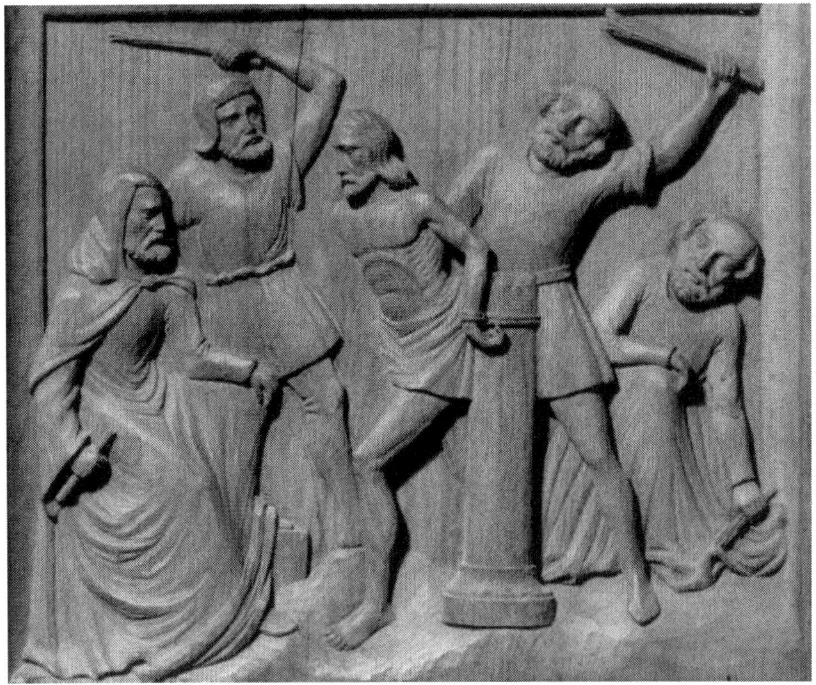

Abb.60 Die Geißelung

Die Bekrönung ist rechts und links mit Blattornamenten geschmückt. In dem mittleren Zwickel hält ein Prophet ein Schriftband und hat die Linke redend erhoben. Er ist sicher ebenso wie einer der beiden Propheten in den Bekrönungsbögen Jesaja (50, 6ff.):

> „Ich bot meinen Rücken dar denen, die mich schlugen,
> und meine Wangen denen, die mich rauften.
> Mein Angesicht verbarg ich nicht
> vor Schmach und Speichel.
> Aber Gott hilft mir, darum werde ich nicht zuschanden."

Die Randleiste der Wange P zwischen der Geißelung und dem Kreuztragen Jesu sind nach Süden mit einem Blattornament und nach Norden mit zwei Frauenfiguren geschmückt. Die obere hat die Ärmel aufgekrempelt und ist nicht zu deuten.

Die untere Gestalt hält mit beiden Händen ein Kreuz und erinnert damit an Jesu Worte von der Bedingung seiner Nachfolge, die wiederholt überliefert sind (Mt 10, 38; 16, 38; Lk 9, 23; 14, 27): „Wer mir nachfolgen will, der verleugne sich selbst und nehme sein Kreuz auf sich." Die Frau mit dem Kreuz ist Symbolfigur für den christliche Glauben und bezieht sich auf Jesus Christus, der das Kreuz tragen mußte.

22. **Die Verspottung** (Wange K, Ostseite)

„Da nahmen die Soldaten des Statthalters Jesus mit sich in das Prätorium und sammelten die ganze Abteilung um ihn. Und zogen ihn aus und legten ihm einen Purpurmantel an und flochten eine Dornenkrone und setzten sie ihm aufs Haupt und gaben ihm ein Rohr in seine rechte Hand und beugten die Knie vor ihm und verspotteten ihn und sprachen: Gegrüßt seist du, der Juden König! Und spien ihn an und nahmen das Rohr und schlugen damit sein Haupt." (Mt 27, 27)

„Ich bin ein Wurm und kein Mensch, ein Spott der Leute und verachtet vom Volk. Lass mich nicht den Narren zum Spott werden! Steh mir bei, Herr, mein Gott!" So bitten die Beter der Psalmen, dass Gott sie davor bewahren möge, dass Gottlose sie verspotten. Das geschieht nun Jesus. Er ist der Gerechte, der der Verachtung der Gottlosen ausgeliefert ist.

Auf diesem Relief wird Jesus auf einem Thron mit Sockel sitzend dargestellt. Über dem nackten Oberkörper hängt ein purpurner Offiziersmantel. Anstelle des Diadems oder des Lorbeerkranzes drückt ihm ein alter Soldat - merkwürdigerweise mit bloßen Händen - einen Dornenkranz auf den Kopf. Den rechten Raum füllt ein Soldat aus, der Speer, Schild und Helm trägt und dessen Oberkörper und Beine gepanzert sind.

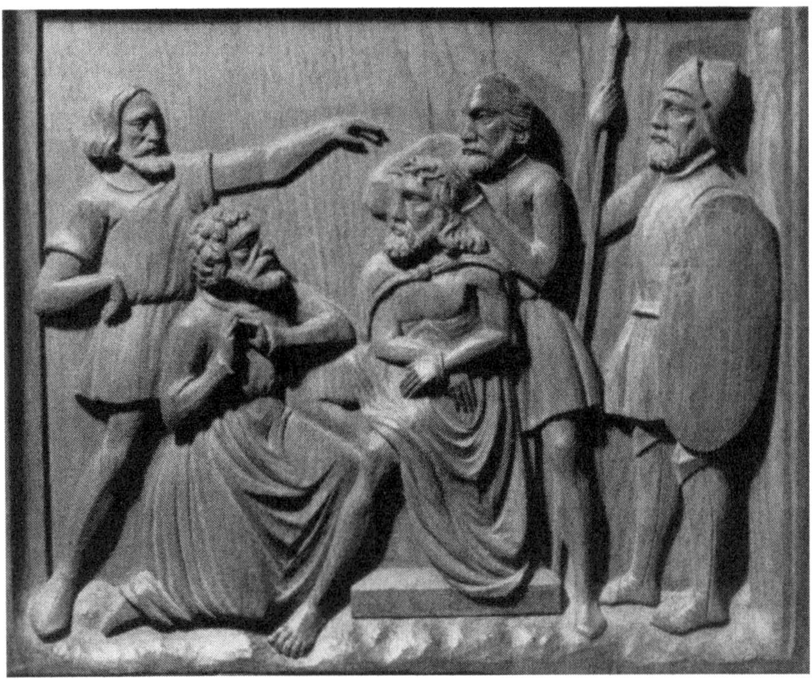

Abb.61   Die Verspottung

Links von Jesus kniet ein lockenköpfiger Mann und hält die Hände wie zur Anbetung. Hinter ihm macht ein anderer mit pathetischer Armhaltung deutlich, dass es sich um ein schauriges Theater handelt. Rohe Soldaten schütten ihre Verachtung über diesen Unschuldigen aus, der in Wirklichkeit höchste Verehrung erhalten müsste und vor dem sich die Knie aller Lebewesen des ganzen Kosmos beugen werden, wie ein urchristlicher Hymnus im Brief des Paulus an die Philipper rühmt.

In der Bekrönung stehen zwischen zwei Blattknollen und einer trauernden Maske zwei Propheten, der eine mit einem Buch, der andere mit einem Schriftband. Es kann Jeremia sein, der von den Priestern verhöhnt wird, weil er einen gerechten König ankündigte, der wirklich helfen wird. (Jer 20 und 23)

Im mittleren Zwickel zeigt sich ein Teufel mit Spitzbubengesicht und Hörnern im weiten Umhang, der an Mephisto in Goethes Faust erinnert. Er freut sich, dass es Menschen gibt, die andere grundlos verhöhnen: „Ich bin der Geist, der stets verneint ... So ist denn alles, was ihr Sünde, Zerstörung, kurz das Böse nennt, mein eigentliches Element.“ Mit der Rechten zeigt er auf sein Kinn, in der Linken hält er ein Schriftband. Links reckt ein Fabeltier seinen Kopf in die Höhe.

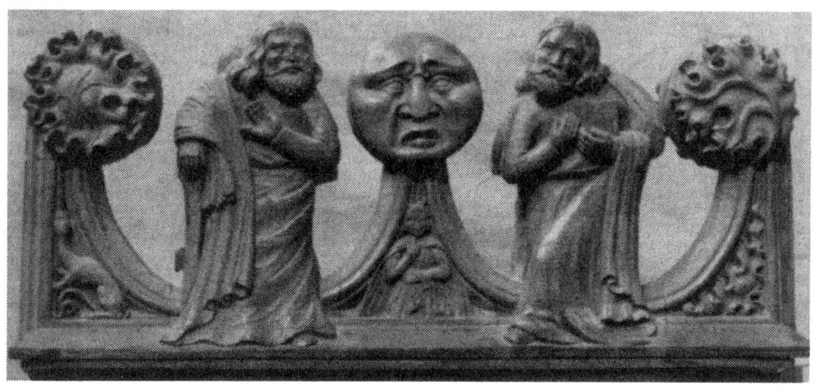

Abb.62   Die Bekrönung der Tafel: Die Verspottung

23. Die Kreuztragung   (Wange P, Westseite)

„Und er trug sein Kreuz und ging hinaus zur Stätte, die da heißt Schädelstätte, auf Hebräisch Golgatha."   (Joh 19,17)

„Und als sie ihn verspottet hatten, zogen sie ihm den Mantel aus und zogen ihm seine Kleider an und führten ihn ab, um ihn zu kreuzigen. Und als sie hinausgingen, fanden sie einen Menschen aus Kyrene mit Namen Simon; den zwangen sie, dass er ihm sein Kreuz trug." (Mt 27, 31-32)

Diese Tafel ist lebendig gestaltet. Links holt ein Mann mit einem Rutenbündel weit aus, um auf Jesus einzuschlagen. Dabei tritt er unten auf den Rand des Kleides Jesu und hält ihn an Schulter und Haaren fest. Im Unterschied zu vielen Darstellungen trägt Jesus hier keine Dornenkrone. Er bricht gerade unter dem Holz zusammen; denn seine Hände fassen das Kreuz nicht mehr recht. Simon von Kyrene, die Ärmel aufgekrempelt, hat es schon ergriffen. Er gehört zu den zahlreichen Juden, die aus Nordafrika nach Jerusalem zurückgekehrt waren und dort eine eigene Synagoge besaßen. Ein Soldat zieht mit doppeltem Strick über der Schulter Jesus vorwärts, um dessen Taille der Strick gebunden ist. Rechts geht ein von Kopf bis Fuß gepanzerter Soldat mit theatralisch geschultertem Schwert in der linken Hand dem Zug voran aus Jerusalem hinaus nach Golgatha.

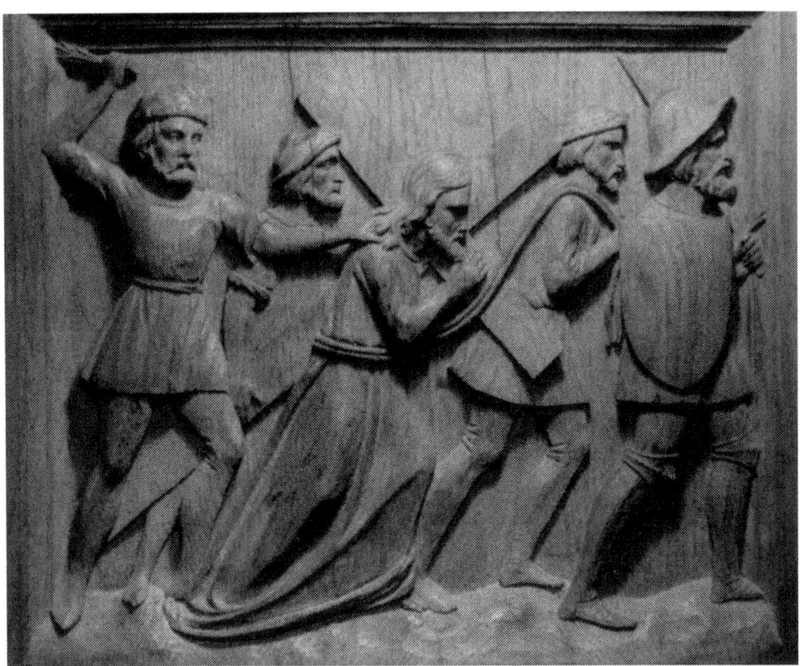

Abb.63   Die Kreuztragung

Das Relief ist streng symmetrisch aufgebaut: rechts und links je eine große Figur, in der Mitte als niedrigster Jesus unter dem Kreuz; dazwischen mehr im Hintergrund Simon und der Soldat mit dem Strick.

Seit alter Zeit gab es am Karfreitag in Jerusalem eine Prozession, die den Kreuzweg Jesu nachgestaltete, ebenso in Rom und in jeder Bischofsstadt, so auch in Magdeburg. In Wallfahrtsorten wurden meist an einem Bergweg hinauf Kapellen oder Bildstöcke als Kreuzwegstationen mit Skulpturen oder Bildern gestaltet: zuerst mit sieben, später unter franziskanischer Frömmigkeit mit vierzehn Stationen. In fast allen katholischen Kirchenräumen bieten Kreuzwegstationen die Möglichkeit, den Leidensweg Jesu in Meditation und Gebet zu begleiten, ebenso das Gesangbuch „Gotteslob" unter Nr. 775.

Auf der Bekrönung halten hier zwei Propheten je ein Schriftband und verweisen darauf, dass der Gottesknecht leiden muss. Die mittlere Blattknolle sieht aus wie ein Gesicht. In dem Zwickel darunter hockt ein Teufel mit einem Affenkopf und einer Halskrause. In dem Zwickel rechts ist ein zweibeiniger Drachen mit Flügeln zu erkennen, links ein Fabeltier mit vier Beinen, Flügeln und mit einem fantasievollen Kopf mit Bart. Die Blattknollen darüber wurden wie Blüten gestaltet.

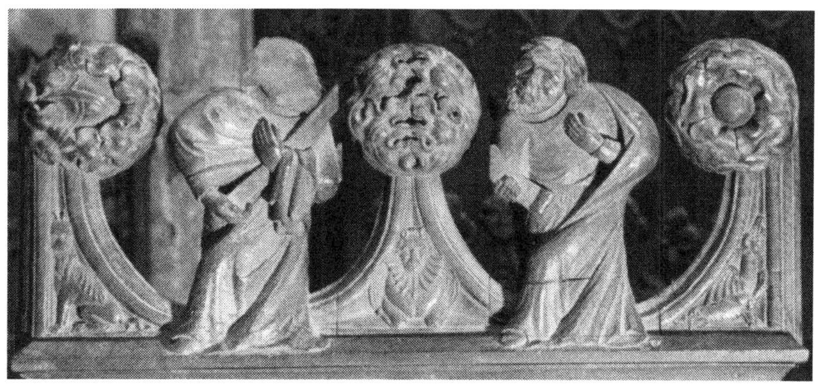

Abb.64   Bekrönung der Tafel: Die Kreuztragung

24. Die Grablegung (Wange L, Ostseite)

„Danach bat Josef von Arimathäa, der ein Jünger Jesu war, doch heimlich, aus Furcht vor den Juden, den Pilatus, dass er den Leichnam Jesu abnehmen dürfe. Und Pilatus erlaubte es. Da kam er und nahm den Leichnam Jesu ab. Es kam aber auch Nikodemus, der vormals in der Nacht zu Jesus gekommen war, und brachte Myrrhe gemischt mit Aloe, etwa hundert Pfund. Da nahmen sie den Leichnam Jesu und banden ihn in Leinentücher mit wohlriechenden Ölen, wie die Juden zu begraben pflegen. Es war aber an der Stätte, wo er gekreuzigt wurde, ein Garten und im Garten ein neues Grab, in das noch nie jemand gelegt worden war. Dahin legten sie Jesus wegen des Rüsttags der Juden." (Joh 19, 38-42)

„Es folgten aber die Frauen nach, die mit ihm gekommen waren aus Galiläa, und beschauten das Grab und wie sein Leib hineingelegt wurde." (Lk 23,55)

Die Gestaltung der Grablegung folgt dem Johannes-Evangelium. Neben Joseph von Arimathäa, einem „angesehenen Ratsherrn", der gegen das Todesurteil gestimmt hatte, sorgt auch Nikomedus, ein „Pharisäer und Oberer der Juden", für die würdige Bestattung Jesu. Joseph und Nikodemus, dazu ein Gehilfe zu Jesu Füßen, legen den Leichnam mit einem weiten, faltenreichen Tuch in einen steinernen Sarkophag. Dahinter sieht Maria, die Mutter Jesu, als einzige Frau der Grablege zu.

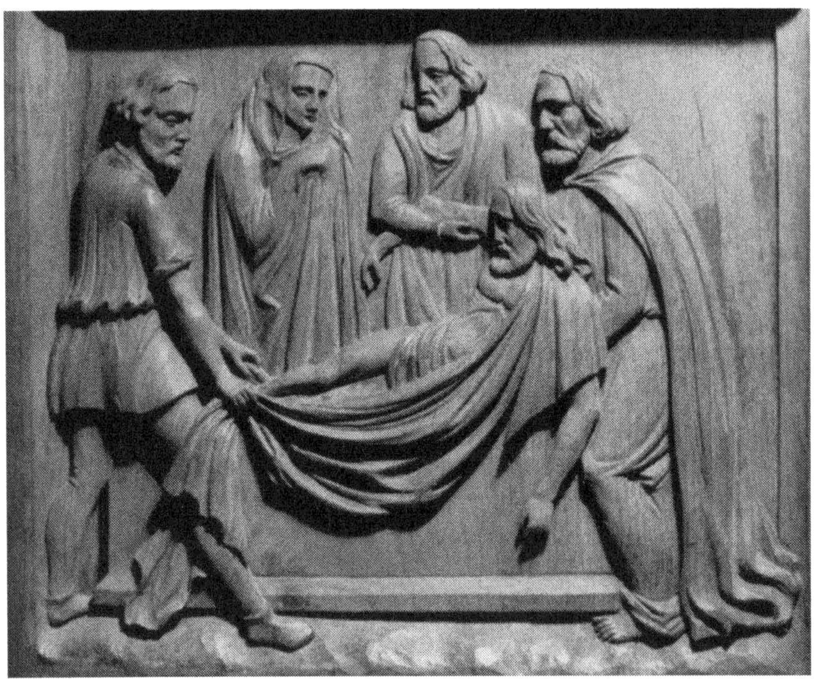

Abb.65 Die Grablegung

Im Mittelalter legte der Erzbischof am Abend des Karfreitages das Kreuz mit dem Abbild des Gekreuzigten vom Hochaltar in ein alljährlich eingerichtetes Heiliges Grab. Es befand sich am Laurentiusaltar in der Nähe der Tür zum Kreuzgang. Dazu legte er einen Stein zu Häupten des Gekreuzigten und einen Stein zu seinen Füßen. (Sello, Domaltertümer, S. 172)

Die beiden Propheten der Bekrönung können Mose und Sacharja sein, deren Weissagung der Evangelist Johannes bei der Grablegung Jesu erfüllt sieht. Denn er zitiert 2. Mose 12, 46: „Ihr sollt ihm kein Bein zerbrechen" und Sacharja 12, 10: „Sie werden den sehen, den sie durchbohrt haben." Zwischen beiden Propheten trauert eine Maske. Zwei mächtige Fabelvögel füllen rechts und links die Zwickel aus und in der Mitte erhebt sich ein Blattornament.

Christus am Kreuz ist auf den Tafeln nicht dargestellt worden, auch nicht auf den mittelalterlichen. Sonst wäre dieses bekannte Bild bei der Restaurierung nicht ausgelassen worden. Den Grund dafür kann man von Sebastian Weynmann erfahren. Er war vor 1490 in Magdeburg Domherr gewesen, in Erfurt Theologieprofessor und Rektor geworden und berichtete im Jahr 1501: An allen vier Seiten des Magdeburger Hohen Chores waren Kreuze oder Bildnisse des Gekreuzigten in der Höhe angebracht, damit die amtierenden Geistlichen beim Hinein- oder Hinausgehen und, wohin sie bei einer Wendung entsprechend dem Chordienst sahen, den Heiland auch bildlich vor Augen hatten (Sello, S 129). So ist im 15. Jahrhundert und wahrscheinlich auch früher über dem Hochaltar, am Lettner und zu beiden Seiten des Chorraums der Gekreuzigte zu sehen gewesen.

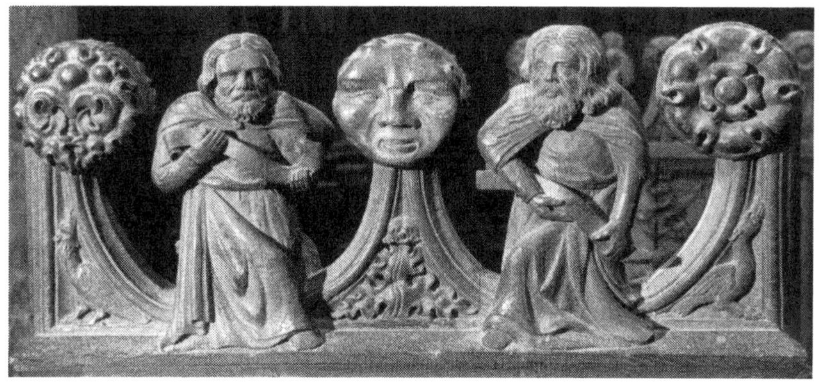

Abb.66   Bekrönung der Tafel: Die Grablegung

25. **Die Frauen am leeren Grab** (Wange L, Westseite)

„Als aber der Sabbat vorüber war und der erste Tag der Woche anbrach, kamen Maria von Magdala und die andere Maria, um nach dem Grab zu sehen. Und siehe, es geschah ein großes Erdbeben. Denn der Engel des Herrn kam vom Himmel herab, trat hinzu und wälzte den Stein weg und setzte sich darauf. Seine Gestalt war wie der Blitz und sein Gewand weiß wie Schnee. Die Wachen aber erschraken aus Furcht vor ihm und wurden, als wären sie tot. Aber der Engel sprach zu den Frauen: 'Fürchtet euch nicht! Ich weiß, dass ihr Jesus, den Gekreuzigten, sucht. Er ist nicht hier, er ist auferstanden." (Mt 28, 1-6)

Rechts neben dem leeren Grab steht eine Frau, eine andere kniet, die Hände vor dem Gesicht und vor ihr der Krug mit dem Salböl. Links sehen wir zwei Soldaten, der eine erschrocken zurückweichend, der andere kniet tief gebückt, die Hand vor den Augen, um nicht geblendet zu werden. Sie alle sind symmetrisch um das leere Grab gruppiert. Der Sarkophag ist so angelegt, dass man hineinschauen kann. Auf der abgenommenen Deckplatte sitzt die große Figur des Engels, den Frauen zugewendet. Im Unterschied zum Mittelalter hat er eine weibliche Gestalt. Mit der linken Hand weist er in die Höhe: „Er ist nicht hier; er ist auferstanden. Geht eilends und sagt es seinen Jüngern!"

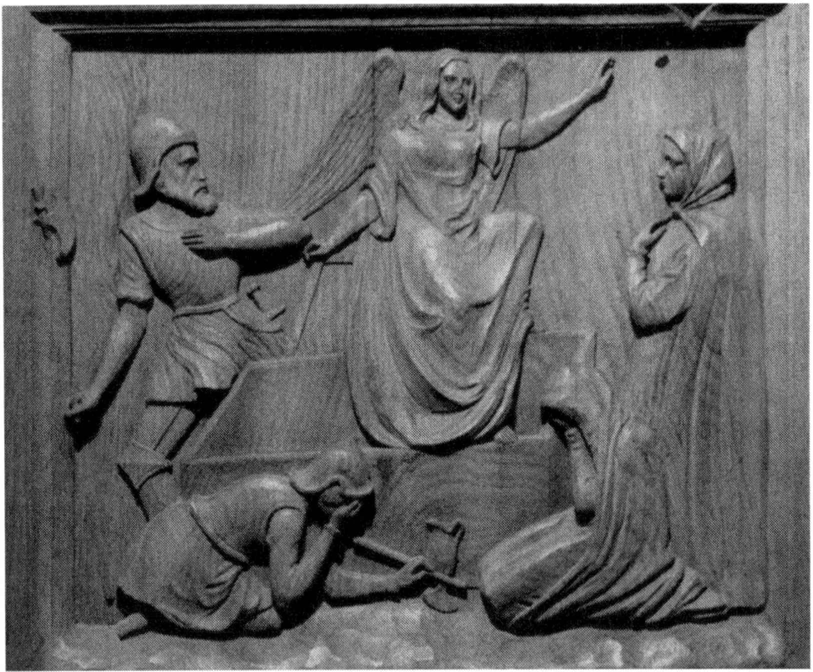

Abb.67   Die Frauen am leeren Grab

In dem Buch „Domaltertümer" schreibt Sello (S.173) über die Osternachthandlung im Mittelalter: „In der Nacht nimmt der Erzbischof das Kreuz aus dem Grab und läßt es hinter dem Hochaltar aufstellen; nachdem der Convent im Monasterium Aufstellung genommen hat, wird der Besuch der Frauen am Grabe melodramatisch dargestellt."

Die beiden Propheten der Bekrönung sind als Jona und als Psalmist zu deuten. Seit der Urchristenheit ist das Schicksal des Propheten Jona, der dem Tod übergeben, aber von dem Fisch gerettet wurde, auf Tod und Auferstehung Jesu bezogen worden. Und der Psalm 118 wurde zum Osterjubel der Kirche erhoben: „Ich werde nicht sterben, sondern leben und des Herrn Werk verkündigen. Der Herr züchtigt mich schwer, aber er gibt mich dem Tode nicht preis." Ebenso heißt es im Psalm 16: „Du wirst mich nicht dem Tode überlassen."

Die Knollen auf den Spitzen der Bogen sind fantasievoll gestaltet: links eine Blume, rechts ein maskenähnliches Blattornament und in der Mitte eine lächelnde Maske mit breitem Mund und Bart. Darunter hält im mittleren Zwickel eine Frau ein Schriftband. Links kringelt ein geflügelter Drache seinen Schwanz nach oben. Rechts liegt ein Fabelwesen mit einem Dinosaurierkopf, dessen Hinterleib in einem Blattornament endet.

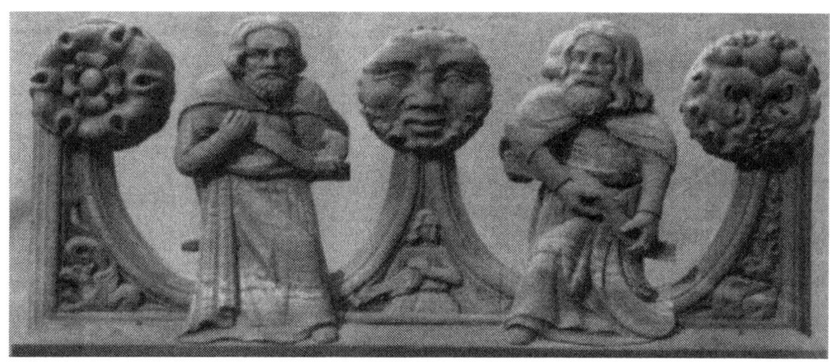

Abb.68   Bekrönung der Tafel: Die Frauen am leeren Grab

26. Die Himmelfahrt Jesu Christi (Wange K, Westseite)

„Und ließ sich sehen unter ihnen vierzig Tage lang." (Apg 1,3)

„Er führte sie aber hinaus bis nach Betanien und hob die Hände auf und segne-
te sie. Und es geschah, als er sie segnete, schied er von ihnen und fuhr auf gen
Himmel. Sie aber beteten ihn an und kehrten zurück nach Jerusalem mit großer
Freude und waren allezeit im Tempel und priesen Gott." (Lk 24, 50-53)

Mitten aus einer Gruppe kniender Menschen, die von Maria rechts, zwei älteren
Männern links und einer Frau mit Kind im Vordergrund gebildet wird, ist der auferstandene Christus der Schwerkraft entnommen und schwebt zum Himmel auf.
Nach den Bildern, die den leidenden Christus und das leere Grab zeigen, wird der
auferstandene Christus hier sehr plastisch dargestellt mit muskulösen Armen und
Beinen, mit den Nägelmalen an Händen und Füßen und der Wunde an der Brust-
seite. Er segnet die Zurückbleibenden, die auf die Knie gefallen sind und die Hände
zum Gebet oder zum Schutz vor die Augen erheben, und sagt ihnen seine
Gegenwart und Gottes Geist zu „alle Tage bis ans Ende der Welt". Nach der
Himmelfahrt blieben die elf Jünger mit den Frauen, die Jesus bis zum Kreuz nachgefolgt waren, mit Maria, der Mutter Jesu, und seinen Brüdern und deren Familien
und Kindern versammelt.

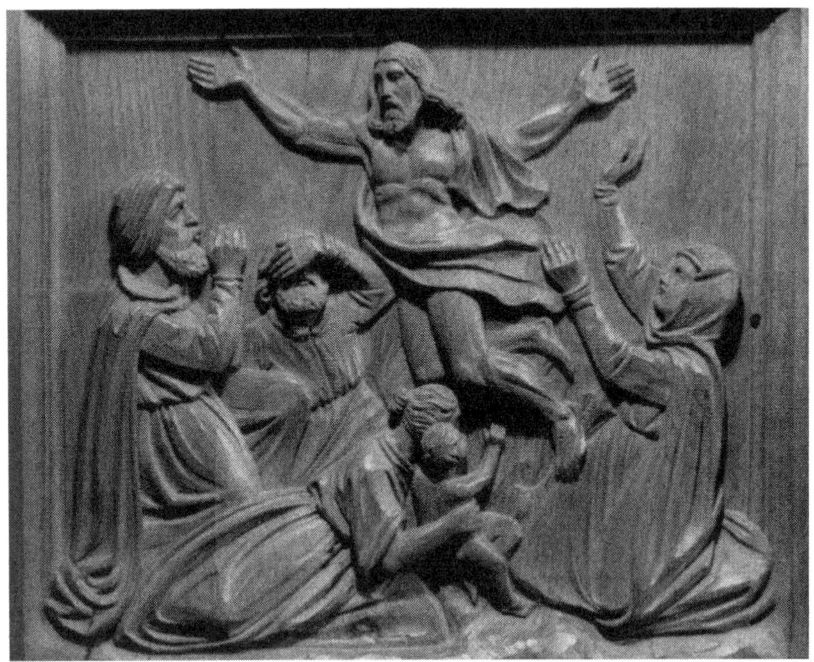

Abb.69   Die Himmelfahrt Jesu Christi

Zu der Zeit, als diese Tafel entstand, hat der Herrhuter Brüdergemeine-Prediger Karl Bernhard Garve (1763 - 1841) in einem Himmelfahrtslied zum Ausdruck gebracht, was unser Relief darstellt. In vier Liedstrophen meditiert er über die segnenden Hände Christi:

> „Ihr aufgehobnen Segenshände,
> voll Heil, voll Wunderkraft des Herrn,
> ihr wirkt und waltet bis ans Ende,
> uns ungesehn, doch niemals fern.
> Im Segnen seid ihr aufgefahren,
> im Segnen kommt ihr einst zurück,
> auch in des Glaubens Zwischenjahren
> bleibt ihr der Seelen Trost und Glück ..."

Die Bekrönung zeigt die alttestamentlichen Propheten Henoch und Elia, die auch gen Himmel gefahren waren. Zwischen ihnen streckt eine Maske mit sorgenvollen Falten auf der Stirn die Zunge heraus. Darunter hält in dem Zwickel ein Mädchen ein Buch mit beiden Händen. In den Zwickeln rechts und links kauert je ein Fabeltier.

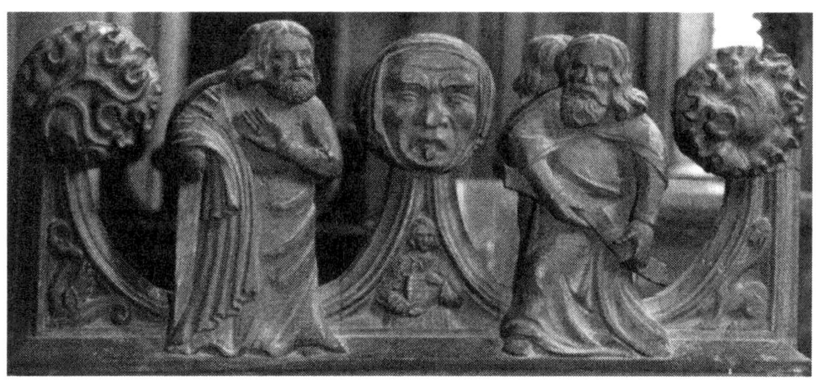

Abb.70   Bekrönung der Tafel: Die Himmelfahrt Jesu Christi

Die Misericordien

Misericordien sind Konsolen unter den aufklappbaren Sitzen des Chorgestühls, die während der Chorgebete den Schwerpunkt der Benutzer beim Stehen barmherzig unterstützten, abgeleitet vom lateinischen Wort „misericordia", d. h. Barmherzigkeit. Besonders wird der halbplastische Schmuck unter den Konsolen „Misericordie" genannt.

Auch die Misericordien entstanden im Auftrag der bauleitenden Domherren und waren nicht das Produkt der humorvollen Fantasie oder der Kritik der Bildhauer am Klerus, wie man früher meinte. Themen und Zeichnungen wurden von Bauhütte zu Bauhütte weitergegeben. So erklärt sich, dass einige Magdeburger Motive denen an dem wenige Jahre zuvor entstandenen Kölner Domgestühl sehr ähnlich sind. Außerdem muss man annehmen, dass einige Buchillustrationen im Besitz des Landgrafen von Hessen Vorbild für den Schmuck des Magdeburger Domgestühls waren.

Die Misericordien waren ein Teil des Gottesdienstes, der den ganzen Tag über in den Chorgebeten stattfand. Sie dienten der Ehre Gottes und der Erbauung und Ermahnung der Domherren, im Kampf zwischen den guten und den bösen Mächten die richtige Entscheidung zu treffen. Die Mahnung Jesu an die Jünger in Gethsemane „Wachet und betet, dass ihr nicht in Versuchung fallet!" war ein Grundgebot der Mönchsregeln, die auch für das Domkapitel galten.

Thematisch bildeten die Misericordien, soweit wir heute ihre Aussagen erkennen können, folgende Gruppen:

> Evangelisten und Propheten,
>
> Domherren im Gebet,
>
> Tugenden und Laster,
>
> Teufels- und Dämonen-Masken.

Die ursprüngliche Anordnung der Misericordien unter den Sitzen der Domherren und ihrer Vikare ist nicht mehr erhalten. Ob jeder Domherr etwa auf Grund von Spenden für die Kosten des Gestühls seiner Zeit Einfluss darauf nehmen konnte, welche Darstellung seinen Stuhl schmücken sollte, lässt sich nicht sagen. In der jetzigen Verteilung und Zuordnung ist kein Ordnungsprinzip mehr erkennbar. Lediglich die sechs Ehrenplätze mit dem Rücken zum Lettner besitzen Misericordien, die der Würde ihrer Benutzer nicht widersprechen.

Im Folgenden wird bei jeder Misericordie die Sitz-Nummer entsprechend dem Chorgestühl-Plan angegeben. Zunächst aber geben noch drei Exkurse Auskunft über die Domherren, die Stundengebete und die Evangelistensymbole.

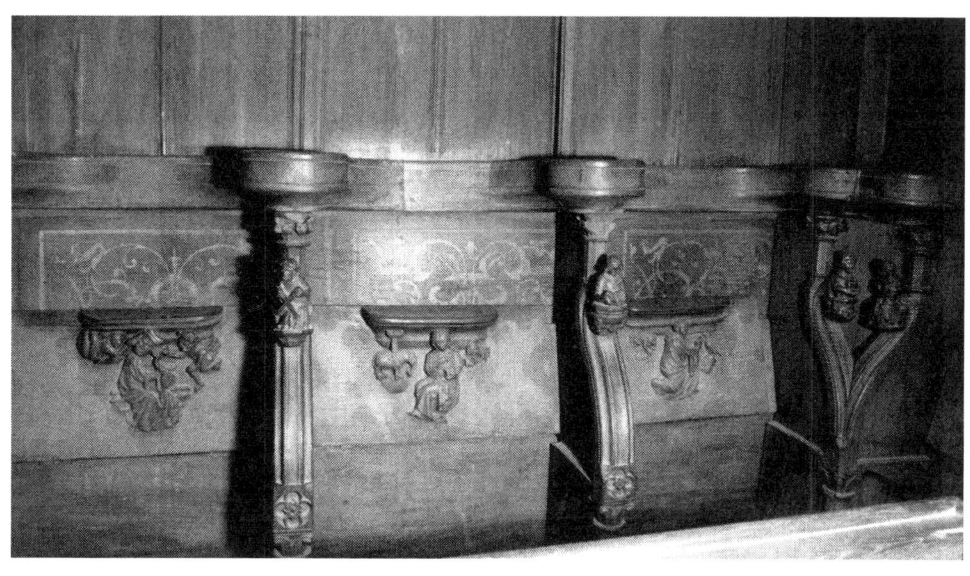

Abb.71   Misericordien der Sitze 15-17

Exkurs: Domherren und Kleriker

Bei der Gründung des Erzbistums Magdeburg im Jahr 968 bestand das Domkapitel aus 12 Presbytern, 7 Diakonen und 24 Subdiakonen genau wie das an der Peterskirche in Rom.

Das Magdeburger Domkapitel setzte sich über 200 Jahre lang bis zur Zeit des Erzbischofs Wichmann (1151 - 1192) nur aus hohen Adligen edelfreier Abkunft zusammen, ausnahmsweise ohne kirchliche Weihen wie Kaiser Heinrich II. Seit dem 13. Jahrhundert wurden auch Mitglieder des Ministerialadels, seit dem 14. Jahrhundert auch Angehörige der Patrizierfamilien aufgenommen. Die Mitglieder des Domkapitels waren studierte Priester, die entsprechend den Mönchsregeln zu Gehorsam gegenüber Gott und den Oberen, Armut, Keuschheit und Ehelosigkeit, Stundengebet und zu einem gemeinsamen geistlichen Leben verpflichtet waren. Sie hatten ein gesichertes Einkommen und führten ein standesgemäßes Leben.

Laut Urkunde vom 10.4.1344 (Porstmann, S. 164) bestand das Domkapitel aus:

> 20 ordentlichen Domherren, canonici capitulares, die die drei Rechte voll besaßen: Pfründen, Chorplatz und Stimme im Kapitel,
>
> 9 Domicelli, die eine niedere Pfründe und Chorplatz besaßen, aber kein Stimmrecht im Kapitel,
>
> 6 Electi oder exspectantes, d. h. Anwärter auf eine Kapitelstelle, die in der Domschule ausgebildet wurden, niedere Einkünfte und meist einen festen Chorplatz besaßen.
>
> Vikare, die den Altardienst an den Nebenaltären versahen.
>
> 2 Hochmessepriester, die die Messen am Hochaltar zelebrierten,
>
> 2 Oberste Vikare, die das Evangelium und die Epistel sangen.

Zu den obersten Würdenträgern, auch Prälaten genannt, zählten:

> der Propst, er hatte den Sitz Nr. 1 rechts vom Lettnereingang, war Vorsteher des Kapitels, Vertreter des Erzbischofs, Verwalter der Stiftsgüter, Archidiakon für die Stadt Magdeburg, vom Papst bestimmt und ziemlich unabhängig vom Domkapitel;
>
> der Dekan, vom Domkapitel gewählt, besaß den Sitz Nr.15 links neben dem Lettnereingang. Er war Leiter des Domkapitels, durfte das Siegel nur mit Zustimmung des Kapitels verwenden, hatte die Disziplinargewalt über alle Domherren und Vikare und vollzog die Einweisung in das Chorgestühl (installatio) und in die Kurien, die Wohnsitze der Domherren;
>
> der Kustos war verantwortlich für Domschatz, Archiv und Bauaufgaben sowie für die Vorbereitung der Gottesdienste;

der Kantor leitete den Chorgesang, die Kirchenmusik und die geistlichen
die Spiele;

der Scholast, dem die Domschule unterstand;

der Kellner, der die Wirtschaft verwaltete.

Ihnen gebührten die sechs Ehrenplätze mit dem Rücken zum Lettner.

Der erste und der zweite Domprediger hatten die Plätze, die dem Rang unter dem jüngsten Domherrn entsprachen.

Wegen ihrer Dienste bei der Verwaltung des Erzbistums, im Auftrag der Kurie oder bei der Verwaltung der Pfründen waren die Domherren oft außerhalb tätig. Sie wurden von Vikaren vertreten, die stets anwesend sein mussten. Diese feierten die Messen und die Stundengebete. Ein Domherr war jeweils eine Woche lang verpflichtet, das Chorgebet zu leiten. Um die Domherren zur regelmäßigen Teilnahme am Chorgebet zu motivieren, wurden später Präsenzgelder verteilt.

Auch die Anwärter auf eine Kapitelstelle (electi bzw. scholares canonici) studierten oft außerhalb oder absolvierten ein Zusatzstudium, z. B. in Paris oder Bologna. Sie wurden von den Scholares pauperi oder chorales (den „armen" Schülern oder Chorknaben) vertreten, die zum gemeinsamen Leben und täglichen Stundengebeten verpflichtet waren. Sie fanden je nach Alter auf den vorderen Reihen des Chorgestühls oder auf zusätzlichen Bänken Platz, während die Sitze der Domherren in der hinteren Reihe oft frei blieben und nur an hohen Feiertagen voll besetzt waren. Die Domschüler und Chorknaben führten auch die geistlichen Spiele am 28. Dezember und am 4. Januar und die Ankunft der drei Frauen am Heiligen Grab in der Osternacht durch.

Exkurs: Das Stundengebet

Die frühe Christenheit kennt wie der alttestamentliche Tempeldienst das dreimalige Gebet am Tag morgens, mittags und abends. Benedikt von Nursia (gest. 547 in Montecassino) schreibt für die Mönche entsprechend dem Psalm 119, Verse 148 und 164 vor, einmal nachts und siebenmal am Tag zu beten. Das ergab folgende Gebetszeiten:

Vigilien	Nachtwachen um Mitternacht oder um 2 Uhr,
	(Mt 24,42ff, Mt 25,13 sowie Ps 119, 148)
Laudes	Morgenlob bei Erscheinen der Morgenröte,
Prim	um 6 Uhr,
Terz	um 9 Uhr, (Prim, Terz, Sext und Non bilden
Sext	um 12 Uhr, die sogenannten kleinen Horengebete.)
Non	um 15 Uhr,
Vesper	bei Sonnenuntergang und Erscheinen des Abendsterns,
Komplet	bei Anbruch der Nacht, Gebet als „Abschluss" des Tages.

Die Stundengebete bestehen aus:

1. den Psalmen und biblischen Cantica (Lieder, z. B. Lk 1,46-55, 2, 29-32), in einer Woche werden alle 150 Psalmen gebetet;

2. Hymnen (z.B. von Ambrosius 339-397 n.Chr. und Gregor d.Gr. um 550);

3. Lesungen aus dem Alten und Neuen Testament, Auslegungen der Väter und den Berichten vom Leben und Sterben der Heiligen;

4. Responsorien, „Antworten" auf die gehörte Lesung.

5. Versikeln, das sind Psalm-Verse;

6. Gebeten, Litaneien (Bittgebete), Ektenien („angespannte" und „inbrünstige" Gebete meist im Wechsel) und Fürbitten;

7. Suffragien, das sind „unterstützende", „beistimmende" Voten zu Ehren Marias, Josephs, Petrus´ und Paulus´, aller Heiligen, der Kirchenpatrone, des Heiligen Kreuzes und Bitten um den Frieden;

8. Marianische Schlußantiphonen: kurze Gesänge zu Ehren Marias, z.B. „Ave, Regina caelorum", „Salve, Regina".

Siehe Stundengebete im Ev. Gesangbuch 782-789 und Gotteslob 672-706.

In einer 1613 gedruckten Ordnung der Stundengebete im Magdeburger Dom ist ersichtlich, dass die Domherren zweimal am Tag das Stundengebet hielten und zwar die Matutin bei Anbruch des Tages, in der die Laudes und die kleinen Horengebete mit gebetet wurden, und die Vesper, in der die Komplet dazu genommen wurde. Daneben wurde sonntags, dienstags und donnerstags die Messe gefeiert, abgesehen von den Heiligenfesten. Es ist anzunehmen, dass die Stundengebete bereits auch vor der Reformation ebenso gehalten wurden.

Exkurs: Evangelisten-Symbole

Mindestens seit dem 4. Jahrhundert werden für die vier Evangelisten folgende Symbole gebraucht:

Matthäus   -   Mensch oder Engel

Markus   -   Löwe

Lukas   -   Stier

Johannes   -   Adler.

Sie erklären sich aus den Visionen des Propheten Hesekiel (1,5-10) und des Sehers Johannes (Off. 4,7). In beiden bewachen vier Wesen den Thron Gottes.

Bei Hesekiel sind es vier Gestalten wie Menschen, die jeder vier Angesichter haben: vorn gleich einem Menschen, rechts gleich einem Löwen, links gleich einem Stier, hinten gleich einem Adler. Es sind Keruben als Gottes Thron-Wächter mit Flügeln, auf Rädern, mit Augen wie Sterne überall.

Hesekiel übernimmt entsprechend der babylonischen Mythologie die vier Astral-götter aus dem astronomischen Tierkreis, die auch die vier Ecken der Erde bedeu-ten und die vier Jahreszeiten einleiten:

Marduk, der Flügelstier: Das Sternbild Stier leitet im April den Frühling ein.

Nergal, der Flügellöwe: Das Sternbild Löwe steht im Juli am Beginn des Sommers.

Nabu, der Skorpion-Mensch: Er leitet als Sternbild im Oktober den Herbst ein.

Nimurta, der Adler: Er steht als Stern in der Nähe des Wassermanns, der im Januar den Winter einleitet.

Im Alten Testament aber sind sie Diener des einen höchsten Gottes.

Der Seher Johannes sieht um den Thron Gottes vier Wesen voller Augen wie Sterne mit je sechs Flügeln, das erste gleich einem Löwen, das zweite gleich einem Stier, das dritte einem Menschen gleich, das vierte wie ein fliegender Adler. Diese Symbole werden von der alten Kirche auf die vier Evangelisten bezogen.

„Bis ins 2. Jahrhundert geht die theologische Spekulation zurück, die vier als Evangelistensymbole bekannten mysteriösen Gestalten auch auf Christus zu beziehen, der bei der Geburt ein Mensch,

im Sterben ein Opfertier,

im Auferstehen ein Löwe

und bei der Himmelfahrt ein Adler war." (Molsdorf, S. 23)

Denn ein Adler kann das Licht der Sonne ertragen und ihr entgegen fliegen.

Prophet und Evangelisten-Symbole

Sitz 45: Der Prophet hält mit der Rechten ein Schriftband, auf das er mit der linken Hand hinweist. Die schwungvollen Falten des weiten Gewandes lassen die ganze Figur in starker Bewegung erscheinen. Das gewellte Haupthaar gibt sein Ohr frei. Auffallend ist der mächtige Schnurrbart und der symmetrisch gestaltete, in Herzform wallende Kinnbart. Auch die Propheten rechts auf der Wangenbekrönung der Taufe und der Versuchungsszene tragen jeder die gleiche Bartform. Der Prophet weist in lebhafter Bewegung auf das Wort Gottes: „So spricht der Herr!" und zeigt somit an, dass Christus die Menschen erlösen und die Welt vollenden wird.

Das Relief ist wie die folgenden Misericordien in Dreiecksform unter die Sitzstütze komponiert, aber nicht durch diese Form eingeengt, sondern in großer Freiheit wehen das Schriftband und der Mantelsaum über die gedachte Dreiecklinie hinaus. So wirkt die Gestaltung kraftvoll und lebendig.

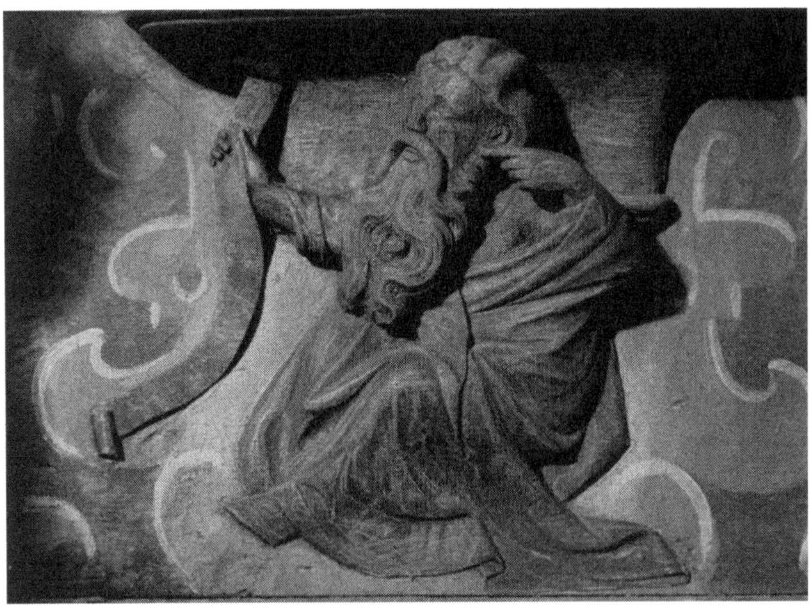

Abb.72   Prophet mit Schriftband - Sitz 45

Sitz 5:   Das Symbol des Evangelisten Matthäus ist der Engel. Er kniet nach rechts auf das linke Bein und deutet mit dem rechten Zeigefinger auf die Schrift. Die ausgebreiteten Flügel füllen hinter ihm den Raum aus.

Das Chorgestühl besitzt als Misericordien noch drei der Evangelistensymbole. Jedes hält ein Schriftband als Hinweis auf das Evangelium. Um den Kopf eines Jeden strahlt ein Nimbus als Zeichen der Heiligkeit. Die Flügel und Ränder des faltigen Gewandes sind mit Blattgold erhöht. Die Intarsienmalerei im Hintergrund stammt aus der Barockzeit.

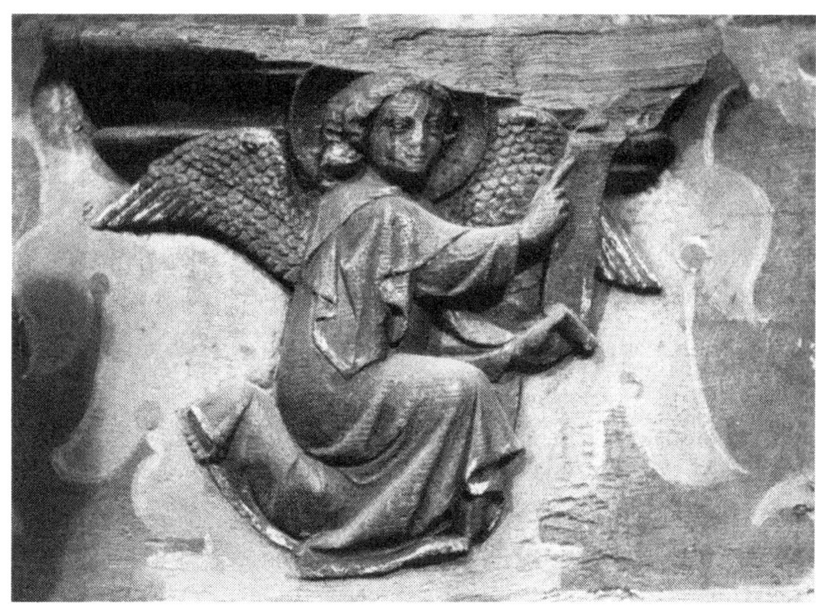

Abb.73   Symbol des Evangelisten Matthäus: Engel - Sitz 5

Sitz 9: Als Symbol des Evangelisten Lukas gilt der geflügelte Stier. Hier steigt er nach rechts auf, sieht den Betrachter an und hält ein Schriftband, auf das er mit dem linken Vorderhuf hinweist. Alles ist harmonisch in eine Dreiecksform hinein komponiert.

Der Stier galt bereits im Alten Testament als das wertvollste Opfertier. Als Symbol für den Evangelisten Lukas betont er den Opfertod Jesu Christi.

Am Schluß des Briefes an die Kolosser (4, 14) schreibt Paulus: „Es grüßt Euch Lukas, der Arzt, der Geliebte" und nennt im Brief an Philemon (V. 24) Lukas als Reisebegleiter und Mitarbeiter des Apostel Paulus, der Arzt von Beruf war und aus Antiochien stammte. Weil er die Geburt Jesu so anschaulich geschildert hatte, sagt die Legende seit dem 6. Jahrhundert von ihm, er sei ein Maler gewesen und habe als erster die Gottesmutter mit dem Kind gemalt.

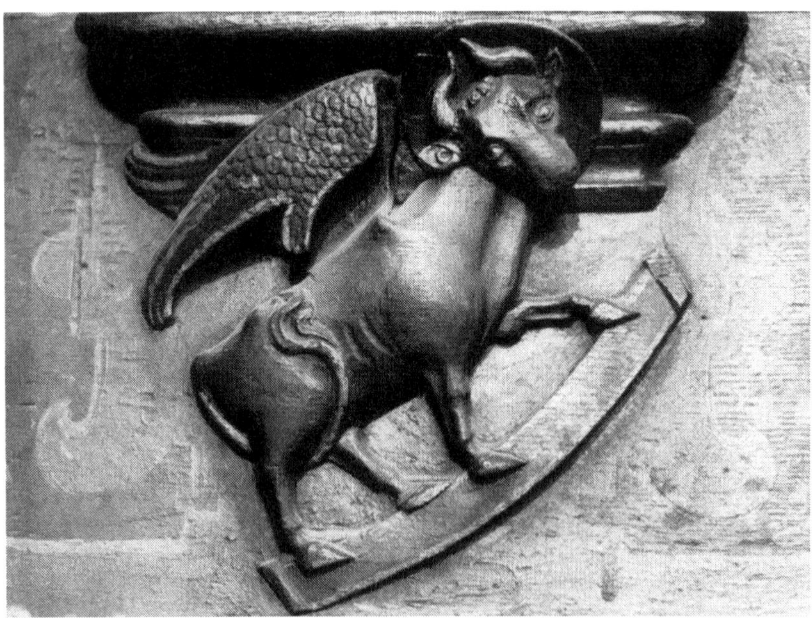

Abb.74   Symbol des Evangelisten Lukas: Stier - Sitz 9

Sitz 48: Der hier nach links auffliegende Adler ist das Symbol des Evangelisten Johannes. Er trägt ein Schriftband mit seinen Krallen. Die alte Kirche fand den Adler auch deshalb ein treffendes Symbol, weil Christus vom Geist Gottes im Johannes-Evangelium so ausführlich gesprochen hatte.

Nach altkirchlicher Überlieferung hat der Lieblingsjünger Jesu Johannes, der mit Petrus und seinem älteren Bruder Jakobus Jesus zum Gebet in den Garten Gethsemane begleiten durfte und der als einziger Jünger unter dem Kreuz Jesu stand, in hohem Alter das Johannes-Evangelium in Ephesus gegen Ende des 1. Jahrhunderts geschrieben. Zuvor war er bei einer Christenverfolgung auf die Insel Patmos verbannt und hatte dort die Offenbarung, die an die Gemeinden in Kleinasien gerichtet war, aufgeschrieben (Off. 1,9).

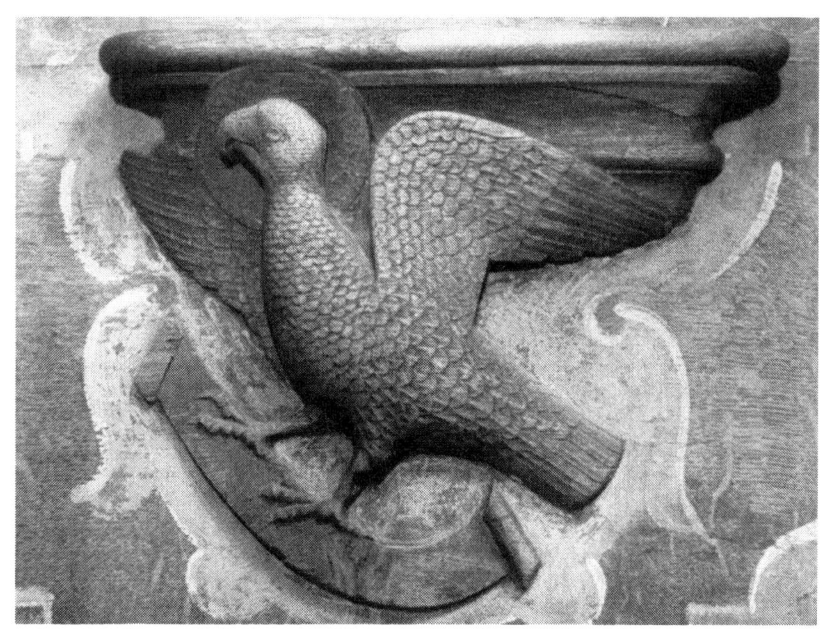

Abb.75   Symbol des Evangelisten Johannes: Adler - Sitz 48

Domherren im Gebet

Die Misericordien zeigen Domherren zwischen einem Engel und einem Teufel. Sie sind ein Zeugnis dafür, wie sich die Benutzer des Chorgestühls als Menschen zwischen Gut und Böse verstanden haben. Zugleich dienten die Misericordien der ständigen Ermahnung: Laß dich nicht vom Teufel im Gebet stören und erliege nicht seinen Versuchungen und Einflüsterungen, sondern wende dich energisch dem Engel und dem Wort Gottes zu, das er dir bringt.

Schon Thietmar von Merseburg, der 1018 starb, erwähnt in seiner Chronik den Dekan Hepo und seinen eigenen Bruder Markward, die bereut hatten, das Gewand und Leben eines Mönchs mit dem eines Domherren vertauscht zu haben. Die Kritik an den Domherren kam oft aus den eigenen Reihen. Um 1315 nennt in Frankreich Gervais du Bois manche Prälaten „Nachfolger des Judas", „Hunde an Unverschämtheit, gefräßige stumme Schweine an Unreinlichkeit, von Kot besudelt, Tiger an Habgier, nur auf Gewinn bedacht." Die Konzilsakten von Vienne 1311/12 tadeln Kleriker, die „ohne gewichtigen Grund zu spät in den Chor kommen oder ihn zu früh verlassen und in der Zwischenzeit wie Ritter Falken mit sich tragen bzw. tragen lassen oder mit Jagdhunden herumspazieren." (Porstmann, S. 182 f.) Die Domherren selbst haben oft unter dem Zwiespalt zwischen der Repräsentationspflicht, die eine weltoffene, großzügige Lebenshaltung verlangte, und der weltflüchtigen und asketischen Frömmigkeit gelitten, die von Klerikern erwartet wurde. Die Gestaltung der Misericordien wollte ihren Benutzern helfen, die richtige Entscheidung zwischen Gut und Böse zu treffen und das rechte Maß zu halten, um ein dem Gebot Gottes gemäßes Leben zu führen.

Wie der mittelalterliche Mensch hat sich auch Luther zwischen Gott und dem Satan gewusst. Gegenüber Erasmus sagt er (Vom unfreien Willen, 1525, WA 18, 635): „So ist der Mensch in die Mitte gestellt zwischen Gott und Satan wie ein Reittier. Wenn Gott sich darauf setzt, will er und geht, wohin Gott will. Wenn Satan sich darauf setzt, will und geht er, wohin Satan will... Die Reiter selbst kämpfen miteinander, ihn zu besitzen." In diesem Kampf sah auch der Schriftsteller Reinhold Schneider (1903 - 1958) die Menschen hineingestellt besonders aufgrund seiner Geschichtsstudien und leidvollen Erfahrungen in den dreißiger Jahren des 20. Jahrhunderts:

> „Es streiten Gott und Satan in den Seelen
> und in den Völkern, die von Unlust schäumen
> wenn sie ihr Dämon in die Weiche stößt;
> doch müssen einige sich Gott befehlen
> und einsam wandern zu den hellen Räumen,
> bis sie erlöst sind und ihr Volk erlöst."

Sitz 1 zeigt einen Domherrn, der zwischen Engel und Teufel sitzt. Er wendet sich halb dem Engel rechts zu, der aus einer Wolke herbeifliegt. Der Engel hält ihm mit beiden Händen ein Schriftband vor. Darunter ist das Wappen des adligen Herrn zu sehen. Er selbst trägt eine kleine Kappe (pileus, pileolus) und den Chorrock, das Superpelliceum. Das ist die weiße Albe, die „über dem Pelzgewand" beim Chorgebet getragen wird. Es hat weite Ärmel und ist fußlang. Der Domherr erhebt die Hände zum Gebet und wendet sich vom wütenden Teufel ab. Dieser hält hinter seinem Rücken auch ein Schriftband als Zeichen, dass er ebenfalls etwas zu sagen hat. Wir sehen ihn mit einem affenähnlichen Kopf, einem großen Maul und Fledermausflügeln. Die linke Hand hält er auf Bauch und Geschlechtsteil, die für ihn so wichtig sind. Diese Misericordie befindet sich unter dem Sitz des Propstes.

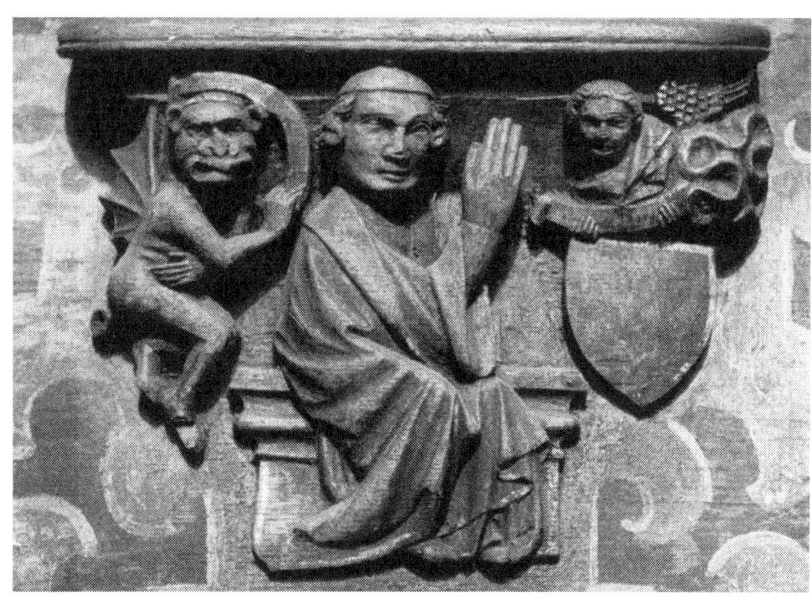

Abb.76   Domherr im Gebet - Sitz 1

Sitz 15: Ein Domherr mit Barett auf dem Kopf sitzt in weitem Superpelliceum auf einer profilierten Bank und stützt den etwas geneigten Kopf auf die linke Hand, die das linke Ohr berührt. Denn der von rechts herbeispringende Teufel mit großer Fratze und grinsendem Maul, auf dem Kopf zwei gekrümmte Hörner, auf dem Rücken Fledermausflügel, versucht mit der rechten Hand dieses Ohr des Domherrn zu erreichen. Er hält es aber verschlossen und wendet sein anderes dem aus der Wolke herbeischwebenden Engel zu, der ihm mit der Rechten ebenfalls etwas ins Ohr gibt. Auf diese göttliche Eingebung weist auch das Spruchband hin, das der Engel mit der Linken hält. Der Domherr hat die Augen geschlossen; schläft er oder sinnt er meditierend über das Wort Gottes nach, das der Engel ihm sagt? Der Faltenwurf von Schulter, Knien und Oberschenkel ist kräftig profiliert.

Dieser Domherr hat kein Wappenschild neben sich, er ist also kein Adliger. Die Misericordie befindet sich jetzt unter dem Sitz des Dekans, dem ersten links, wenn man den Chor durch den Lettner betritt.

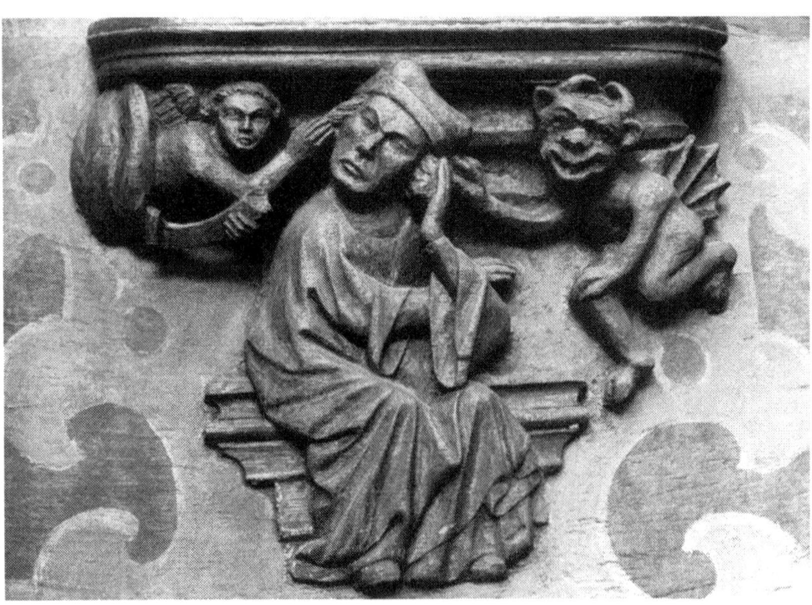

Abb.77   Schlafender oder meditierender Domherr - Sitz 15

Sitz 19: Ein Domherr sitzt in einem angedeuteten Gestühl mit Maßwerk. Er hält die zusammengelegten Hände im Gebet nach links erhoben zu dem Engel hin, der mit zwei Flügeln aus einer Wolke erscheint. Hinter ihm kommt ebenfalls aus der Wolke ein Teufel, der sich anscheinend vor Wut die Brust zerreißen will. Vor den Knien des Domherrn sehen wir ein Wappenschild, das auf den Adelsstand verweist.

Der Domherr trägt eine Kappe, die Kopf und Schultern bedeckt, und die aus Wollstoff, Seide oder Pelzwerk mit Troddeln oder Wieselschwänzen besteht. Sie heißt „Almutium" oder auch „Almuzia", auf Französisch „aumusse", und war ein guter Schutz gegen die Kälte im Dom.

Sein Gesicht gibt der Befriedigung und Freude darüber Ausdruck, daß er die richtige Entscheidung getroffen hat. Diese Erfahrung haben die Beter der Psalmen immer wieder gemacht: „Ich freue mich und bin fröhlich über deine Güte."
(Ps 31, 8; ebenso 9, 3)
„So will ich dich loben mein Leben lang
und meine Hände aufheben in deinem Namen.
Das ist meines Herzens Freude und Wonne,
wenn ich dich mit fröhlichem Munde loben kann."
(Ps 63, 5f.)
„Ich freue mich über den Weg, den deine Mahnungen zeigen,
wie über großen Reichtum." (Ps 119,14 und öfter)

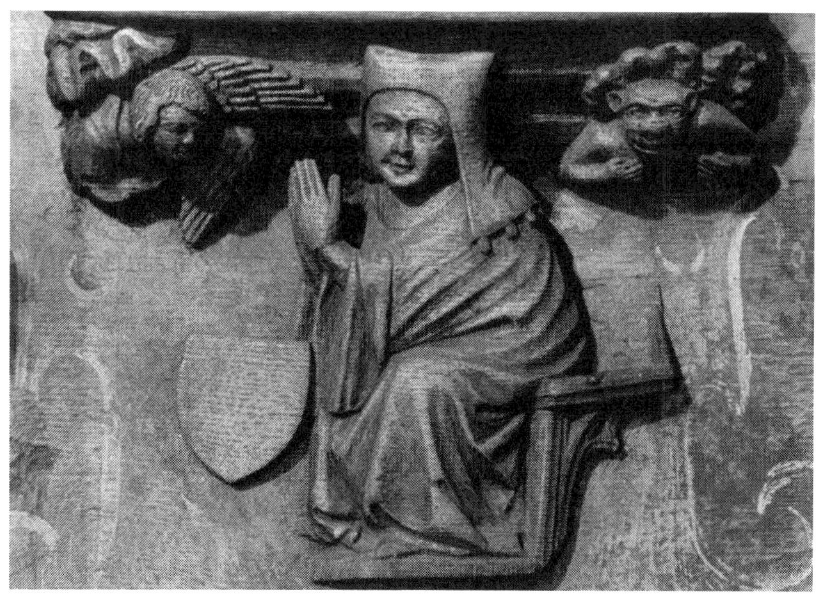

Abb.78   Betender Domherr im Gestühl - Sitz 19

Sitz 6: Ein kniender Domherr wendet sich nach rechts dem Engel mit Schriftband zu und legt die Fingerspitzen nach oben zum Gebet zusammen. Unter den weiten Ärmeln seines Superpelliceums werden am Handgelenk Ärmel eines engeren Gewandes sichtbar. Aus dem Almutium dringt schön gelocktes Haar hervor. Von links her kratzt ein hässlicher Teufel mit Schweinsohren diesen Beter mit einem zweizinkigen Feuerhaken. Mit solch einem Haken ziehen die Teufel die Seelen der Verdammten in die Hölle, wie öfter dargestellt wird. Dass ein Teufel bei der Andacht stören will, schildert auch die mittelalterliche Literatur wiederholt. Unter dem Engel rechts sehen wir wieder das Wappen des Chorherren. Im Südflügel des Domkreuzgangs stehen Epitaphien aus dem 14.Jahrhundert. Sie zeigen Domherren mit Kelch und Oblate, die solch ein Kopf und Schultern bedeckendes Almutium tragen, wie in den Misericordien abgebildet ist.

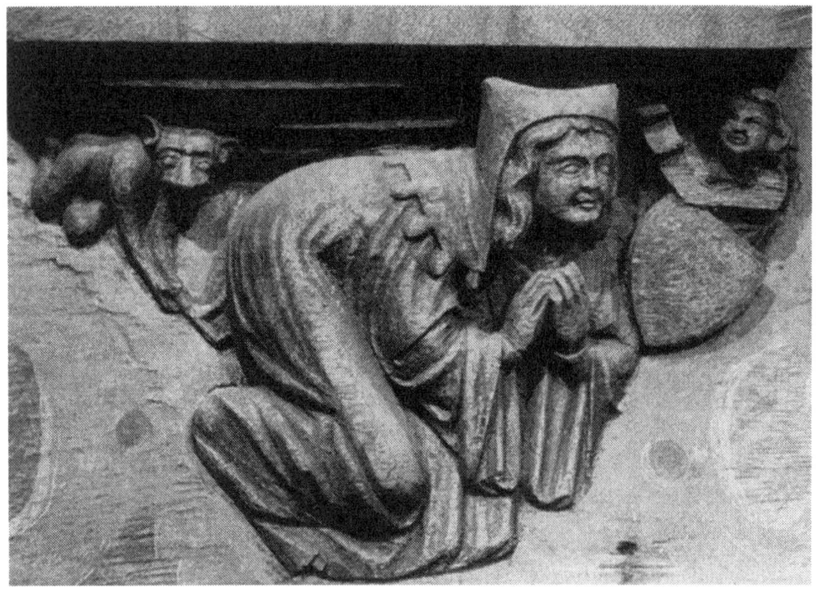

Abb.79   Kniender Domherr - Sitz 6

Sitz 8: Ein gebückt stehender Domherr wendet sich nach links mit erhobenen Händen im Gebet einem Engel zu, der ihm ein kleines Buch, wahrscheinlich den geöffneten Psalter, vorhält. Das Wappen zeigt, dass auch er von Adel ist. Rechts kratzt mit der linken Hand ein breitmäuliger Teufel, der weibliche Brüste hat, sich selbst und mit der Rechten dem Beter das Hinterteil.

Der Domherr ist gebeugt. Die Beugung des Körpers, die Inclinatio, war ähnlich wie die Kniebeugung als Zeichen der Ehrfurcht und Bußgesinnung bei gestimmten Bußgebeten Vorschrift. Mit den zusammengelegten Handflächen gibt sich der Beter gleichsam gebunden in Gottes Willen und richtet die Fingerspitzen aufwärts, wie er sich selbst zu Gott erhebt. Die Verkürzung, in der der Bildhauer den Domherrn darstellt, lassen Gesicht und Hände eindrücklich in den Vordergrund treten.

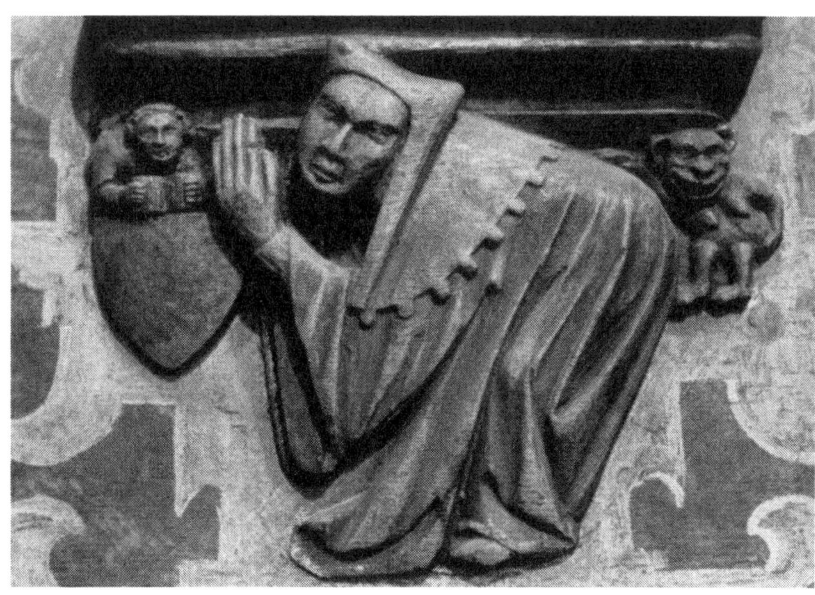

Abb.80   Stehender Domherr, gebeugt - Sitz 8

Sitz 28: Ein ebenso gebeugt stehender Domherr hat die Hände nach links im Gebet erhoben und wendet sich einem Mann mit einer Kappe zu. Es ist vielleicht ein Diakon oder Chorknabe, der ihm ein Schriftband mit beiden Händen vorhält. Darunter befindet sich sein Wappen. Dieser Chorherr trägt ebenso ein Almutium, aber hier ohne Zierrat am Saum. Hinter ihm hockt wieder rechts ein kleiner Teufel mit großen Ohren und Flügeln. Zu den Versuchungen des Teufels sagt Freidank (gest. 1233) in seiner Schrift „Bescheidenheit":

> „Der Teufel kehrt nie eine List nach dem, der sein eigen ist.
> Wer seinen Werken widerstaht, da übt er List und argen Rat.
> Wie viel der Teufel dann falscher Listen kann,
> der Engel wehrt ihm doch die schlechten Wege."
> (Zitat bei Porstmann)

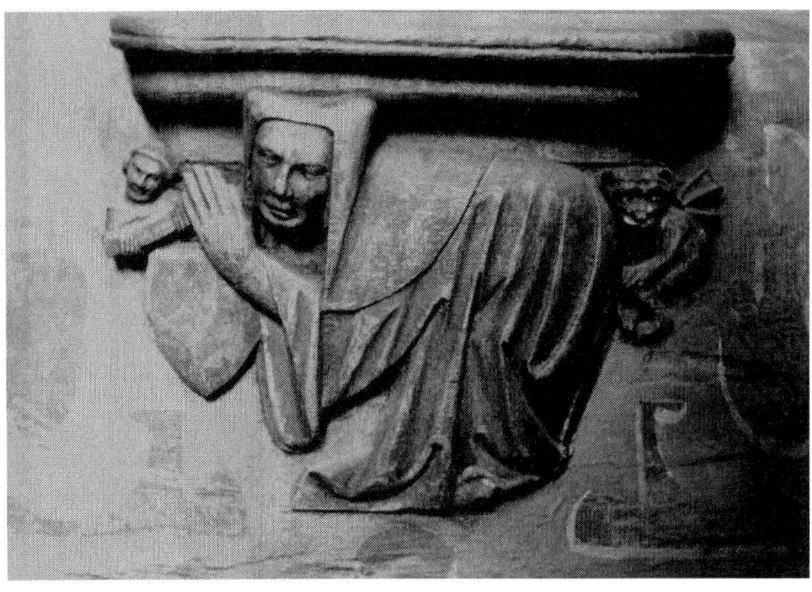

Abb.81   Gebückt stehender Domherr - Sitz 28

Sitz 26: Ein Domherr stützt in bequemer Haltung seinen Kopf auf die rechte Hand. Nah an sein Ohr streckt ein Teufel mit Schnauze und Hundeohren seine Beine aus. Er fasst sich mit beiden Händen an sein Hinterteil, als wollte er gerade einen mächtigen Gestank herausdrücken. Von links nähert sich ein Engel mit einem Schriftband, auf das er hinweist. Es zitiert vielleicht die Schriftstellen Mathäus 24,42 und 25,13: „Wachet!"; 1. Thess. 5,6: „Lasst uns wachen und nüchtern sein!"; Eph 5,14: „Wach auf, der du schläfst!" und 1. Petr, 5,8: „Seid nüchtern und wachet; denn der Widersacher, der Teufel, geht umher wie ein brüllender Löwe und sucht, wen er verschlinge!"
Schläft dieser Domherr? Porstmann (S. 48) sieht hier einen schlafenden Chorherren und damit die Sünde der Trägheit - acedia - dargestellt. Aber er hat die Augen geöffnet.

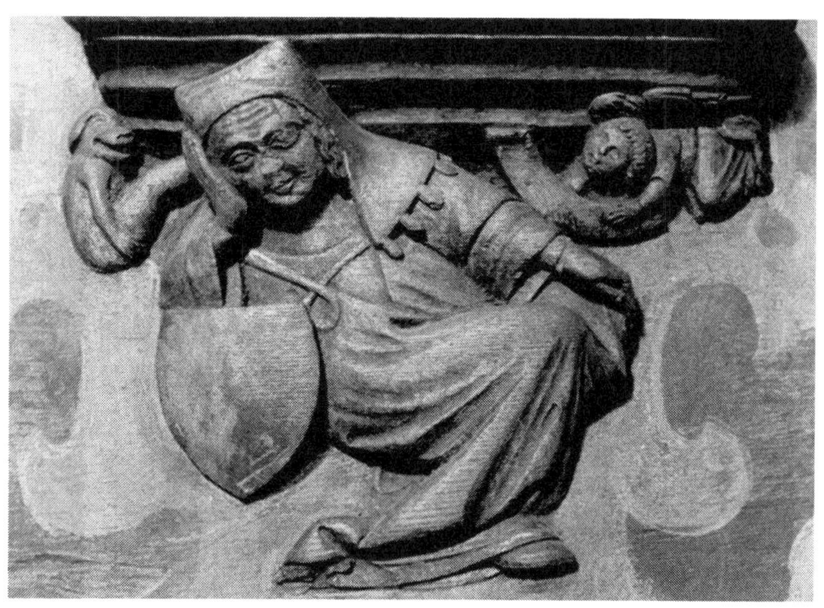

Abb.82   Ruhender Domherr - Sitz 26

Sitz 46: Ein kniender Domherr in rückenlangem Almutium, frontal dargestellt, hebt erstaunt die Hände vor die Brust. Als einziger Chorherr ist er ohne Teufel und Engel dargestellt. Der Domherr kniet nach rechts und wendet sich dem Hochaltar zu. Seine ehrfürchtige Haltung zeigt die innige Verehrung Christi während der Feier der heiligen Messe, wenn der Zelebrant Leib und Blut Christi allen sichtbar zur Anbetung emporhebt. Seit dem 13. Jahrhundert besonders wurde Christus als Schmerzensmann mit den fünf Wundmalen dargestellt. Es ist möglich, dass der Domherr auf dieser Misericordie visionär erlebt, wie bei der Eucharistie, d.h. Meß- und Abendmalsfeier Christus als Schmerzensmann über dem Hochaltar lebendig erscheint und Blut aus seiner Seitenwunde in den Kelch fließt. So ist es seit dieser Zeit auf Bildern zu sehen, die den eucharistischen Schmerzensmann und das Wunder der Gregorsmesse zeigen. Albrecht Dürer hat 1511 auf einem Holzschnitt unter den Schmerzensmann Verse des Benedikt Chelidonius gesetzt, die der Domherr in Magdeburg ähnlich aus Christi Mund gehört haben könnte:
„Diese grausamen Wunden ertrage ich für dich, o Mensch! Und mit meinem Blut heile ich deine Gebrechen. Du aber bist mir nicht dankbar. Oft reißt du mit deinen Sünden meine Wunden auf. Noch werde ich durch deine Schuld gegeißelt. Jetzt sei es genug. Jetzt sei Friede zwischen uns!" (gekürzt nach Schiller II, S. 210)

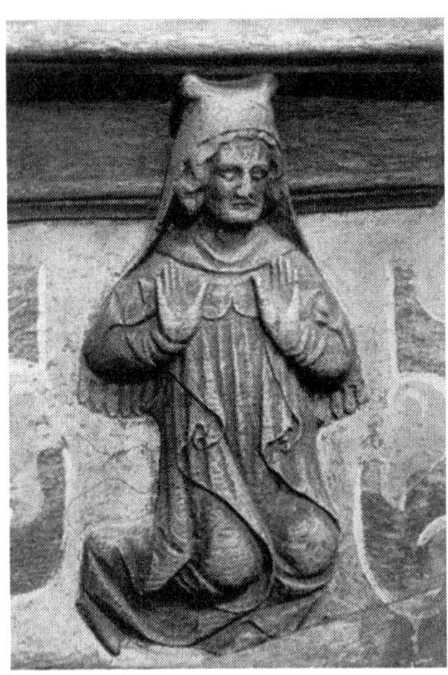

Abb.83   Chorherr in Vision - Sitz 46

Exkurs: Tugenden und Laster und ihre Symbole

Zwar war die Ermahnung zu einem sittlichen Leben in jeder Zeit notwendig. Aber die Pestzeiten, Epidemien und Hungersnöte des 14. Jahrhunderts hatten die vorher als selbstverständlich geltenden Schranken eingerissen. „Gesellschaftliche Normen brachen angesichts des jederzeit drohenden Todes zusammen. Sexualität wurde ausschweifend gelebt. Eigentumsverhältnisse veränderten sich, Plünderungen oder Übernahme herrenlosen Besitzes waren an der Tagesordnung." (W.U. Eckart)

Gegen die Fluten, die alle Begriffe von Gut und Böse hinwegschwemmten, war die Errichtung der sittlichen Dämme besonders aktuell. Normen und ethische Maßstäbe werden in der Bibel wiederholt dargestellt. Die Zehn Gebote sind nur eine Kurzfassung davon: 2.Mose 20,1-17; 5.Mose 27,15-26; Hosea 4,1; Mk 12,29.

Wenn Hiob (Kap. 31) seine Unschuld beteuert, setzt er sich selbst hohe ethische Maßstäbe und fragt unter anderem: „Bin ich gewandelt in Falschheit? Hab ich meinen Bissen allein gegessen? Hab ich das Gold zu meiner Zuversicht gemacht und zum Feingold gesagt: Mein Trost? Hab ich mich gefreut, wenn's meinem Feinde übel ging? Gott möge mich wiegen auf rechter Waage, so wird er erkennen meine Unschuld."

Außerhalb Israels bildeten stoisch-kynische Wanderprediger Lasterkataloge aus, die auch das Judentum und Paulus beeinflussten. So schreibt Paulus an die Galater, Kapitel 5:

> „Offenkundig sind die Werke der Selbstsucht:
>
> Unzucht, Zuchtlosigkeit, unsaubere Dinge,
>
> Götzendienst, Zauberei, Drogenmißbrauch,
>
> Feindschaft, Streit, Wutausbrüche, Intrigen, Neid,
>
> Trunkenheit, Fresssucht und dergleichen.
>
> Wer solches tut, wird Gottes Reich nicht erben.
>
> Die Frucht des Geistes aber ist: Liebe, Freude, Friede,
>
> Geduld, Güte, Treue, Freundlichkeit, Selbstzucht."

Die christliche Theologie kennt drei Haupttugenden, die Paulus im 1. Korintherbrief, Kapitel 13, nannte:

	Ihre Symbole:
1. Glaube (fides)	Kelch, Kreuz
2. Liebe (caritas)	flammendes Herz, Kleidung spendend, Kind(er) tragend, Brotschale, Lamm, Pelikan
3. Hoffnung (spes)	Anker, Biene, Phönix, Taube oder gefaltete Hände

Dazu kommen die vier Kardinal-Tugenden, die schon Platon wichtig waren:

4.	Klugheit (prudentia)	Schlange (Mt 10,16), Buch
5.	Maß halten (temperantia)	Messgerät, Zirkel, Elefant, Löwe, Kamel, Taube, Becher
6.	Tapferkeit (fortitudo)	Rüstung und Waffen (Eph 6,16), Dolch, Löwe
7.	Gerechtigkeit (iustitia)	Schwert u. Waage, Adler, Kranich

Ferner werden folgende Tugenden allegorisch dargestellt:

8.	Güte (bonitas, benignitas)	Pelikan mit Jungen
9.	Geduld (patientia)	Rind (Ochse) mit Joch, Lamm, Hand vor Gesicht
10.	Sanftmut (mansuetudo)	Schaf, Lamm (mit der Kraft zum Zürnen)
11.	Demut (humilitas)	Taube, Lamm, Kreuz,
12.	Gehorsam (oboedientia)	Kamel
13.	Keuschheit (castitas)	Palme, Phönix, Taube (Vogel), Elefant, Blume und Peitsche
14.	Ausdauer (perseverantia)	Krone (nach Off.2,10), Hände einen Löwenkopf haltend,
15.	Armut (paupertas),	Frau in zerrissenem Gewand mit Schleier, Krone, d. h. freiwillige Armut, Olivenzweig und Palme

Im Gegensatz dazu kennt die christliche Ethik acht Hauptsünden oder Laster:

1.	Fresssucht/Unmäßigkeit (gula)	sich erstechende Frau, leerer Krug oder Becher, Rabe, Schwein, Wolf, Fuchs, Panther, Fisch
2.	Unkeuschheit/Zügellosigkeit (luxuria)	nackte Frau mit Spiegel oder auf Eber reitend, Schwein, Bär, Drachen, Frau von Schlangen angegriffen
3.	Geiz/Habsucht (avaritia)	Frau mit Münzen, Schätze hortend, Geldsack, Waagschalen, Dohle, Dachs, Maulwurf, Kröte, Einhorn, Antilope, Wildschwein
4.	Zorn (ira)	(sich selbst) tötende oder drohende Frau, Falke, Eule, Hahn, Igel, Bär, tollwütiger Hund,

5. Traurigkeit (tristitia)	Tränen an den Augen, gebeugter Rücken
6. Trägheit (acedia)	schlafender (ruhender) Mann, Eule, Esel, Affe, Büffel, Leopard, Fisch
7. Eitelkeit (vanitas)	Frau mit Spiegel und Kamm, Pfau, Hund
8. Hochmut, Stolz (superbia)	(sich vom Turm) stürzender Mann, in eine Grube stürzend, Dromedar, Pfau, Adler, Löwe

Ferner werden folgende Laster durch Tiersymbole dargestellt:

9. Untreue, Unglaube, (infidelitas)	Augenbinde für Blendung und Blindheit,
10. Götzendienst (idolatria)	Anbetung eines Idols oder Götzenbildes, Widder (als unreines Tier), Schlange
11. Streitsucht, Zwietracht (discordia)	zwei miteinander kämpfende Menschen oder Tiere (Hähne)
12. Verzweiflung (desparatio)	Selbstmörder(in)
13. Torheit (stultitia)	in Stein beißend, Narrheit/Narretei, Affe
14. Feigheit (ignavia)	Mann flieht vor Hasen, Schwert wegwerfend
15. Unbeständigkeit (inconstantia)	Frau auf Kugel (oder Rad), fliehender Mönch, Strauß, Affe, Krebs
16. Ungerechtigkeit (iniustitia)	Waagschalen, Mordszene, bestechlicher Richter, Wildschwein, Rabe, Falke, Adler
17. Unverstand (insipientia)	Schlafdarstellung, Prahlerei, Narr, Affe
18. Neid (invidia)	Frau mit Fledermausohren und Krallen, Dolch, Bienenkorb, Hund, Habicht, Fledermaus, Schlange, Fuß, Skorpion

Um die Magdeburger Misericordien als Hilfen im Ringen der Domherren um ethische Vervollkommnung zu deuten, macht Porstmann (S. 238 ff.)auf Johannes Cassian, einen der Erzieher des christlichen Abendlandes um 400, aufmerksam. Sein Werk „Die Einrichtung der Klöster und die Hilfsmittel gegen die acht Hauptsünden" war auch für die Domherren im Hochmittelalter maßgebend. In dieser ethischen Hinsicht wollten die Misericordien ebenso wie die großen Relieftafeln nicht nur erzählend und ästhetisch wirken, sondern in erster Linie mit dem Betrachter in einen Disput treten. Zur Gewissenserforschung heute siehe Ev. Gesangbuch 794-802 und Gotteslob 59-66.

Die Laster

Sitz 23: Eine Frau mit Haube schaut vergnügt drein. Sie hält die rechte Hand auf ihre Brust und die linke auf ihren Unterleib. Ein grinsender Teufel links hinter ihr zeigt etwa dieselbe Stellung seiner Hände. Rechts vor der Frau steht ein Schwein auf einem Stein. Der Teufel hat ebensolche Ohren und gespaltene Hufe wie dieses Schwein. Porstmann schreibt dazu (S. 44): „Das Schwein ist häufiges Symboltier von Luxuria und Gula." Koch findet hier die Unkeuschheit, Luxuria, dargestellt, da die Gesten der Frau und das Schwein darauf hinweisen. Porstmann schlägt vor, „in dieser Szene die Darstellung des Lasters der Unmäßigkeit - Gula - zu sehen." Die Entscheidung muss offen bleiben: Luxuria - Unkeuschheit, Zügellosigkeit oder Gula - Unmäßigkeit, Fresssucht.

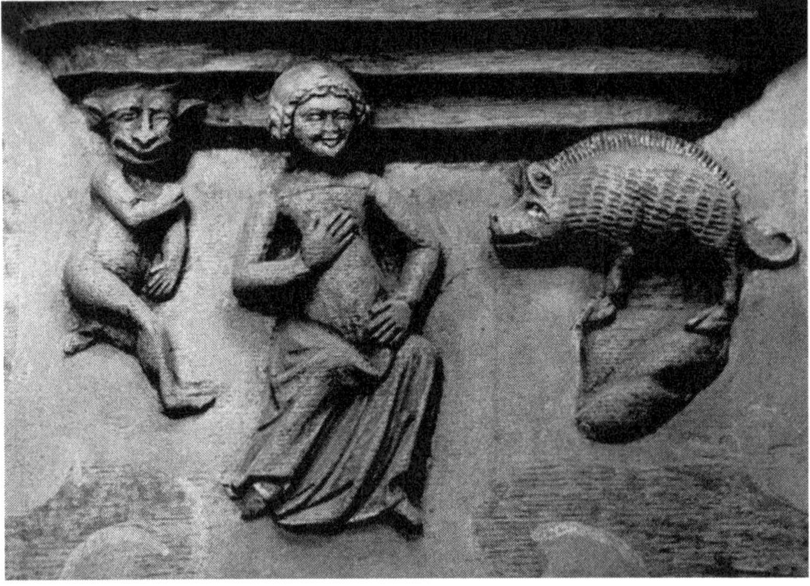

Abb.84   Frau mit Schwein - Sitz 23

Sitz 24: Zwischen Teufel und Hund dargestellt, ersticht sich eine Frau mit einem Schwert. Sie ist dem Betrachter zugewendet, hat ein enganliegendes Gewand an und darüber einen Trägerrock, der die Seiten freiläßt. Die Rüschenhaube, der so genannte Kruseler, aus Pelz oder Leinen erlaubt eine genauere Datierung, da diese Kopfbedeckung für Frauen bevorzugt in den Jahren 1350 bis 1370 sehr modern war. Ein Kronleuchter im Erfurter Angermuseum und ein Büstenreliquiar der Heiligen Ursula in Köln, beide aus der Mitte des 14. Jh., sowie der Grabstein der Cinna von Vargula in der Erfurter Barfüßerkirche, die 1370 starb, zeigen genau solche Rüschenhaube.

Links klatscht der geflügelte Teufel grinsend Beifall. Rechts auf einem Stein wendet sich ein Hund ab und jault rückwärtsgewandt der Frau zu. In der französischen Kathedralplastik ist Selbstmord ein Zeichen für Ira - Zorn - oder auch Desperatio - Verzweiflung, letzteres auch in Giottos Fresken der Arena-Kapelle 1305. Koch und Porstmann entscheiden sich für Ira, den Zorn. Porstmann verweist auf die „Etymachia des Lumen animae" um 1330, in der neben anderen Tieren ein tollwütiger, heulender Hund das Attribut für den Zorn ist. Aber diese Misericordie kann auch eine Darstellung der Verzweiflung sein.

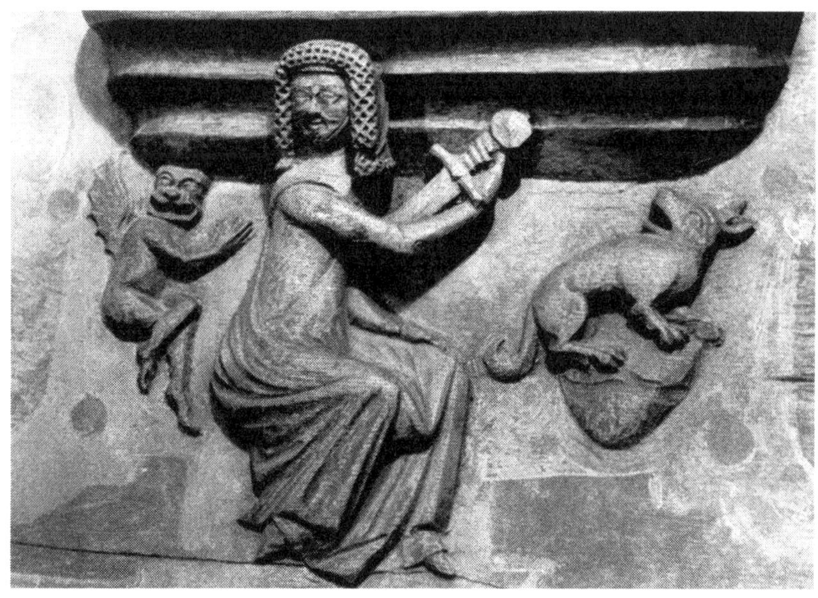

Abb.85 Frau sich erstechend - Sitz 24

Sitz 18: Eine Frau redet lebhaft gestikulierend mit einem Fuchs. Hinter ihr taucht mit kurzen Hörnern ein kleiner, grinsender Teufel auf, der mit seinen Händen die Geste der Frau nachäfft. Dadurch wird das Verhalten der Frau als böse gekennzeichnet. Koch sieht in dem Tier einen Hund und deutet die Misericordie als Darstellung der Treue - trotz der Anwesenheit und der Gestik des Teufels. Aber der lange buschige Schwanz charakterisiert einen Fuchs. Porstmann sieht hier ein Symbol des Götzendienstes, der Idolatria. Er verweist aber auch auf das Bremer Domgestühl. Dort hat die Personifikation der Untreue als Attribut einen Fuchs und ein Spruchband, auf dem steht: Apponamus frumentum minuamus mensura apponamus stateras dolosas, d.h. „Laßt uns Getreide annehmen, aber das Maß verkleinern und falsche Waagen benutzen!"

In der Bibel steht der Fuchs als das Tier der List und der Lüge (Hesekiel 13,4:ff): „Deine Propheten sind wie die Füchse. Ihre Gesichter sind nichtig, ihr Wahrsagen Lüge." Und Jesus vergleicht den König Herodes mit einem listigen Fuchs. (Lk 13,32) Diese Misericordie symbolisiert also den Betrug, die Lüge, Untreue, List und Falschheit.

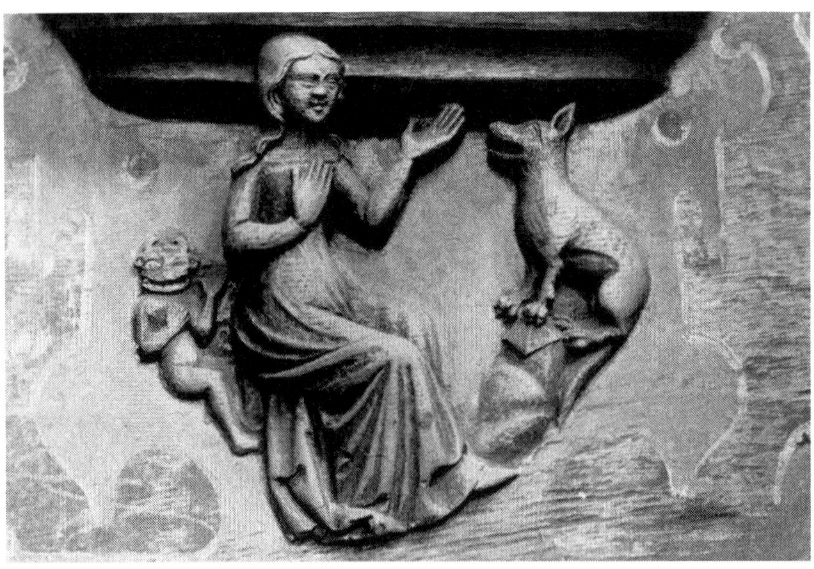

Abb.86   Frau mit Fuchs - Sitz 18

Sitz 25: Eine sitzende Frau redet mit einem Hund, der den Kopf senkt. Sie trägt aufgesteckte Zöpfe. Hinter ihr freut sich ein Teufel mit einem auffallend großen Ohr. Die Bedeutung ist hier wieder umstritten: Koch sieht die Treue dargestellt, weil der Hund aufmerksam zuhört. Porstmann sagt: „Eine bestimmte Deutung ist nicht möglich", hält die Misericordie aber ebenfalls für ein „Bild der Treue", weil der Teufel zurückweicht und der Hund so brav sei. Wenn aber eine Tugend gemeint wäre, dann stünde nicht ein Teufel hinter der Frau, sondern ein Engel. Durch diesen Teufel wird die Darstellung eindeutig als Laster charakterisiert. Sein großes Ohr ist öfter Kennzeichen des Neides in der mittelalterlichen Kunst. Dazu gehört der Hund als Attribut und Reittier des Neides. Die Misericordie symbolisiert also den Neid - Invidia.

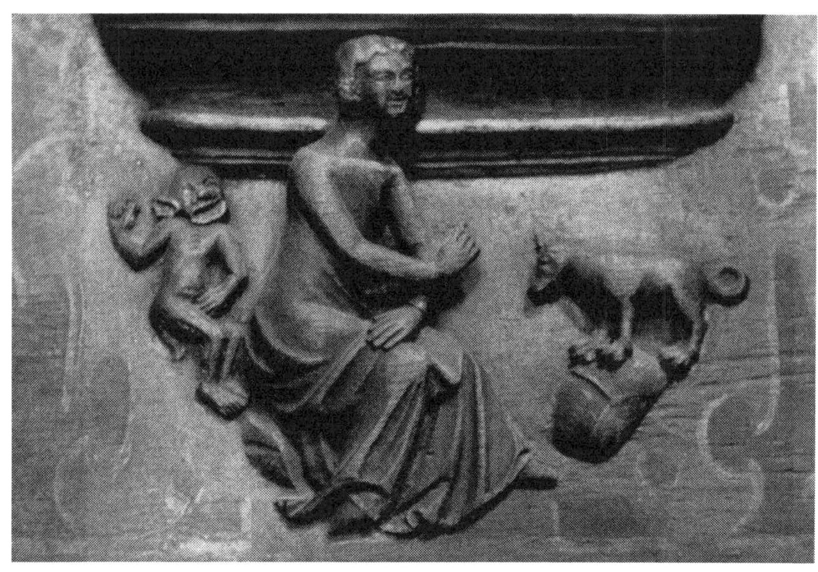

Abb.87   Frau mit Hund - Sitz 25

Sitz 10: Wie alle Misericordien ist auch diese kunstvoll in Dreiecksform unter dem Sitz komponiert. Ein Mann trägt eine Frau auf dem Rücken in eine Hütte, zu der einige Stufen hinaufführen und deren Tür geöffnet ist. Hinter der Hütte lacht links ein Teufel. Der Mann trägt langes Haar, einen Vollbart und eine runde Kappe. Kopftuch und Kragen der Frau lassen nur ihr Gesicht frei. Ob Mönch bzw. Einsiedler und Nonne gemeint sind, ist nicht eindeutig. Diese Darstellung will vor Zügellosigkeit und Unkeuschheit - Luxuria - warnen. Es gibt viele Erzählungen über Mönche und Kleriker, die das Keuschheitsgebot übertraten.

In „des Mönches Adam Büchlein der Selbstgespräche" (2.H. 15. Jh.) fragt

„Die Vernunft: Worin wirst Du versucht? Was denkst Du?

Der Mönch: Ich denke an die Menge der zierlichen und schönen Weiber.

Die Vernunft: Wie erscheinen sie dir in deinen Gedanken?

Der Mönch: Schön anzusehen, angenehm zu umarmen und süß zum Kusse."

(gekürzt nach Bühler, Klosterleben S. 184)

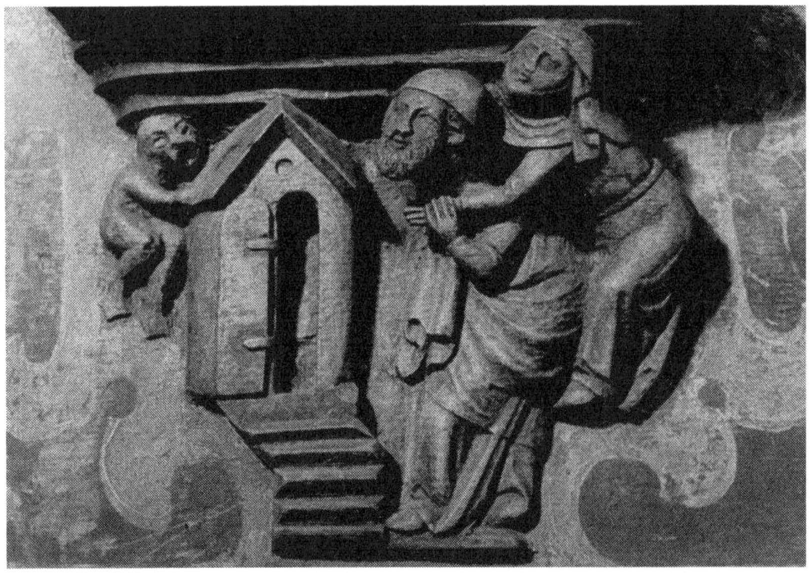

Abb.88   Mönch eine Frau in Klause tragend - Sitz 10

Sitz 4: Eine an einem Baum sitzende Frau hält einem Pfau einen Rundspiegel vor. Leider sind beiden Figuren die Köpfe abgebrochen. Die Gruppe ist ganz wundervoll in ein Halbrund gestaltet. Die stilisierte Baumkrone entspricht der Baumkrone auf dem Geburtsrelief und dem der Versuchung.

Der Pfau setzt seinen rechten Fuß auf das linke Knie der Frau. Er gilt seit der Urchristenheit schon in der Katakomben-Malerei als Symbol der Ewigkeit, des gestirnten Himmels, den man in seinem schillernden Feder-Rad sah. Er gilt auch als Symbol der Auferstehung. Andrerseits aber war der Pfau ein Bild der Eitelkeit und das bis heute. Am Bremer Domgestühl sind ein Rad schlagender Pfau und darüber eine gekrönte Frau mit Spiegel und Spruchband dargestellt: „Ich will in die Höhe steigen, damit ich gesehen werde," steht darauf, zweifellos die Darstellung der Eitelkeit - Vanitas. So deuten es auch Koch, S. 38, und Porstmann, S. 26f.

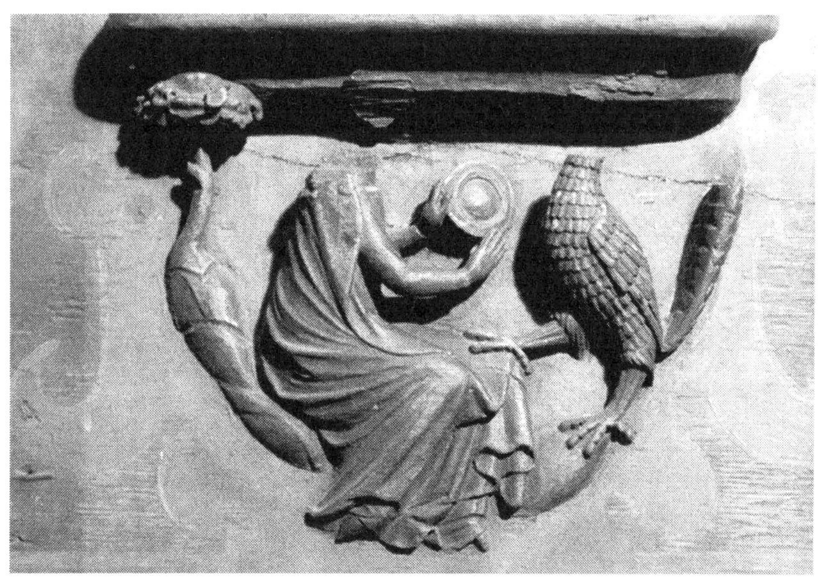

Abb.89   Frau mit Spiegel und Pfau - Sitz 4

Sitz 43: Koch schreibt hierzu: Dieses Laster ist so lieblich dargestellt, dass man es schön finden muss: Hinter einem Vorhang zeigt sich ein Mädchen mit Spiegel und Kamm. Das Mädchen heißt Eitelkeit - Vanitas. (S. 58) Porstmann dagegen sagt: „Hier ist Koch auf der falschen Fährte. Es ist mit großer Wahrscheinlichkeit Luxuria gemeint:" (S. 54). Denn in der Westrose von Notre Dame in Paris und im Chorfenster der Kathedrale in Auxerre ist die Luxuria als Frau mit Kamm und Spiegel gekennzeichnet. Die christliche Moral des Mittelalters versteht das Haarkämmen einer Frau als „Sinnbild verführerischer weiblicher Erotik" (Porstmann, S. 20). In einem Erziehungstraktat des Chevalier de La Tour Landry 1372 darf niemand einer Frau beim Kämmen zusehen. Sie muß die Vorhänge zuziehen.

Auf der Magdeburger Misericordie aber ist der Vorhang zu beiden Seiten aufgezogen und „gibt den Blick auf Luxuria frei, die gerade im Begriff ist, ihr schönes Haar zu kämmen, das in langen offenen Locken über die Schultern fällt." (Porstmann, S. 20). Luxuria ist die Zügellosigkeit und Unkeuschheit. Unten ist der Vorhang zu einer Rosette gerafft.

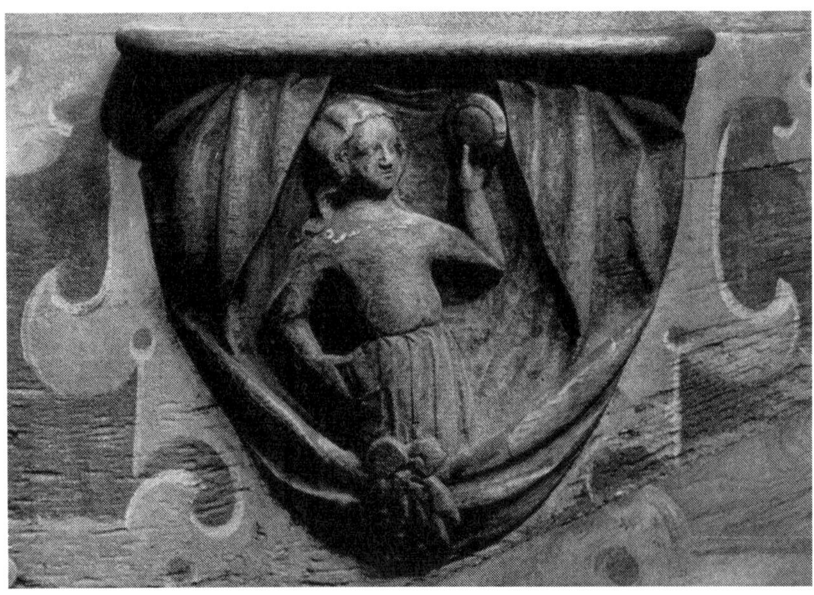

Abb.90   Frau mit Spiegel hinter Vorhang - Sitz 43

Sitz 21: Eine aufrecht stehende Tänzerin hält mit ihren weit ausgebreiteten Händen den Sitz der Misericordie fest und gleichzeitig den über ihre Arme geschlagenen Umhang oder Schleier. Sie trägt ein oben enges Kleid mit weitem Brustausschnitt und im Haar einen Reif, der mit Rosetten geschmückt ist. Ganz ähnlich wurde die Tänzerin der Kölner Misericordie geschnitzt, die als Vorbild zu gelten hat. Dort ist sie aber expressiver und eleganter, dazu ist noch eine Tänzerin von rückwärts und eine im Handstand dargestellt. Die Magdeburger Tänzerin wirkt dagegen ruhiger und gediegener. Ihr weiter Umhang, dessen Faltenfülle hinter ihrer Figur weiterläuft, bildet ein anmutiges Halbrund. Das Schnitzwerk hat als eine eigenständige Leistung zu gelten.

Koch sieht hier die Darstellung einer Tänzerin, Porstmann aber meint, die Tänzerin sei mit moralisch-didaktischer Absicht dargestellt worden und solle das Laster der Luxuria, der Unkeuschheit, personifizieren. „Darstellungen des Tanzes haben im Mittelalter meist eine negative Bedeutung. Der Tanz galt als Mittel des Teufels, um die Menschen zur Sünde zu verführen." (S. 44) Selbstverständlich dachte man dabei auch an den Tanz der Salome (Mk 6, Mt 14), die als Preis dafür den Kopf des Johannes des Täufers forderte.

Warum aber wird diese Tänzerin so schön gestaltet und ohne den Teufel im Hintergrund?

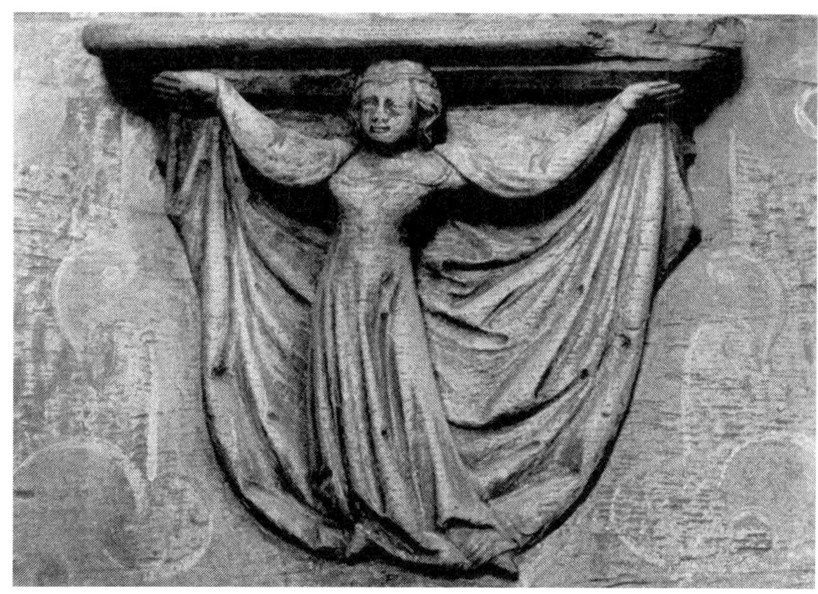

Abb.91   Tänzerin - Sitz 21

Sitz 22: Auch die Deutung dieser Misericordie ist nicht einheitlich. Porstmann schreibt (S. 44): „Mann, gebeugt, stützt mit dem ganzen Oberkörper die Sitzkonsole", wie der Lastträger am Sitz 13. Beim Vorbild am Kölner Chorgestühl trägt der Mann eine Kogel wie die Bauarbeiter damals allgemein. Aber seine Füße sind zu beschwingt für einen Mann, der unter einer mächtigen Last leidet. Daher plädieren Koch und Niebelschütz dafür, dass hier ein Grotesk-Tänzer dargestellt ist, „dessen geschmeidiges Gliederspiel man doch nirgends als Willkür empfindet, sondern als Wirkung des Drucks der auf seinem Rücken lastenden Konsole, ... ein Musterbeispiel sinngemäßer Dekoration, vollendete kleine Meisterleistung." (Niebelschütz, 1933) Auch der letzte Ernst bleibt nie ohne eine Dosis Humor.

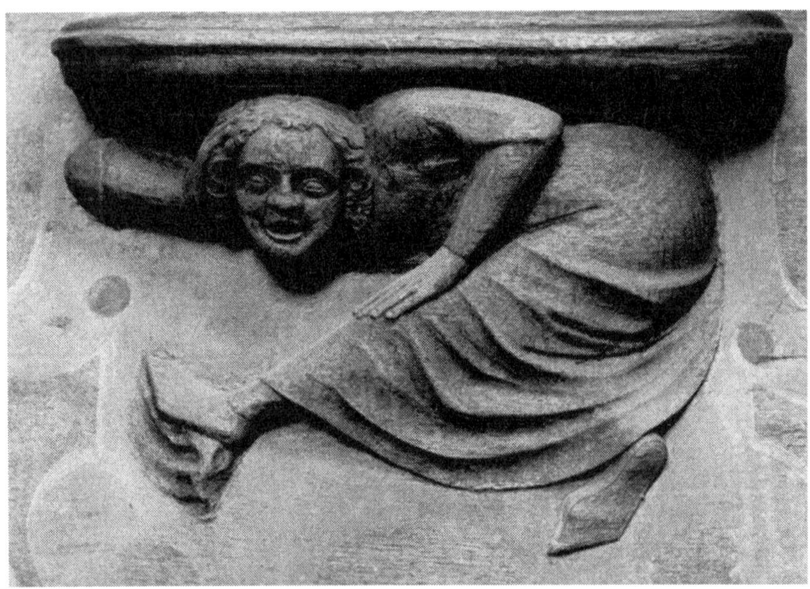

Abb.92   Grotesktänzer - Sitz 22

Sitz 20: Ein Mann mit Kogel und langem Gewand läuft gebeugt von rechts nach links und holt zum Steinwurf aus. Sein langer Bart und sein Haupthaar fügen sich zu parallelen Wellen zusammen. Das Kölner Chorgestühl zeigt einen Kegler im Vierpass, der dem Magdeburger ähnlich ist. Porstmann führt aus: „Die Darstellungen der Marginalillustrationen (flämisches Stundenbuch 14. Jh., Brevier Frankreich nach 1302, nordfranzösischer Psalter 14. Jh.) charakterisieren das Steinewerfen und Boulespielen als verwerfliche Tätigkeiten; diese Art Beschäftigung zählte zu den Versuchungen des Teufels." (S. 41) Er bringt folgende Beispiele: Neben einem als Bischof verkleideten Affen werden Steine geworfen; Affen spielten Boule; als Mönche verkleidete Affen werfen sich Steine zu. Die Trierer Provinzialsynode 1310 ordnet an: „Ebenso verbieten wir den Mönchen alles Spielen mit Brettsteinen, Schachfiguren, Würfeln und Kegelkugeln." Darum deutet Porstmann: „Der Magdeburger Steinewerfer wird demnach als Bild der lasterhaften Spielsucht zu verstehen sein." (S. 41).

Aber haben die Domherren im Sinne eines solchen moralischen Rigorismus den Steinwerfer als Beispiel eines Lasters in Auftrag gegeben, eines Lasters, das auch sie selbst überwinden mussten, indem sie sich darauf setzen?

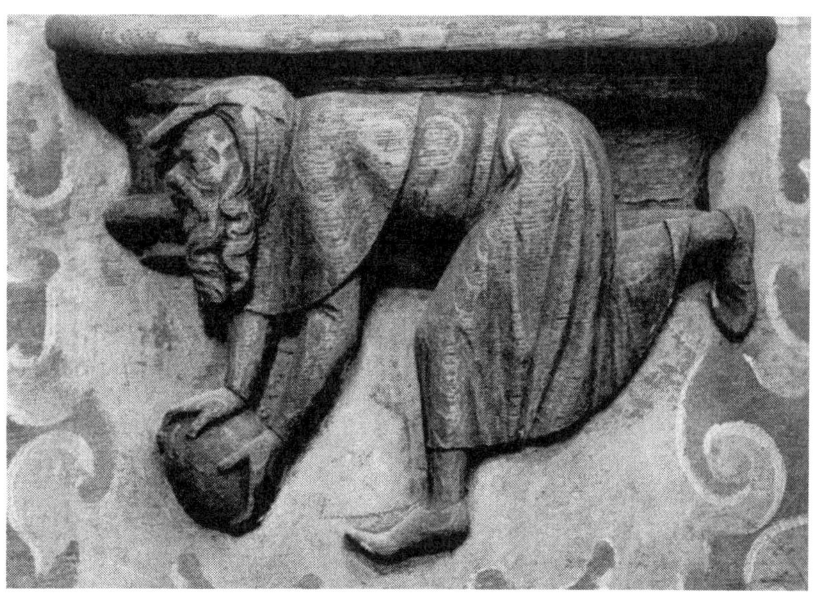

Abb.93 Steinwerfer - Sitz 20

Die Tugenden

Sitz 44: Ein Mann, mit einem engen, langärmeligen Hemd und einem unter dem Bauch gegürteten Rock bekleidet, läuft selbstbewußt und aufgerichtet nach rechts vorn. Er hält mit der Linken einen Schild und schwingt mit der Rechten ein Schwert hoch über seinem Kopf. Seine Haare sind zu vielen schneckenförmigen Locken gekräuselt. Die Deutung scheint unklar. Koch findet hier die Fortitudo, die Tapferkeit, dargestellt.

Porstmann hält das für wenig wahrscheinlich. „Da der Krieger weder eine Rüstung trägt noch einen konkreten Feind bekämpft, ist dieses Misericordienbild möglicherweise eine Darstellung der Stultitia", der Torheit. (S. 55)

Vielleicht aber soll es ein Schwerttänzer oder Geistkämpfer sein, ein Bild für den Kampf des Glaubens. Es ist ein Aufruf, sich zum Kampf geistlich zu rüsten: „Vor allen Dingen ergreift den Schild des Glaubens mit dem ihr auslöschen könnt alle feurigen Pfeile des Bösen und nehmt das Schwert des Geistes, welches ist das Wort Gottes." (Eph 6,16f)

Um hier eine schwertschwingende Frau, eine Megäre, erkennen zu können, schaut sie zu freundlich. Ihre Brust ist auch nicht weiblich genug. Diese Figur ist keine der rächenden Erinyen.

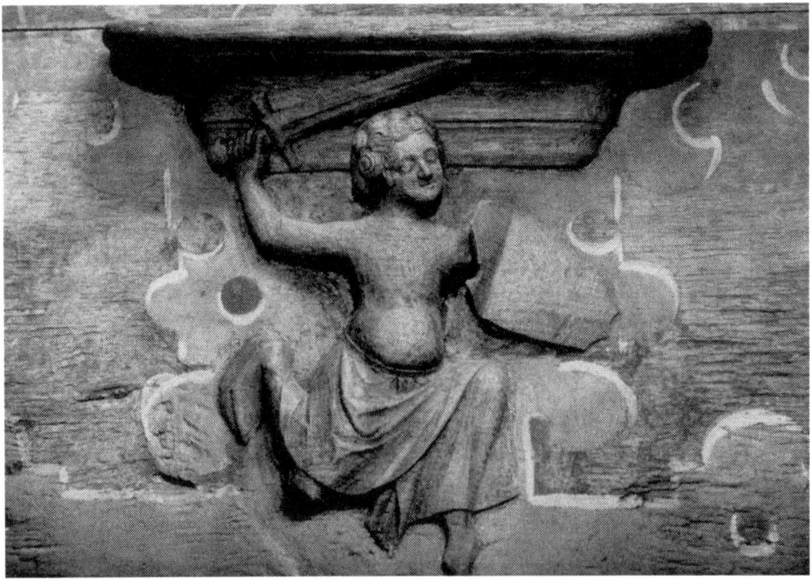

Abb.94   Schwerttänzer - Sitz 44

Sitz 32: Eine sitzende Frau spricht mit einem Adler, der aufzufliegen scheint. Dieser Adler ist dem Johannes-Symbol unter Sitz 48 ganz ähnlich.

Koch (S. 63) weist auf den Physiologus hin. Dort heißt es: „Wenn der Adler alt wird, so werden seine Flügel schwer und seine Augen verdunkeln sich. Dann sucht er eine klare Quelle und fliegt von hier empor zur Sonne. Darauf lässt er sich herab in die Quelle, taucht dreimal darin unter und wird so verjüngt. So soll der Mensch, wenn die Augen seines Herzens dunkel sind, sich zu Christus ... erheben und sich in der Quelle des ewigen Lebens im Namen des Vaters und Sohnes und des Heiligen Geistes verjüngen." So sieht Koch hier eine „Mahnung zur Buße mit dem Ziel der Erneuerung des inneren Menschen." Porstmann wendet dagegen ein: „Kochs Deutung ist m. E. wenig wahrscheinlich, da sie die Dialogstruktur zwischen der sitzenden Frau und dem Adler ausschließt. Als Attribut erscheint der Adler unter anderem in Allegorien des Hochmuts und der Unmäßigkeit. Es ist denkbar, dass ... eine Personifikation der Superbia, des Hochmuts, dargestellt ist." (S. 53)

Aber wenn ein Laster gemeint ist, dann wäre hinter der Frau wieder ein Teufel zu sehen. Der Adler kann auch das Attribut von Tugenden sein. Er könnte hier sagen: „Mach es wie ich, tue Buße, flieg auf und erneuere dich!" Die einfachste Deutung bieten die den Chorherren ganz vertrauten Bibelworte vom Adler: „Lobe den Herrn, der deinen Mund fröhlich macht und du wieder jung wirst wie ein Adler"! (Ps. 103,5 und Jes 40,31) „Die auf den Herrn harren, kriegen neue Kraft, dass sie auffahren mit Flügeln wie Adler." Der Adler zeigt die neue Kraft und Jugend, die Gott gibt.

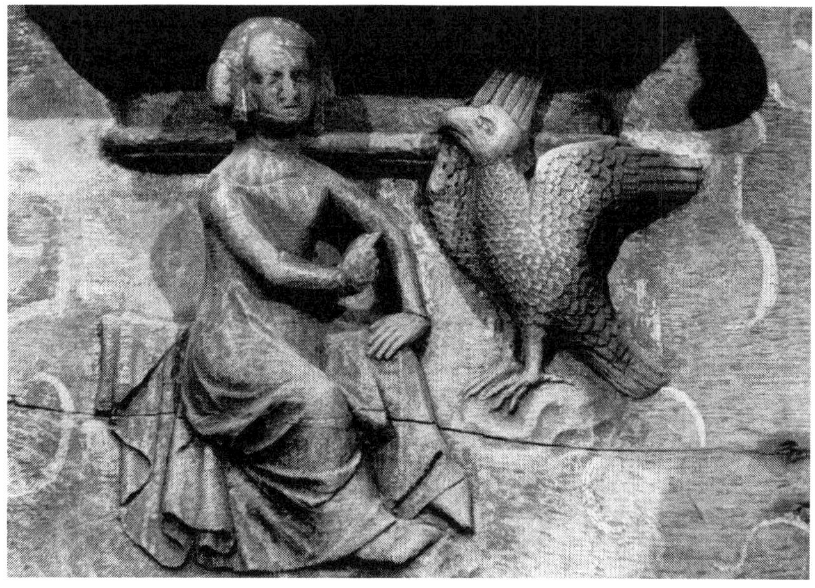

Abb.95 Frau mit Adler - Sitz 32

Sitz 17: Eine Frau mit schulterlangem Haar und weitem Umhang, dessen Ende über ihren rechten Unterarm geschlagen ist, kniet nach rechts und erhebt ihre rechte Hand. Vor ihr sitzt ein Vogel auf einem Stein.

Koch sieht hier einen Mann vor einem Raben als Symbol der Heiden, also ein Bild der Heidenmission. Oder die Misericordie ist „aus reiner Freude am Schmuck entstanden". (S. 67-68) Porstmann dagegen meint, es sei hier eine „Personifikation der Humilitas", der Demut.

Der Rabe ist jedoch fast nie das Symbol einer Tugend, im Gegenteil. Der Engel aber mit einem Schriftband hinter dem Rücken der Frau verlangt eine positive Deutung. Es muss sich hier also um die Darstellung einer Tugend handeln. Der Vogel ist eine Taube. Die Taube ist Attribut des Maßhaltens, der Temperantia, der Hoffnung und der Demut. Bei der Darstellung der Tugenden und Laster in Notre Dame zu Paris ist die Taube das Symbol der Demut. Häufiger aber wird in der Bibel zur Hoffnung ermahnt: „Gott ist meine Hoffnung." (Ps 40,5; 62,6; 71,5) „Seid fröhlich in Hoffnung, beharrlich im Gebet." (Röm 12,12) Vielleicht erhebt die hier dargestellte Frau beide Hände zum Gebet? Dann wäre diese Misericordie ein Hoffnungssymbol. Schon seitdem Noah am Ende der Sintflut eine Taube ausfliegen ließ, ist sie ein Symbol der Hoffnung. (1.Mose 8, 8-12)

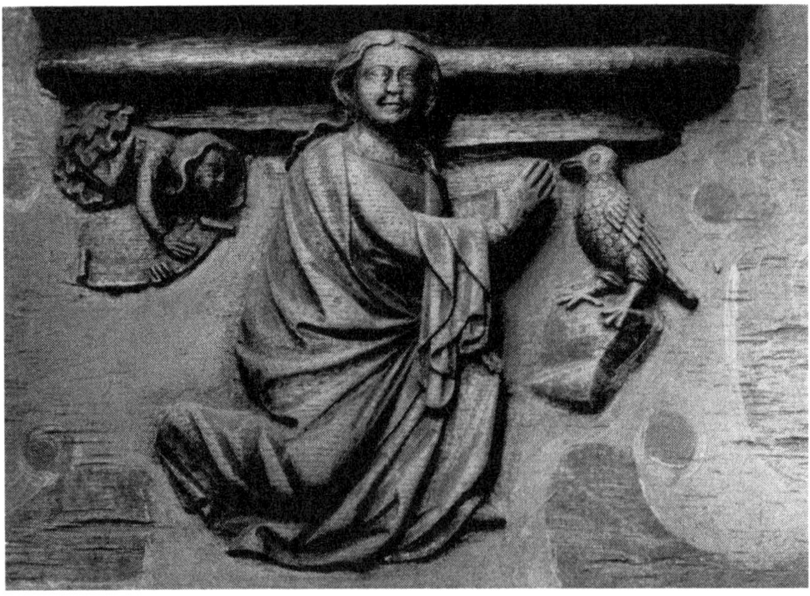

Abb.96   Frau mit Taube - Sitz 17

Sitz 16: Eine junge Frau, die in der Linken ein kleines Buch, vielleicht ein Brevier, hält und ihre Rechte ehrfürchtig auf die Brust legt, sitzt halb nach links gewendet zu einem Elefanten hin. Dieser wurde im Mittelalter immer mit einem Holzturm dargestellt, der auf seinen Rücken geschnallt war, wie der Kriegselefant im ersten Buch der Makkabäer (6,37). Es fehlte dem mittelalterlichen Menschen meist die Gelegenheit, einen lebenden Elefanten zu sehen. Auch der Schnitzer unserer Misericordie kennt Elefanten nur von Bildern, die nicht naturalistisch sind. Zum stereotypen Bild des Elefanten im Mittelalter gehören darum der Turm, die krallenartigen Füße, die wie Hauer aufwärts ragenden Zähne und der sich trompetenartig erweiternde Rüssel. Vergleiche auch den Elefanten am Kapitell des ersten Pfeilers nördlich der Mittelachse um 1220 im Chorumgang.

Die Frau hat über Rücken und Arme einen Umhang geschlagen. Ihr anmutig lockeres Haar fällt auf die Schultern. Die gleiche Haartracht trägt ein Engel, der rechts hinter ihr aus einer Wolke herbeifliegt und in sein aufgeschlagenes Buch verweist.

Porstmann schlägt deshalb wegen der beiden Bücher, die Frau und Engel halten, vor, hier das Bild des rechten Glaubens, der Fides bzw. der Religio zu sehen.

Seit dem Altertum rühmen die Schriftsteller am Elefanten seine Geschicklichkeit, Treue, Vorsicht, Klugheit, Hilfsbereitschaft, Großmut, Stärke, seine Langlebigkeit, Geduld, Keuschheit und Mäßigkeit, d. h. sein Maß halten. Molsdorf (Nr. 1062) sieht

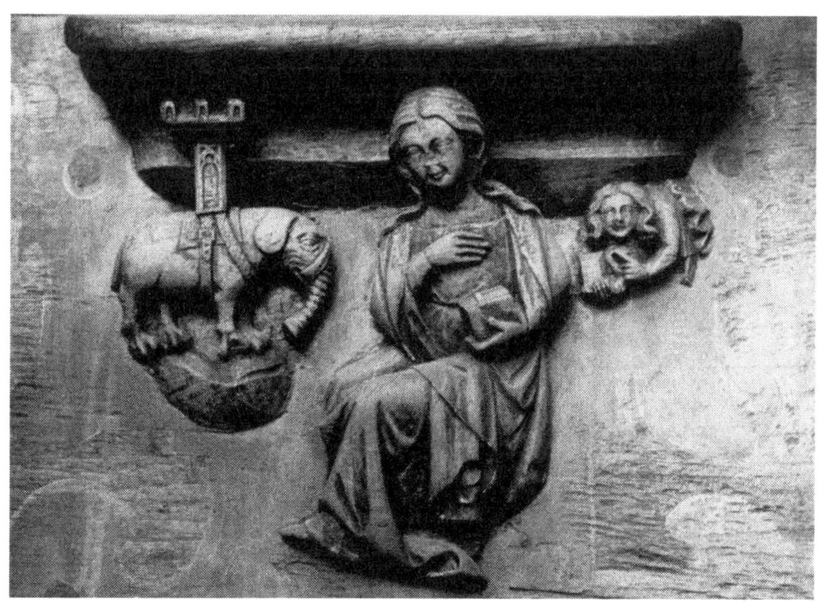

Abb.97   Frau mit Elefant - Sitz 16

in dem Elefanten vor allem das Symbol der Temperantia, des Maßhaltens. Temperantia ist eine der vier Kardinaltugenden. Weil es im Deutschen für Temperantia kein treffendes Wort gibt, schlägt Josef Pieper die Übersetzung „Zucht und Maß" vor (1939). Das schließt ein, das rechte Maß zu halten, nicht nur sexuelle Keuschheit, die Selbstbeherrschung der Sinne, des Sehens, Forschens und Erkennens und die Sanftmut, auch die Kraft zur nötigen Leidenschaft und zum gerechten Zürnen. Das gute Gedächtnis des Elefanten ist ja bekannt. Es macht ihn fähig, nach langer Zeit einem Menschen zu zürnen, der im schweres Unrecht tat, wenn er ihn wieder trifft.

Dietrich Bonhoeffer (S. 201) machte darauf aufmerksam, wie wichtig Temperantia, Zucht und Maß als erste der Stationen auf dem Wege zur Freiheit für den Menschen von heute sind. Er schrieb die Verse im Juli 1944 während der Haft im Berlin-Tegeler Gefängnis nach dem mißglückten Attentat auf Hitler:

> „Ziehst du aus, die Freiheit zu suchen, so lerne vor allem
> Zucht der Sinne und deiner Seele, dass die Begierden
> und deine Glieder dich nicht bald hierhin, bald dorthin führen.
> Keusch sei dein Geist und dein Leib, gänzlich dir selbst unterworfen
> und gehorsam, das Ziel zu suchen, das ihm gesetzt ist.
> Niemand erfährt das Geheimnis der Freiheit, es sei denn durch Zucht."

Sitz 27: Ein Ritter mit Topfhelm, Ringpanzer, Kettenhemd und Beinpanzer kämpft mit erhobenem Schwert gegen einen Löwen, der ihn überragt und seine Vorderpranken auf den Schild gestellt hat. Diese Darstellung zeigt die Tugend der Tapferkeit, die Fortitudo (so Koch, S. 62), bzw. den Kampf des Glaubens gegen das Böse, gegen den Teufel (Porstmann, S. 48-51).

Die Misericordie macht die wiederholten Mahnungen der Apostel anschaulich: „Seid nüchtern und wachet; denn euer Widersacher, der Teufel, geht umher wie ein brüllender Löwe." (1.Petr. 5,8) „Ziehet an die Waffenrüstung Gottes ..., umgürtet mit Wahrheit und angetan mit dem Panzer der Gerechtigkeit. Vor allen Dingen ergreift den Schild des Glaubens und nehmt den Helm des Heils und das Schwert des Geistes, welches ist das Wort Gottes." (Eph 6,11ff.) „Kämpfe den guten Kampf des Glaubens!" (1.Tim 6,12)

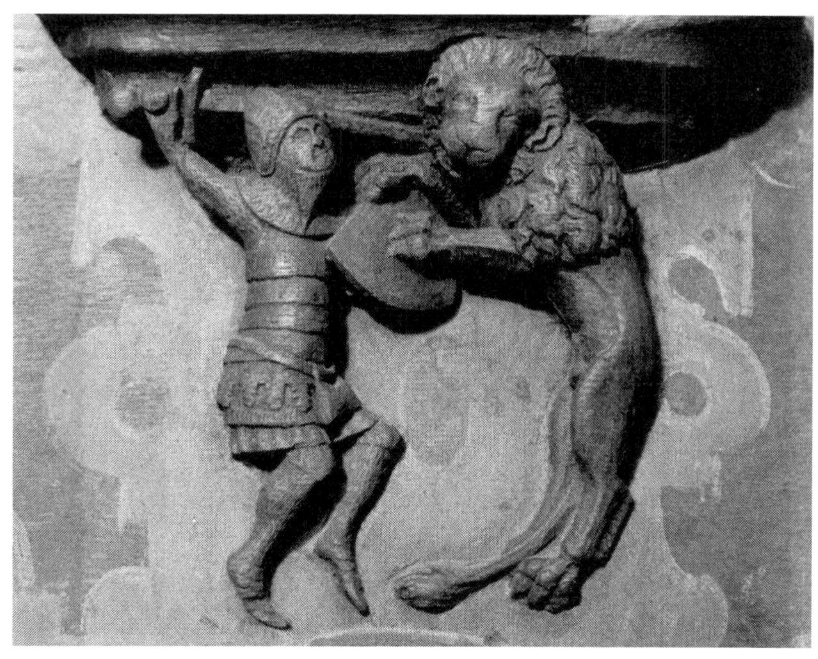

Abb.98   Ritter kämpft mit Löwen - Sitz 27

Sitz 2: Ein sitzender Mann im Büßergewand oder in einer Mönchskutte hält in der Rechten ein kleines Buch, sicher ein Gebetbuch. Die linke Hand ist abgebrochen. Neben ihm windet sich eine Schlange durch zwei Felslöcher. Diese Szene wird durch den Physiologus ganz deutlich, ein Buch mit Tiersagen aus dem 2. bis 4. Jh.: „Wenn die Schlange alt wird und sich verjüngen will, lebt sie asketisch und fastet 40 Tage und 40 Nächte, bis ihre Haut schlaff wird. Dann sucht sie einen Felsen mit einer engen Spalte. Dort kriecht sie hinein und reibt ihren Leib. So wirft sie die alte Haut ab und wird wieder jung. So soll auch der Mensch durch Fasten und Buße aus seiner alten Haut herauskriechen und neu werden.“

Die Darstellung ist ein Symbol für die Buße, d.h. für innere Gesundung und Erneuerung des Menschen. Dies geschieht durch Zeiten der Besinnung, Gebet und Bibellese, Spenden und Einsatz für Menschen in Not, zeitweiligen Verzicht auf körperliche und geistige Genüsse und Bequemlichkeit, durch Heiterkeit und Meditation erfreulicher Dinge in Musik, Literatur und darstellender Kunst.

„Tut Buße und glaubt an das Evangelium - Kehrt um und vertraut Gottes Heilszusage!“ so beginnt Jesus seine Botschaft (Mk 1,15). „Legt den alten Menschen ab, erneuert euch und zieht den neuen Menschen an!“ sagt der Apostel. (Eph 4,22-24; Kol 3,9f.; Off. Joh 2-3)

Das ganze Leben soll ein Sich-Besinnen, Gesund- und Neuwerden sein, dem Beispiel der Schlange entsprechend.

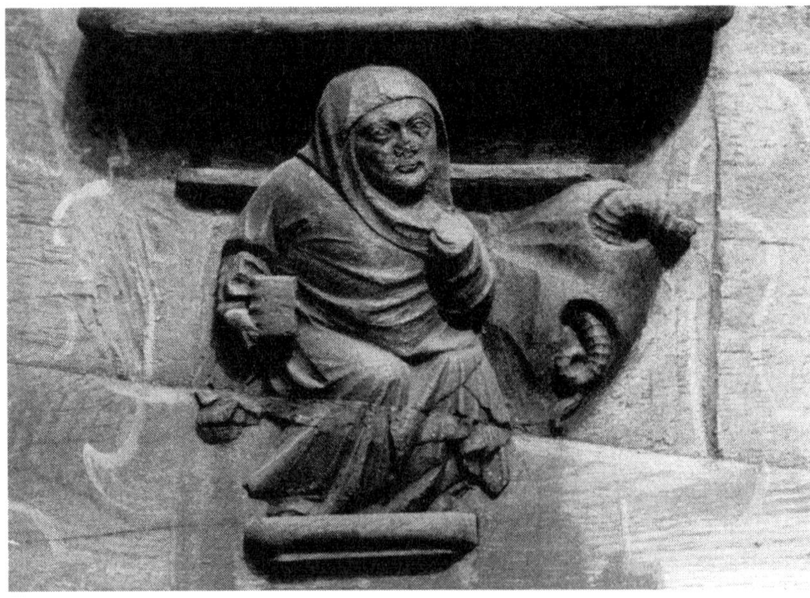

Abb.99 Büßender - Sitz 2

Sitz 3: Diese Szene ist eine Darstellung der Barmherzigkeit und wird Caritas Romana, römische Liebe, genannt. Sie beruht auf der Überlieferung des Schriftstellers Valerius Maximus (um 30 n. Chr.): Cimon, ein Bürger Athens, wird im Gefängnis durch seine Tochter Pero vom Hungertod dadurch errettet, dass sie ihm die Brust reicht. Cimon und Pero sind auch auf dem Kölner Chorgestühl dargestellt, dort aber vollplastisch. Die Magdeburger Bauhütte übernahm wahrscheinlich von dort die Musterzeichnung.

In der Rede vom Weltgericht sagt Jesus, was von uns erwartet wird: Hungrige speisen, Durstige tränken, Fremde behergen, Nackte bekleiden, Kranke pflegen und Gefangene besuchen (Mt 25,35-36). Die Urchristenheit fügte hinzu: „Tote bestatten" und überlieferte seitdem die sieben Werke der Barmherzigkeit. Die Apostel mahnen: „Weil uns Barmherzigkeit von Gott widerfahren ist, werden wir nicht müde." (2.Kor. 4,1) und „Es wird ein unbarmherziges Gericht über den ergehen, der nicht Barmherzigkeit getan hat." (Jak. 2,13)

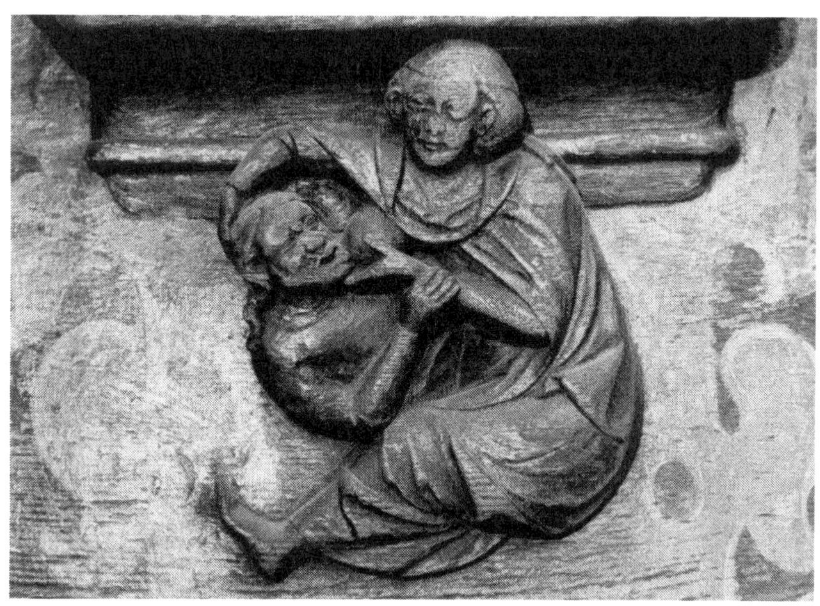

Abb.100   Caritas Romana - Barmherzigkeit - Sitz 3

Sitz 31: Die Deutung dieser Misericordie ist umstritten. Koch sieht hier einen Bettler, Porstmann aber einen Propheten und schreibt: „Für einen Bettler ist die Figur m. E. zu reich gekleidet." (S. 50)

Aber Propheten sind am Chorgestühl immer durch ein Schriftband gekennzeichnet. Darum ist hier wahrscheinlich ein Bettler dargestellt. Die Misericordie fordert also Großmut, Magnificentia oder Freigebigkeit und Opferbereitschaft, Largitas. Großmut und Freigebigkeit zu fordern war im Mittelalter so wichtig wie heute. Pestzeiten, ansteckende Krankheiten, die Verteuerung der Grundnahrungsmittel und Hungersnöte hatten im 14. Jahrhundert viele ins Elend getrieben. „Auf den Straßen, auf den Plätzen, besonders vor den Kirchen saßen Arme, Blinde, Lahme, Krüppel in Menge. Vor den Kirchen, vor den Spitälern, neben den Kreuzen und Heiligenbildern, an den Landstraßen und auf den Brücken standen Armenstöcke", das sind Opferkästen. Bei jedem Fest, jeder Hochzeit, Taufe und Beerdigung fanden sich Bettler ein. „Regelmäßig teilten Klöster und Kirchen allerlei Spenden aus," besonders an Festen, berichtet Gerhard Uhlhorn in seiner „Geschichte der christlichen Liebestätigkeit". Zu Hunderten wurden Arme täglich von Klöstern, Spitälern und Bruderschaften mit Brot und Wein, Heringen, Käse oder Mus gespeist. Im Magdeburg des 13./14. Jahrhunderts kümmerten sich die Beginen mit Mechthild von Magdeburg und fünf Spitäler um die Notleidenden: im Kloster Berge, das Landfremde, Obdachlose, Kranke und Alte aufnahm, im Kloster Unser Lieben

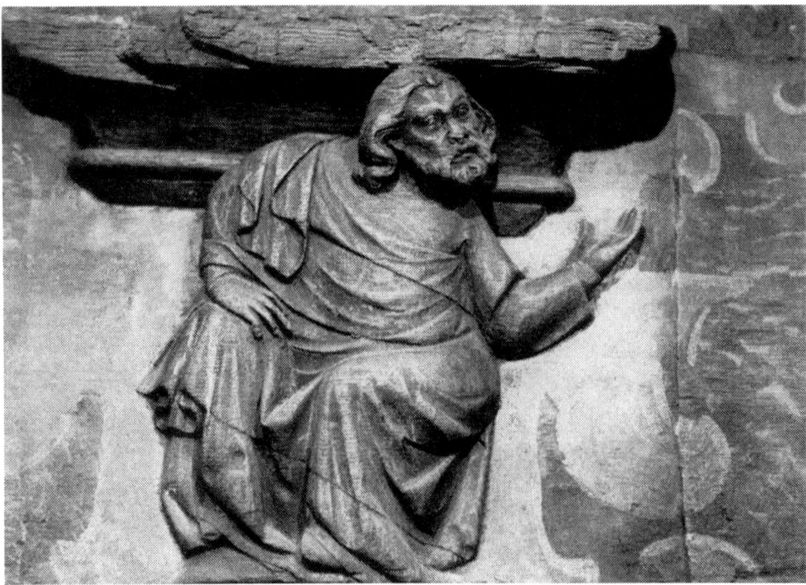

Abb.101   Bettler - Sitz 31

144

Frauen, je ein Spital der Gewandschneider-, der Knochenhauer- und der Seiden-
krämerinnung, das vor der Stadt Aussätzige versorgte.

Doch mit der Geldwirtschaft und dem Wohlstand der Städte wuchs auch das
Massenelend. Die vielfältigen kirchlichen, städtischen und bruderschaftlichen
Bemühungen konnten der Not nicht Herr werden. So jagte man die stadtfremden
Bettler von Zeit zu Zeit, besonders vor Wintereinbruch einfach davon.

Sitz 7: Ein Eremit sitzt vor einer Kapelle im Gespräch mit dem Teufel. Beide begleiten ihre Reden mit erhobener Hand. Der pelzig-haarige Teufel trägt ein Spruchband über seiner Schulter. Die Kapelle im Rücken des Klausners zeigt sich mit einem Türmchen und großer geöffneter Tür, mit einem ziegelgedeckten Dach und einem Fenster mit geöffnetem Laden. Alles ist wieder kunstvoll in ein Halbrund komponiert.

Die Versuchungen des Mönchs waren häufig Thema in Literatur und Kunst. Am Gestühl der Doberaner Zisterzienser-Kirche kurz nach 1300 haben Mönch und Teufel jeder ein Spruchband. Der Teufel fragt: „Was tust du hier, Bruder? Komm mit mir!" Und der Mönch antwortet: „Nichts wirst du an mir finden, blutrünstige Bestie des Bösen!" (übersetzt nach Porstmann S. 244)

Die Misericordie zeigt, wie der Einsiedler den Teufel abweist, ein Beispiel für das Durchhalten - perseverantia und die Glaubenstreue - fides, die die Krone des Lebens erringt (Off. Joh. 2,10).

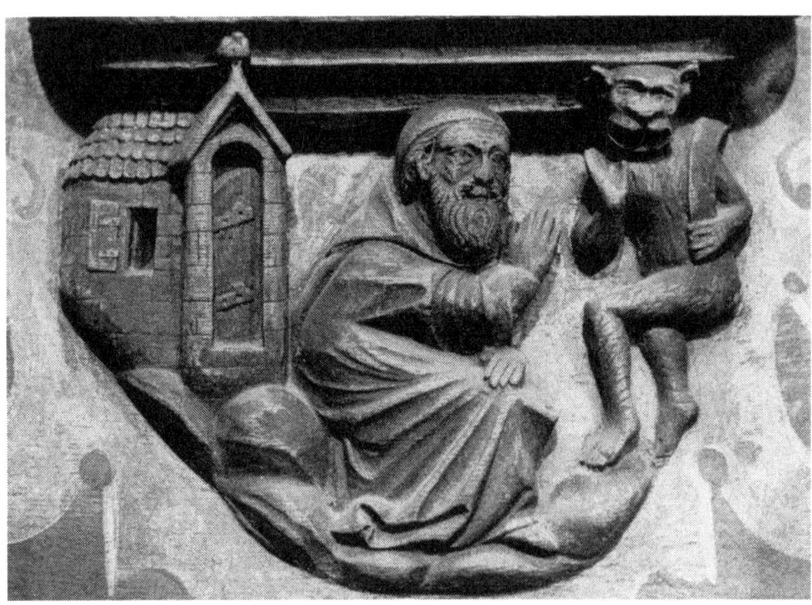

Abb.102   Einsiedler mit Teufel - Sitz 7

Masken und Lastenträger

Sitz 14: Aus einer Kapuze guckt halb nach links ein derbes männliches Gesicht hervor. Es hat eine breite Knubbelnase. Mächtige Quer- und V-Falten zerfurchen die Stirn. Man kann bei diesem Gesicht an die vielen Arbeiter, die beim Dombau schwere Arbiet zu verrichten oder ein Pferdegespann zu führen hatten, denken. Eine ganz ähnliche Darstellung findet sich an einer Misericordie des Kölner Domgestühls. Dort bändigen viele Falten eine große Stofffülle. Hier sind Gesicht und Kapuze großflächiger gehalten und vom Bildhauer aus der Mittelachse gerückt. So wirkt diese Misericordie sehr lebendig nach links drängend. Man hat die Darstellung als karikierende, humorvolle Drolerie empfunden. Sie erinnert aber auch an die Bildhauerkunst Ernst Barlachs, der 1929 sein Ehrenmal für die Gefallenen des 1. Weltkrieges für das Querhaus des Magdeburger Domes schuf.

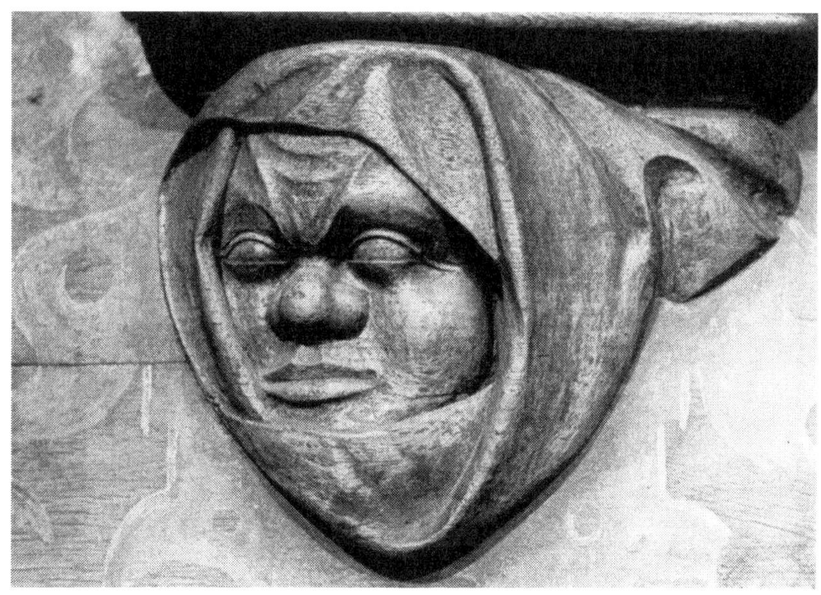

Abb. 103   Kopf in Kapuze - Sitz 14

Sitz 11: In ein Halbrund ist eine fantasievolle Blattmaske komponiert. Aus einem Kranz wulstiger, runder Blätter schaut ein derbes Gesicht mit breiter Nase hervor. Aus den Mundwinkeln quillt rechts und links je ein Blatt hervor und verdeckt das Kinn. Eine Kölner Blattmaske ist wieder ganz ähnlich, aber glatter geschnitzt. Dort bedecken die aus einer tiefen Grube zwischen den Augen hervorquellenden Blätter das ganze Gesicht und lassen nur Augen, Nasenspitze, die breiten Lippen und das Kinn frei. Dafür erscheint die Magdeburger Blattmaske plastischer.

Nach der damaligen Anschauung waren Blattmasken nicht so sehr lustige Spielereien, als vielmehr Hinweise auf das Dämonische in unserer Welt, das sich versteckt. Wie ein Dämon aus dichtem Buschwerk herausguckt und den Vorübergehenden erschreckt, so tarnt sich der Teufel des späten Mittelalters. Blattmasken wurden in der Gotik häufig dargestellt: am Chorgestühl in Poitiers, in der Lincoln Cathedral und Loversall St. Katharine, in der Wenzelskapelle des Veitsdomes in Prag und am Lettner der Marburger Elisabethkirche. Allesamt sind sie Zeugnisse wunderbarer Bildhauerkunst.

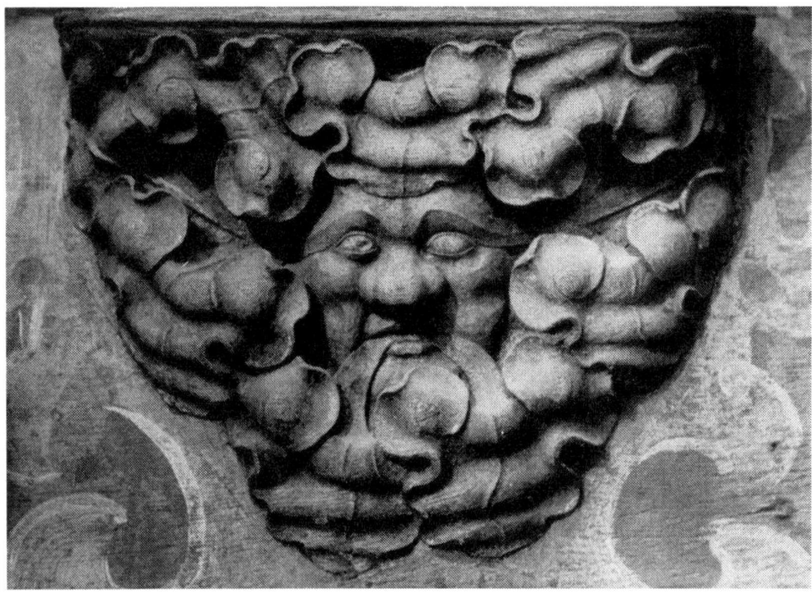

Abb.104   Blattmaske - Sitz 11

Sitz 12: Die Fratze eines Teufels mit Flammenhaar und Ohren wie Fledermausflügel, mit denen er mehr hört, als er hören darf, blickt uns frontal mit geöffnetem
Mund an. Ein Auge wirkt blind. Die Barthaare und die kronenförmigen Haupthaare
sind ganz symmetrisch geformt.

Fledermausflügel sind seit dem 14. Jahrhundert Kennzeichen des Teufels, denn
Fledermäuse galten als dämonische Nachttiere, unheimlich und gefährlich. In
Goethes „Faust" stellt sich Mephisto vor als: „Der Herr der Ratten und der Mäuse,
der Fliegen, Frösche, Wanzen, Läuse."

Ob die Darstellungen der Teufel und Dämonen am Chorgestühl in Magdeburg um
1360 für die damaligen Chorherren die Aufgaben hatten, das Böse zu bannen und
Unheil abzuwenden, also apotropäisch zu wirken, - Porstmann ist davon überzeugt
- oder ob die Darstellung des Bösen und der satanischen Mächte mehr als
Drolerie, also als lustige Dekoration, aufgefasst wurde, lässt sich schwer sagen.
Das eine schließt das andere nicht aus. Auch wenn man den Teufel fürchtete, so
konnte und wollte man über ihn lachen. Der Risus Paschalis, das Ostergelächter
über Tod und Teufel, gehörte im Mittelalter zum Ostergottesdienst. Der bekannte
Berliner Propst Heinrich Grüber berichtete, wie eindrücklich und befreiend es
gewesen sei, als ein junger holländischer Pfarrer im KZ Dachau, wo sich die dämo-
nischen Gewalten austobten, zu Ostern eine Predigt gehalten habe mit dem
Thema: „Gott lacht! Aber der im Himmel wohnt, lacht über sie." (Ps 2,4) (Grüber,
S.64)

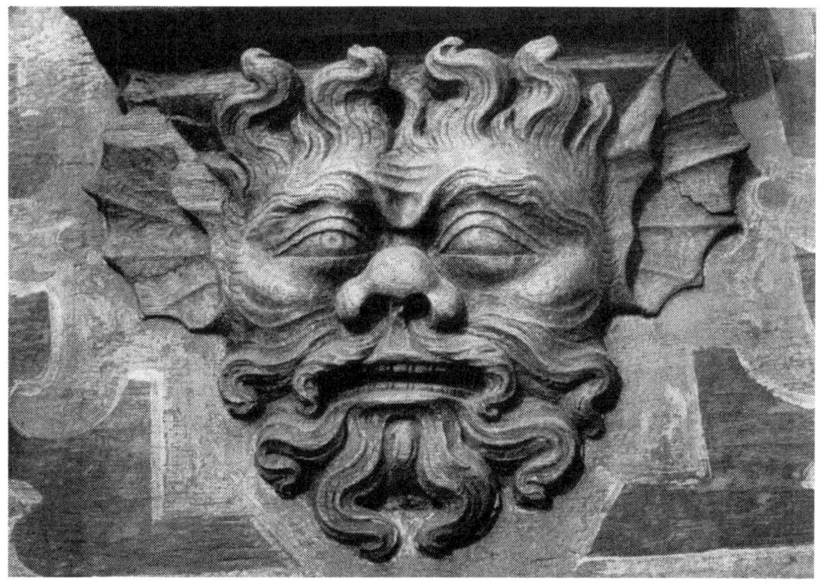

Abb.105   Teufelsmaske - Sitz 12

Sitz 13: Ein Lastenträger stützt mit der rechten Hand und dem linken Ellenbogen die Sitzkonsole der Misericordie wie einen schweren Balken. Er trägt wie die Bauleute damals einen langen Schurz und auf dem Kopf eine Kogel, eine Kapuze mit großem Kragen, der Schultern und Brust bedeckt, und mit einem langen Zipfel. Das war eine im 14. Jahrhundert modische Männertracht vor allem der Handwerker und Bauern, aber auch des Adels zur Jagd und auf der Reise.

Die Misericordie erinnerte den, der darauf saß, an die Dombauleute. Lastenträger, Zimmerleute, Steinmetze und Baumeister waren durch diese Darstellung in die Liturgie, die Gottesdienste und Chorgebete im Hohen Chor des Domes mit hineingenommen. Die Trägerfigur ist halbkreisförmig von Eichenblattwerk umgeben. Auf der nicht so ausdrucksvollen Kölner Misericordie ist der Lastenträger außer einem Tuch unbekleidet und ohne Kogel, auch nicht von Blattwerk umgeben.

Robert von Mont-Saint-Michel schrieb 1144 zum Bau der Kathedrale: „In diesem Jahr sah man zu Chartres die Gläubigen sich vor Karren spannen, die mit Steinen ... beladen waren. Wie durch Zaubermacht wuchsen die Türme... Überall demütigten sich die Menschen, überall taten sie Buße, überall vergaben sie ihren Feinden. Männer und Frauen sah man schwere Lasten mitten durch Sümpfe schleppen und unter Gesängen die Wunder Gottes preisen, die er vor ihren Augen verrichtete." (Jantzen: Kunst der Gotik, S. 8)

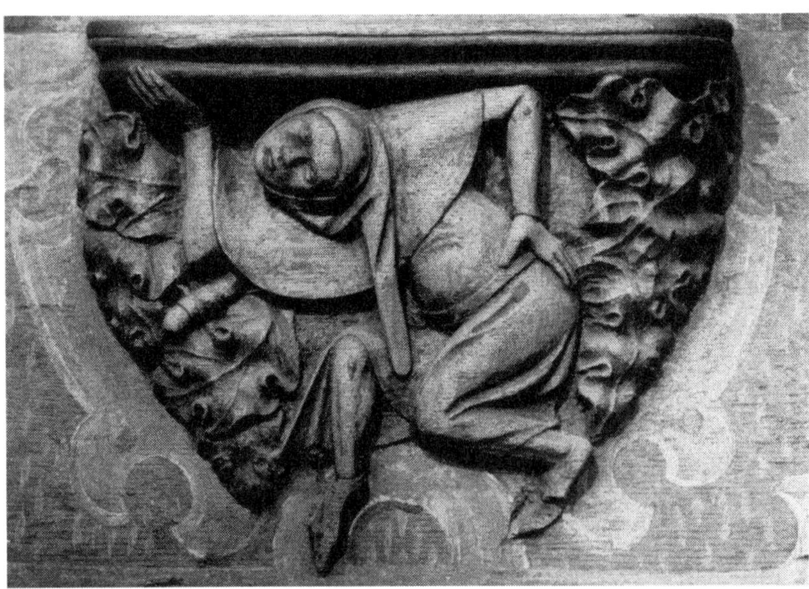

Abb.106   Lastenträger - Sitz 13

Die Misericordien aus dem Jahr 1844

Bei der Restaurierung des Chorgestühls im Jahr 1844 hat man sieben Misericordien nachgeschnitzt und durch sie die vom Holzwurm zerstörten ersetzt. Fünf von ihnen befinden sich in der hinteren südlichen Reihe des östlichen Teils des Gestühls, zwei von ihnen parallel dazu auf der nördlichen Seite. Offensichtlich waren diese Misericordien so stark geschädigt, dass man sie nicht mehr erkennen konnte oder ihre mittelalterliche Symbolik nicht mehr verstand.

Die vorderen Sitze des östlichen Bereichs, die dem Altar am nächsten stehenden, haben gar keine Misericordien mehr. Die alten Sitze waren wohl vollkommen vernichtet, so dass man keine neuen Motive schaffen wollte.

Die Misericordien von 1844 werden im Folgenden in der Reihenfolge der Sitze beschrieben, beginnend auf der Südseite.

Sitz 29: Eine Frau sitzt betend zwischen einem Engel links und einem nackten Teufel, der sich abwendet und eine Hand wütend auf seinen Kopf legt. Gesicht und Brust des Engels und der Frau sind leider abgeschlagen, dazu auch ihre vor die Brust erhobenen Hände. Vielleicht stellte die mittelalterliche Misericordie eine Tugend dar.

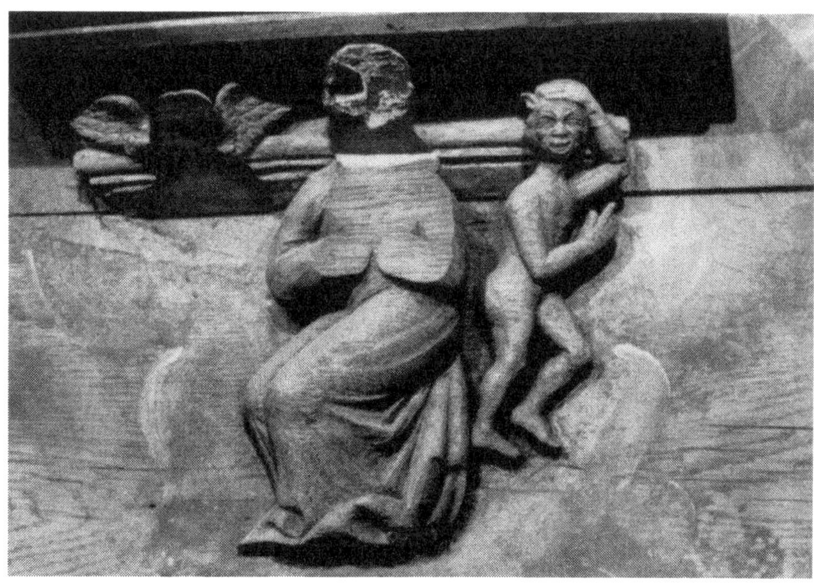

Abb.107   Sitzende beim Gebet - Sitz 29

Sitz 30: Dieser zähnefletschende Hund mit Hörnern, Drachenflügeln und schlangenähnlichem Schwanz ist Zerberus, der Höllenhund. Wie die mittelalterlichen Misericordien ist auch er eindrucksvoll in das Dreieck unter den Sitz komponiert.

Zerberus bewacht in der griechischen Mythologie das Tor des Hades, so dass kein Toter die Unterwelt verlassen kann. Im Gegensatz dazu besingen die Osterlieder den Sieg Christi, z. B.: „Er hat zerstört der Höllen Pfort, die Seinen all herausgeführt." (EG 100,3)

Gleichzeitig mit den sentimental sanften und kindlich frommen Darstellungen von Jesus, den Heiligen und Engeln schwelgten Künstler der Romantik in abgründigen Horrorvisionen und Schauerfantasien. Sie werden auch an einigen der folgenden Misericordien sichtbar. Ihre drastischen und ausdrucksvollen Darstellungen gehören zur „schwarzen Romantik" in der ersten Hälfte des 19. Jahrhunderts.

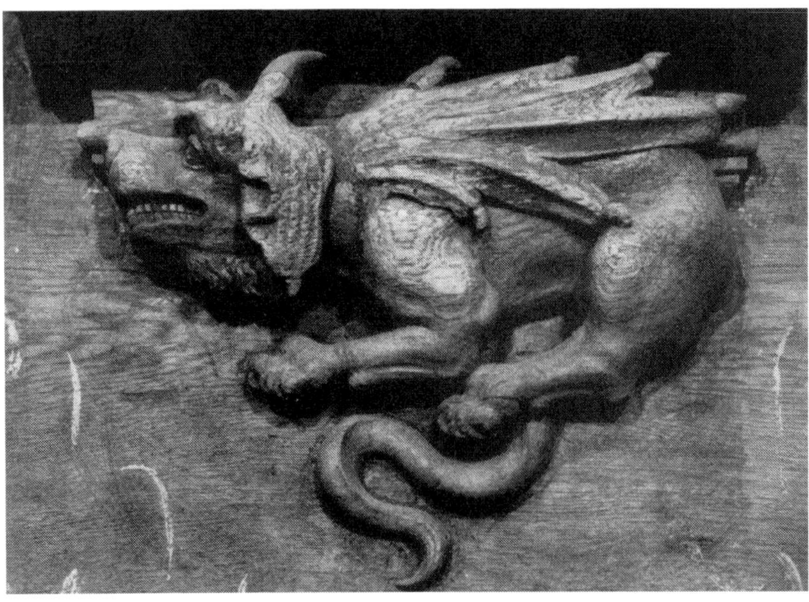

Abb.108 Höllenhund - Sitz 30

Sitz 33: Ein Mann in Kapuze schaut den Betrachter mit schielenden Augen und zusammengebissenen Zähnen angestrengt an. Die Seitenteile seiner Kapuze laufen in eichenlaubähnlichen Blättern aus. Blätter und Falten sind sehr plastisch und symmetrisch herausgearbeitet.

Wie in den Spuk und Gespenstergeschichten der Romantik soll diese Fratze mit ihrer Gräßlichkeit erschrecken.

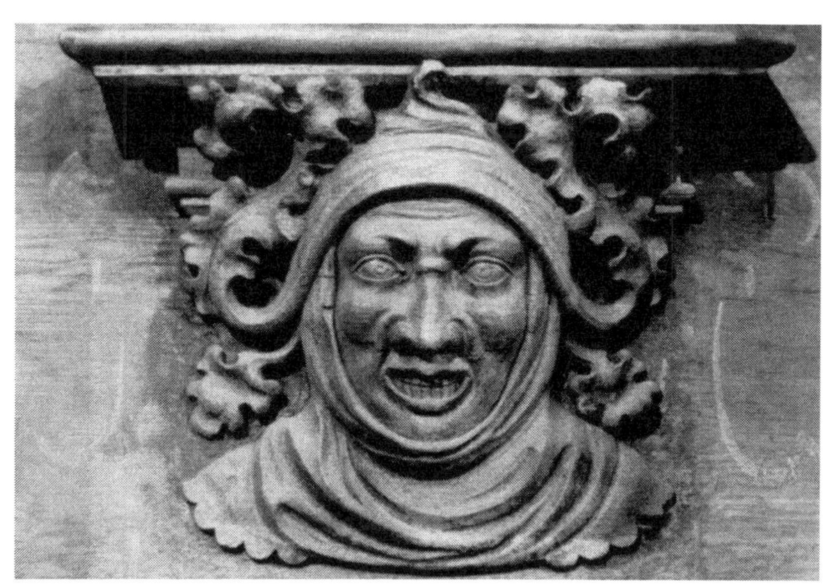

Abb.109   Mann in Kapuze - Sitz 33

Sitz 34: Die Misericordie zeigt ein sagenhaftes Mischwesen, das an einen Zentaur erinnert. Zentauren sind oben Mensch und unten Pferd. Hier jedoch besitzt der Tier-Unterleib keine Hufe, sondern Krallen, so dass das Unterteil nicht einem Pferd, sondern einem Löwen ähnelt, dessen Quastenschwanz es auch hat. Der menschliche Oberkörper hält über seinen Rücken einen Schild und schwingt ein Schwert. Er ist mit einem weiten Umhang bedeckt. Der Kopf mit langem Haar und Kinnbart sieht nach rechts zurück. Eine Deutung dieses Fabelwesens erscheint nicht möglich, ja sogar unangemessen. Das Produkt der Fantasie möchte im Dunkeln bleiben und wünscht keine Erhellung durch den Verstand. Aber, dem Gesicht nach zu urteilen, gehört dieses Fabelwesen zu den guten Kräften der Natur, die gegen das Böse kämpfen.

Nach mittelalterlicher Auffassung besaßen Bilder heidnischer-antiker Mischwesen, besonders auf Siegel-Steinen, magische Kräfte zur Abwehr dämonischer Geister. (Porstmann, S. 222)

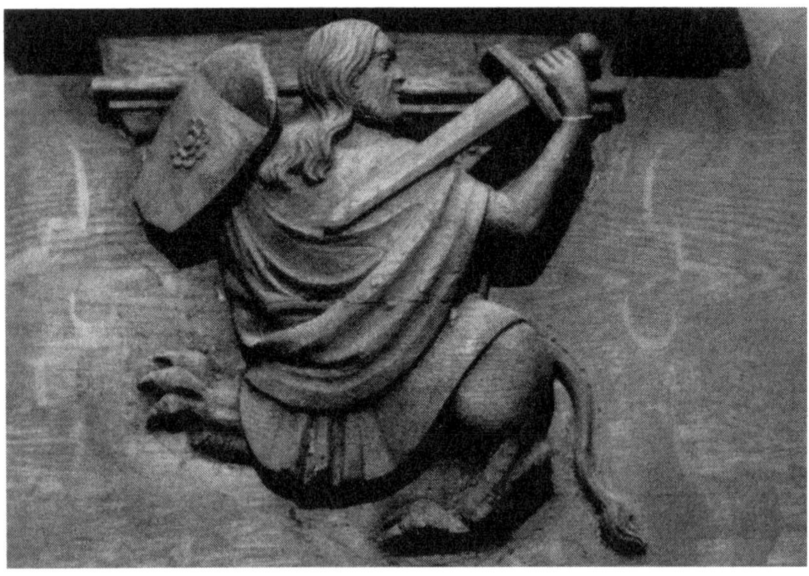

Abb.110   Zentaur mit Schild und Schwert - Sitz 34

Sitz 35: Eine nach rechts sitzende, junge Frau hält ihren Oberkörper und ihr Gesicht dem Betrachter frontal zugewandt, und hebt ihre offenen Haare zu beiden Seiten an. Sie sitzt zwischen einem dicken Hund, der bellt, und einem Teufel, der sich an Kopf und Brust kratzt. Die mittelalterliche Misericordie hatte gewiss ein Laster gemeint, vielleicht die Unzucht oder Eitelkeit, Luxuria oder Vanitas.

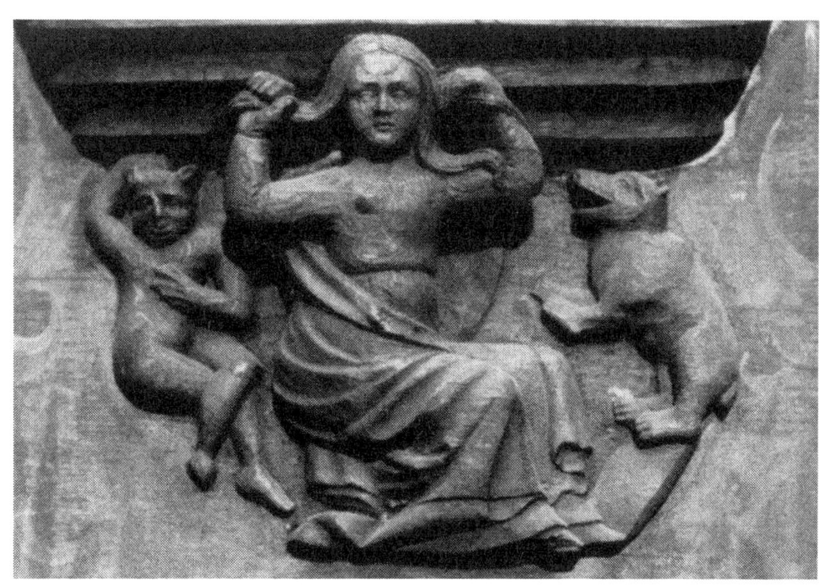

Abb.111   Frau zwischen Teufel und Hund, ihr Haar anhebend - Sitz 35

Sitz 47: Eine kniende Frau betet mit gefalteten Händen. Sie trägt die Haare in der Art des 19. Jahrhunderts hinten zu einem Knoten zusammengebunden. Die Frau ist ganz im Profil zu sehen. Von hinten wird sie von einem Teufel mit einem hässlichen Menschengesicht, mächtigen Fledermausflügeln und einem Drachenleib bedrängt. Dieser erhebt vorn zwei Krallenbeine und endet in einem sich kringelnden Schwanz. Rechts über dem Kopf der Frau schwebt ein kleiner Engel mit zwei Flügeln ihr voraus und sieht sie an. Auch hier ist die Aussage des mittelalterlichen Vorbilds nicht mehr zu erkennen. Der Schnitzer des 19. Jahrhunderts wollte sicher die Abkehr vom Teufel durch das hingebungsvolle Gebet darstellen, das durch den Engel begleitet und beschützt wird. Auch wenn das satanische Untier so mächtig erscheint, wird es doch ohnmächtig sein. Denn, so mahnt Johann G. Krause (1685 - 1746): „Beten hilft aus aller Not, ei so bete ohne Zweifel;

bist du arm, Gott schenkt dir Brot;

schreckt dich Hölle, Welt und Teufel,

bete nur, so wirst du sehn:

Gott wird dir zur Seite stehn." (GB S/A Nr. 508)

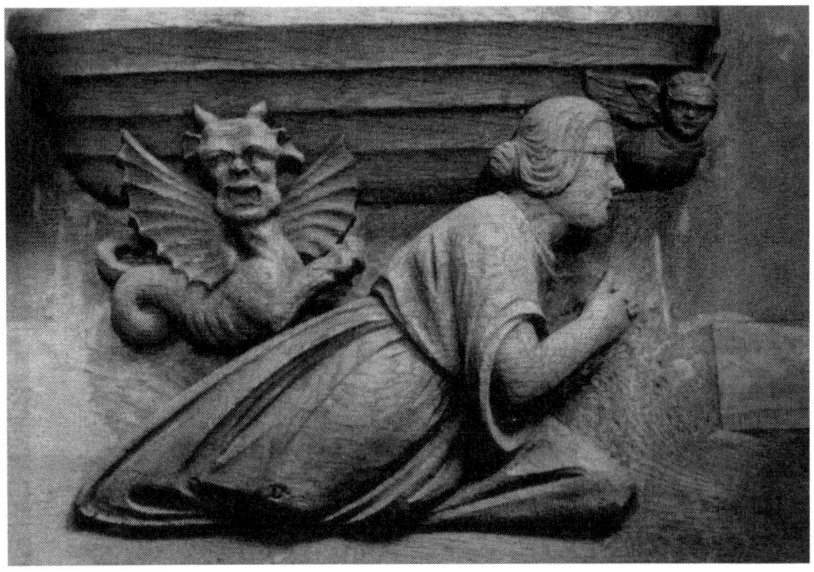

Abb.112   Betende Frau - Sitz 47

Sitz 49: Der letzte Sitz links vorn zeigt eine Satyrmaske des 19. Jahrhunderts mit Flammenhaar, Hörnern, wulstigen Stirn- und Backenknochen, einwärts schielenden Augen und einem Zähne fletschendem Mund. Barthaare und ein Blattkranz umrahmen die Maske. Sie erinnert an die mittelalterlichen Misericordien, z. B. an die Blattmaske unter Sitz 11 und an die Teufelsmaske unter Sitz 12.

Satyrn waren in der altgriechischen Sage dämonische Mischwesen, halb Mensch, halb Bock, die in ekstatischen Umzügen den Weingott Dionysos begleiteten. Im antiken Theater parodierten sie als Schlusschor den Inhalt des vorausgegangenen Stückes. Im Mittelalter diente ihre Darstellung dazu, durch magische Kräfte die bösen Geister der Finsternis fernzuhalten. Seit dem Spätmittelalter und der Renaissance hat die Darstellung der Satyrn nur noch die ornamentale Aufgabe, etwas Groteskes, Übersteigertes und Schauriges zu gestalten. In der Zeit, als das Chorgestühl 1844 ergänzt wurde, nahm die sogenannte „schwarze Romantik" die Darstellungen des Schaurigen und Satanischen in der bildenden Kunst und Literatur wieder auf.

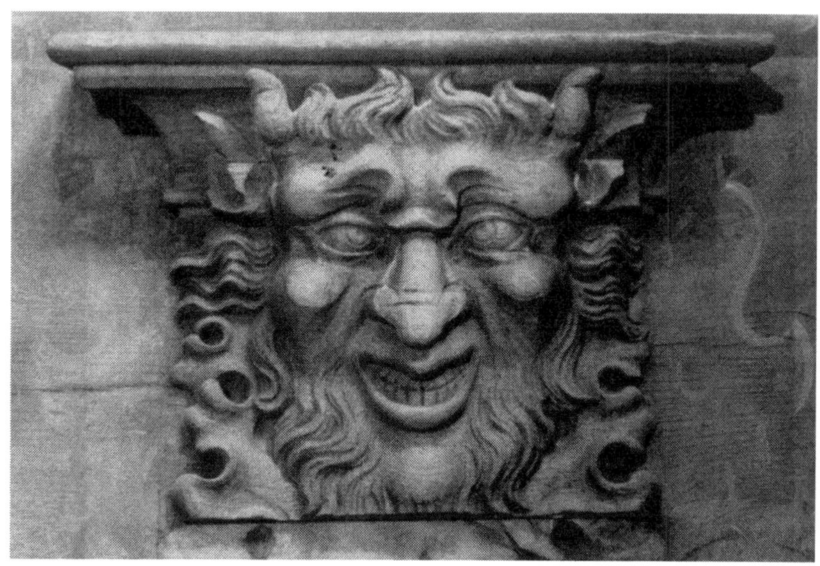

Abb.113   Satyrmaske - Sitz 49

Die Handstützen

Durch Zwischenwangen sind die Sitze des Chorgestühls voneinander getrennt. Ihnen ist jeweils bis zur Sitzhöhe eine kleine runde Säule mit Basis und geschnitztem Kapitell vorgelagert. Über der Sitzauflage springt die Zwischenwange mit einem Viertelkreisbogen zurück, dessen Kante mit Kannelüren, den Hohlkehlen, geschmückt wurde. Sie enden an Stelle einer Volute in einem Handknauf. Diese kugelförmigen Handknäufe sind in den vorderen Reihen als Blattornamente oder Köpfe von Menschen oder Hunden ausgebildet. Die hinteren Sitze sind dadurch betont, dass anstatt der Knäufe vollplastische Halbfiguren als Handstützen dienen.

Hinter und über den Handknäufen bzw. den Handstützen ist die Zwischenwange jeweils mit einer achteckigen Säule verziert, deren Kapitell die halbkreisförmige Armstütze, das sogenannte Accoudoir, trägt. Diese Armstützen waren für die Chorherren beim Stehen hilfreich. Bei den vorderen Reihen wurden sie zu einem großen Pult für die hinteren Reihen zusammengezogen.

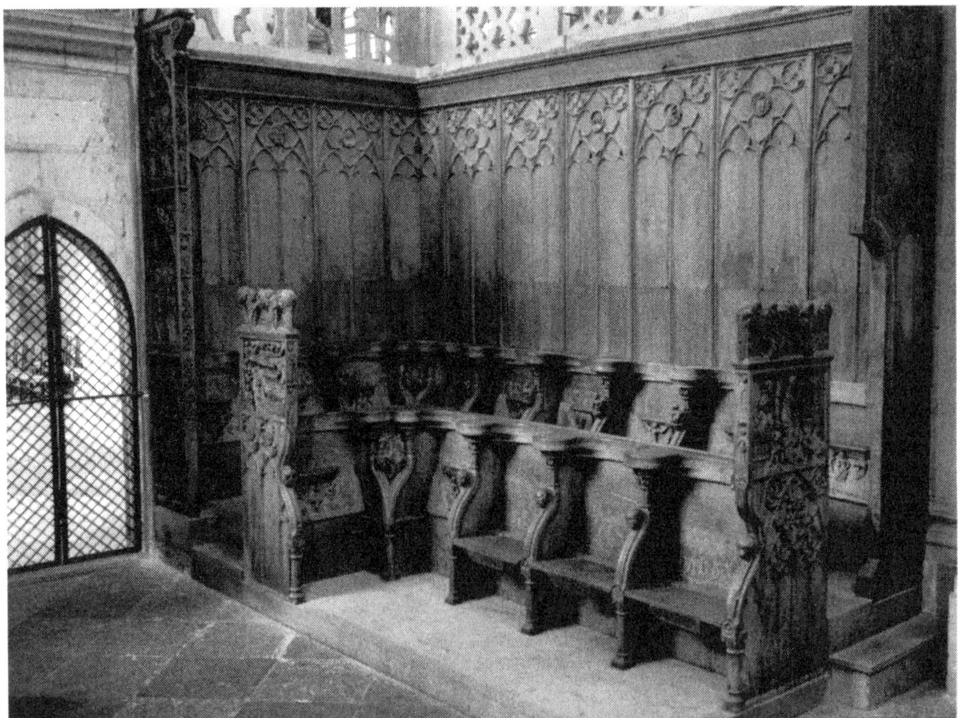

Abb.114   Nordwestecke Gesamtansicht, vorn die Sitze 24-28

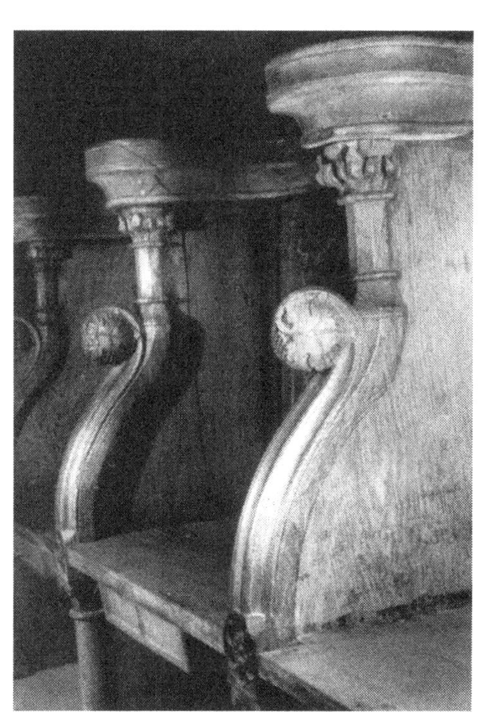

Abb.115   Handknäufe 1844 mit Weinlaub

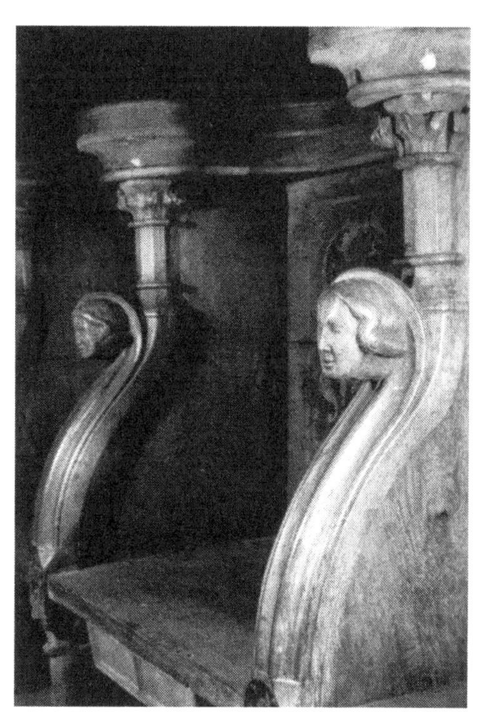

Abb.116   Handknäufe mit Köpfen

Die folgenden Abbildungen zeigen Handknäufe der nordwestlichen Sitzreihe. Es lohnt sich, sie näher zu betrachten: Sie sind in sich kleine Meisterwerke der Bildhauerkunst und Menschenbeobachtung. Einige der Köpfe scheinen in das Gotteslob der Liturgie einzustimmen.

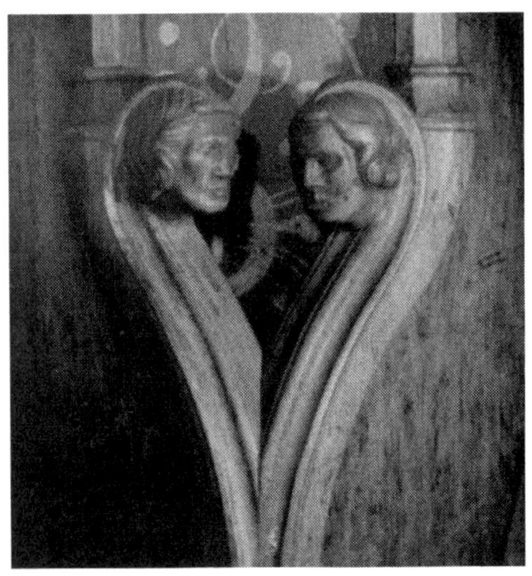

Abb.117   Nordwest-Ecke Sitze 24 / 25

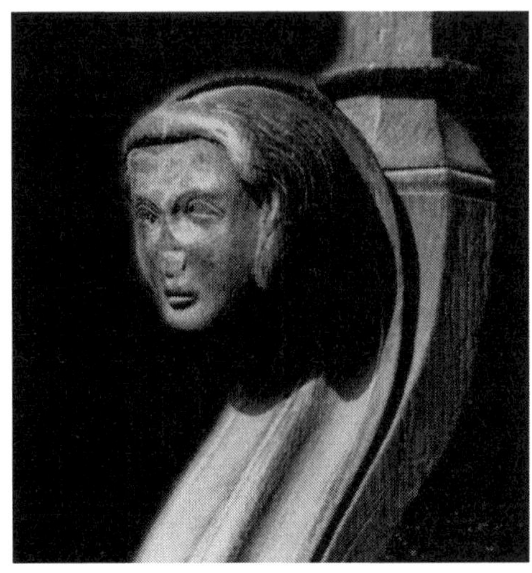

Abb.118   Handknauf Sitze 25 / 26

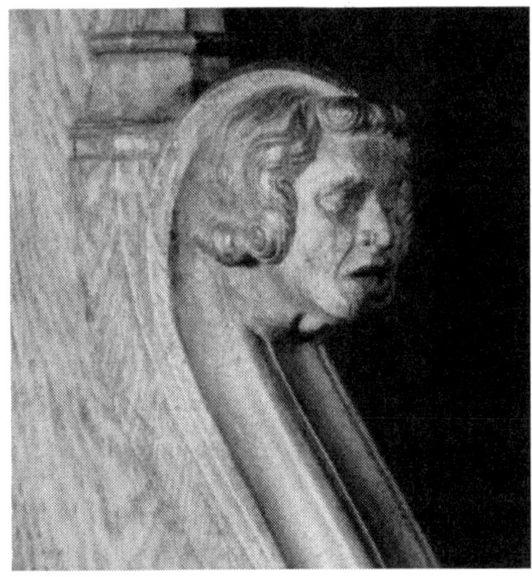

Abb.119   Handknauf Sitze 50 / 51

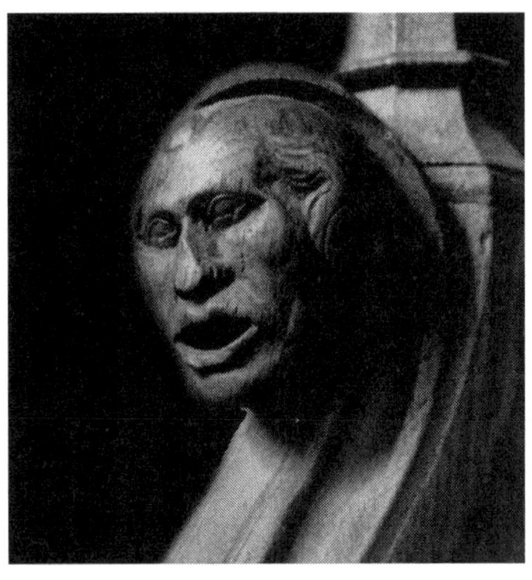

Abb.120   Handknauf Sitze 26 / 27

Die Sitze für die Domherren in der hinteren Reihe sind durch Handstützen ausgezeichnet, die allesamt kleine und dennoch monumental wirkende Plastiken sind.

Die unten abgebildeten Handstützen stellen von links nach rechts folgende Figuren dar: einen den Kelch tragenden Priester, den Apostel Paulus mit Schwert, einen segnenden Priester mit einem Buch, die heilige Dorothea und einen Lektor oder Diakon mit aufgeschlagenem Buch.

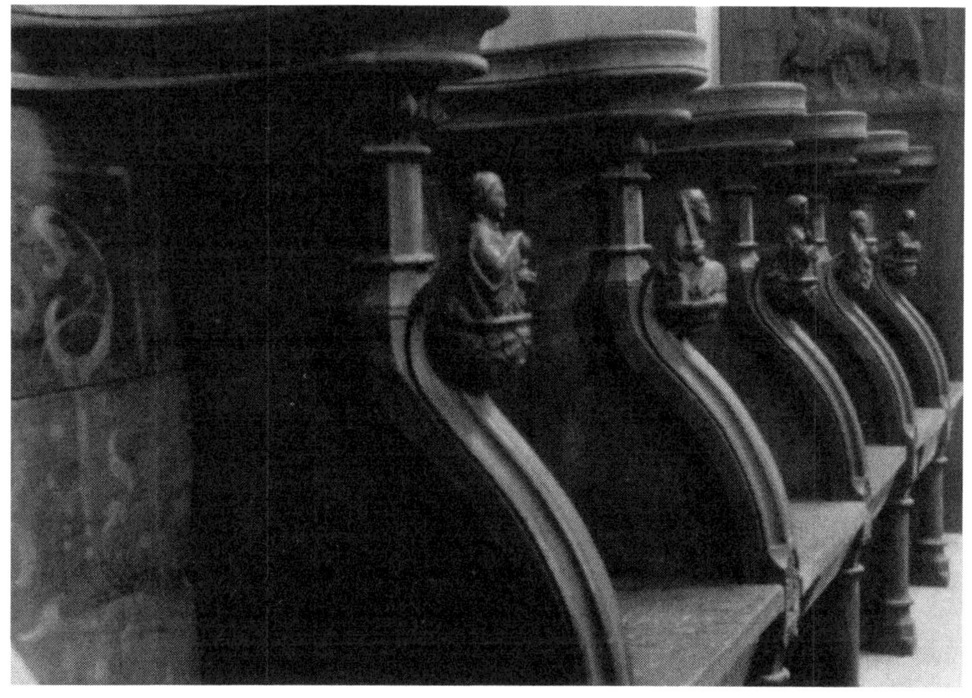

Abb.121   hintere Sitzreihe der Nordost-Seite mit Handstützen, Sitze 44 bis 48

Sitze 45 / 46: Paulus, der Apostel der Völker in Zypern, Kleinasien, Mazedonien, Griechenland und Rom, sitzt als Zeichen der Würde und Autorität seiner Lehre. Seine Rechte hält ein Schwert, weil er in Rom mit dem Schwert hingerichtet wurde. Er ist Blutzeuge des Evangeliums Jesu Christi. Die Linke hält er an sein Herz zum Zeichen seiner „Lauterkeit" und Wahrhaftigkeit: „Gott weiß, dass ich nicht lüge!" (2. Kor. 2,17 u. 11,31) Sein Gedenktag ist zusammen mit dem Tod des Apostels Petrus der 29. Juni.

Sitze 21 / 22: Das Schriftband kennzeichnet diesen sitzenden, nach rechts blickenden Mann als Propheten. Er beteuert mit der rechten Hand auf der Brust, dass er wahrhaftig Gottes Wort sagt. Vielleicht ist es Jesaja, auf dessen Botschaft sich Jesus Christus und Paulus oft berufen haben.

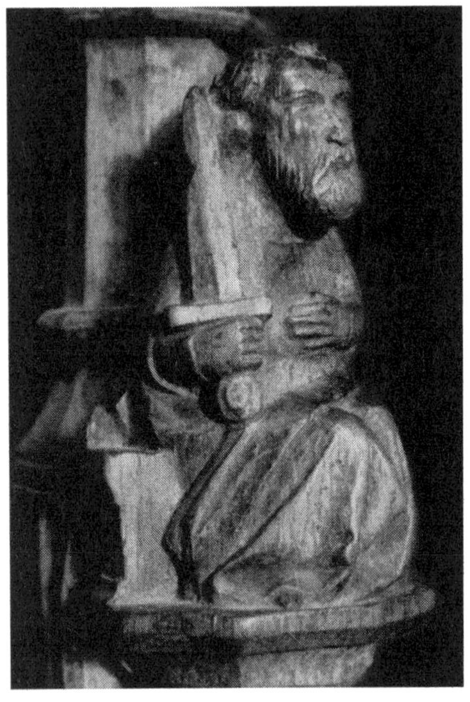

Abb.122   Sitze 45 / 46: Paulus

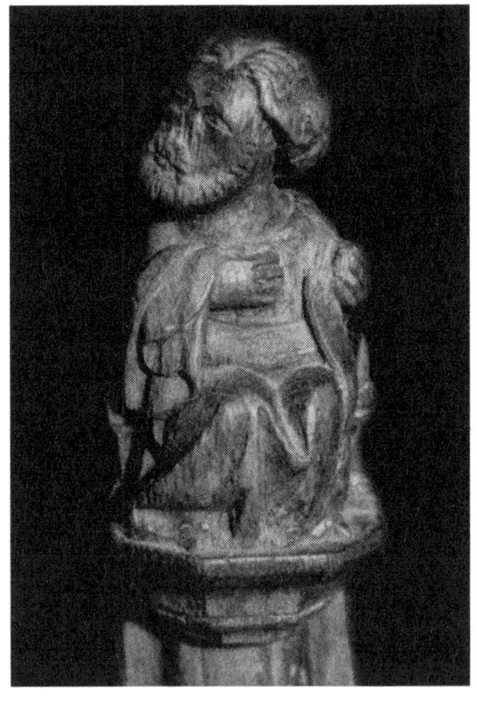

Abb.123   Sitze 21 / 22: Prophet

Sitze 15 / 16: Der Apostel Andreas hält das schräge Kreuz, an dem er hingerichtet wurde. Er soll am 30. November 62 im griechischen Paträ als Märtyrer gestorben sein und gilt als Missionar der Armenier, Kurden, Skythen in Südrußland, der Griechen und der Völker um das Schwarze Meer. Mit seinem Bruder Simon Petrus war er einer der ersten Jünger und von Beruf Fischer. Die sitzende Haltung kennzeichnet auch ihn als Zeugen und Lehrer des Wortes Gottes.

Sitze 4 / 5: Der Bischof mit einer Mitra, der Bischofsmütze, sitzt auf der Kathedra, dem Lehr- und Predigtstuhl. Er hält die heilige Schrift, die er verbindlich auslegt. Seine rechte Hand mit dem Bischofsstab ist leider abgebrochen.

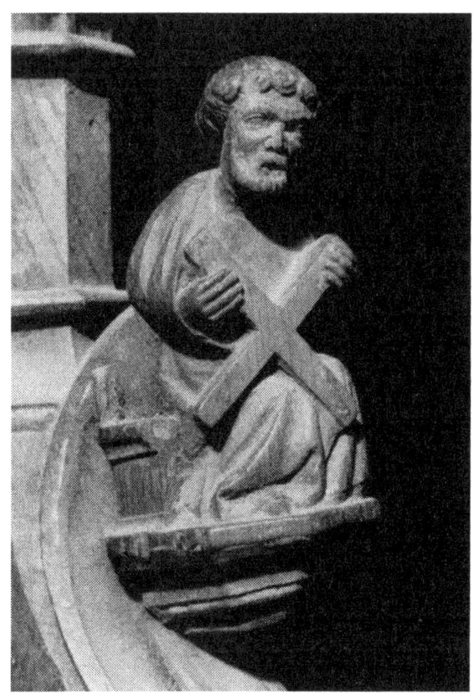

Abb.124   Sitze 15 / 16: Apostel Andreas

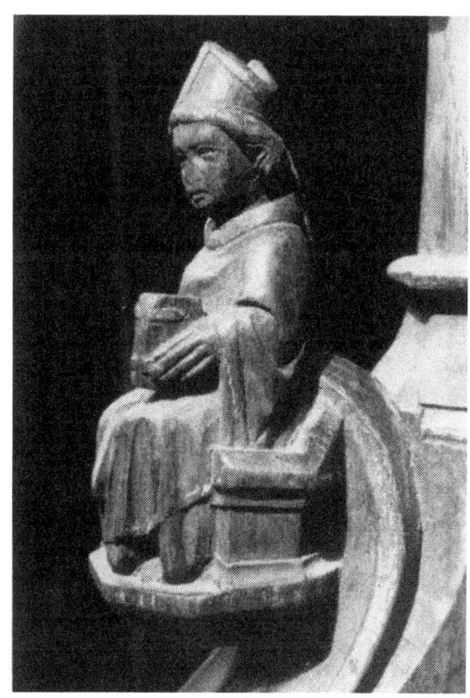

Abb.125   Sitze 4 / 5: Sitzender Bischof

Sitz 32 / 33: Eine männliche Figur in weiter Kutte hält ein kleines Buch, vielleicht ein Brevier, in der rechten Hand. Die Bedeutung des Dargestellten ist unklar. Dass er sitzt, weist ihn wahrscheinlich als Lehrenden aus.

Sitz 30 / 31: Ein Mann in Ritterrüstung unterweist einen rechts neben ihm knienden Chorknaben. Leider sind der Kopf des Mannes und die Hände des Jungen abgebrochen. Dennoch kommt die Zuwendung der beiden zueinander gut zum Ausdruck.

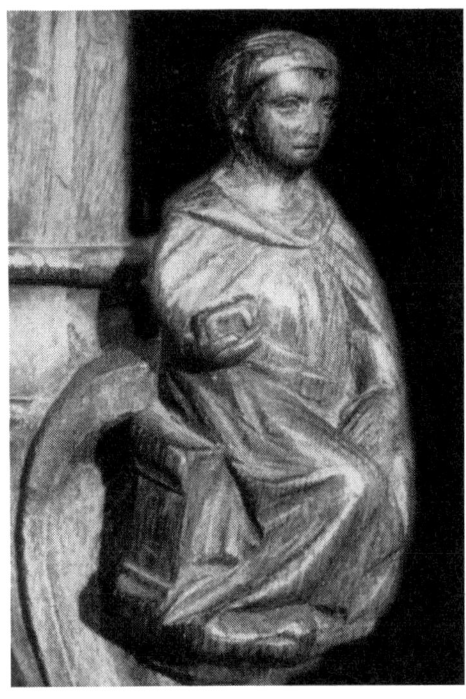

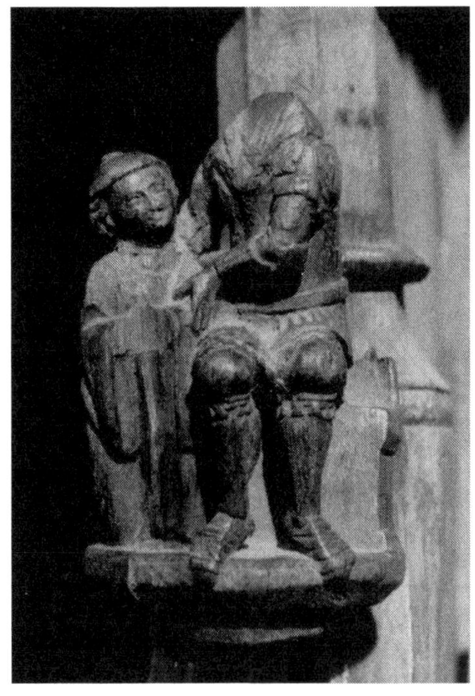

Abb.126   Sitze 32 / 33: Lehrender

Abb.127   Sitze 30 / 31: Ritter und Knabe

Sitze 3 / 4: Zwei Personen mit aufgeschlagenen Büchern in der Hand sitzen sich gegenüber. Ob Mann und Frau oder zwei Männer, ist nicht eindeutig. Die aufgeschlagenen Bücher und der hinweisende Zeigefinger machen die Szene als Dialog oder Disputation deutlich. Wahrscheinlich sind hier die Dialektik oder allgemein die Wissenschaft und Wissensvermittlung dargestellt.

Sitze 17 / 18: In der gegenüberliegenden Nordwestecke des Chorgestühls ist eine ähnliche Szene zu sehen: Einem Mann, der ein Buch vor sich hält, sitzt eine Frau gegenüber mit demütiger Haltung, den Kopf etwas geneigt, die rechte Hand vor der Brust. Die Linke hielt einen kleinen Hund, von dem nur noch die Vorderpfoten zu sehen sind. Vielleicht ist eine Unterweisung, Katechese, gemeint.

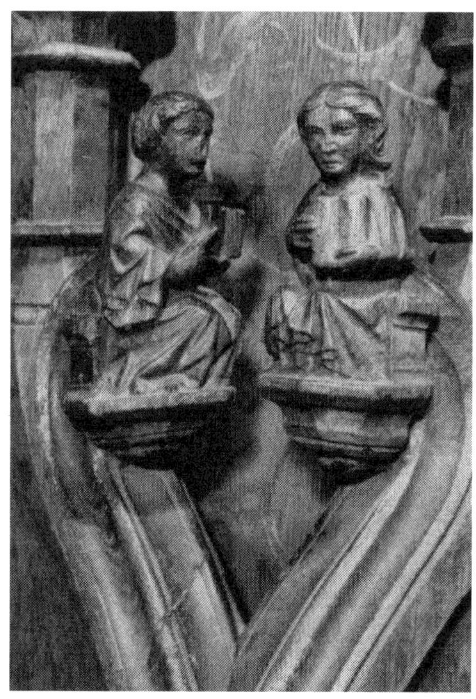

Abb.128   Sitze 3 / 4: Figuren mit Büchern

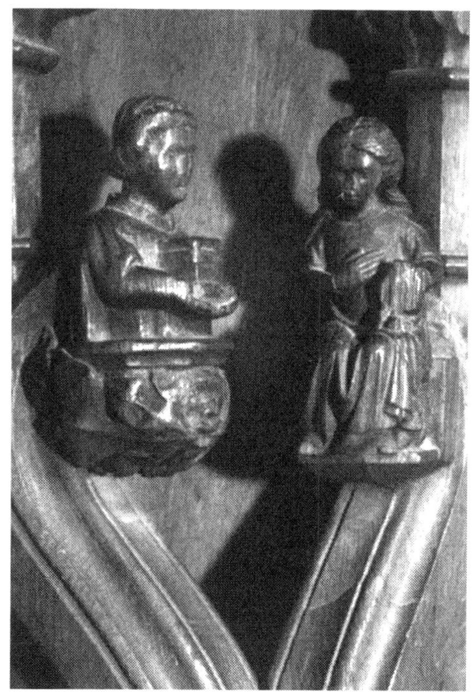

Abb.129   Sitze 17 / 18: Mann und Frau

Sitze 47 / 48: Diese Frau in graziler Haltung wird durch das Körbchen, auf dessen
Öffnung ein Rosenornament zu sehen ist, als die heilige Dorothea ausgewiesen.
Der Überlieferung nach war sie die Tochter einer Senatorenfamilie in Kappadozien
und starb in der großen Christenverfolgung unter dem römischen Kaiser Diokletian
etwa 303 oder 305 n. Chr. Wegen ihres Bekenntnisses zu Christus verurteilte man
sie zum Tode. Auf dem Weg zur Hinrichtung verhöhnte sie der kaiserliche Beamte
Theophilus: „Wenn du in den Paradiesgarten kommst, so schicke mir von dort einige Blumen und Äpfel.“ Dorothea sagte: „Es soll geschehen.“

An der Hinrichtungsstätte betete sie für alle, die am Bekenntnis zu Jesus Christus
festhalten, dass sie aus Trübsal errettet und von Schande, Armut und falscher
Anklage befreit würden und dass Frauen bei der Geburt nicht so große Schmerzen
erleiden müssen. Da erschien ihr ein Knabe im purpurnem Mantel mit Sternen im
Haar und brachte ihr ein Körbchen voll Rosen und Äpfel. Zu ihm sprach sie: „Bring
dies dem Theophilus!“ Sie starb den Märtyrertod und Theophilus wurde Christ.
Dorothea ist in Deutschland die Schutzpatronin der Gärtner. Am 6. Februar wird
ihrer gedacht.

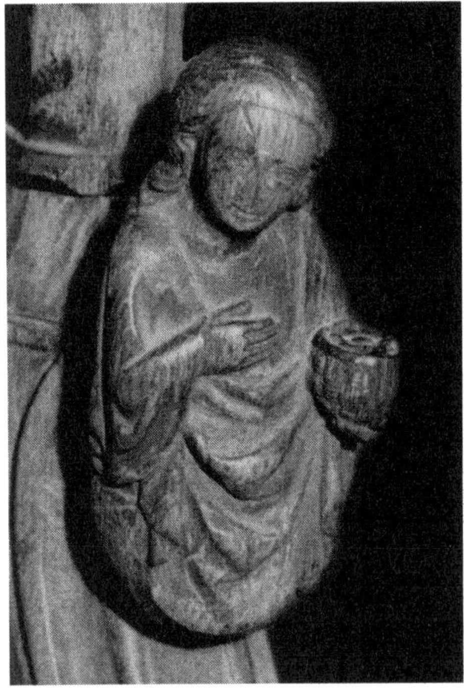

Abb.130   Sitze 47 / 48: Heilige Dorothea

Sitze 43 / 44: Diese beschädigte Handstütze stellt einen hockenden Widder dar. Im Alten Testament ist der Widder das Opfertier schlechthin. Abraham opferte einen Widder an Stelle seines Sohnes. Im Neuen Testament gilt Jesus Christus als das Lamm, das die Sünden der Welt trägt (Joh 1,29) und in der himmlischen Liturgie zusammen mit Gott angebetet wird. (Off. Joh 5-22).

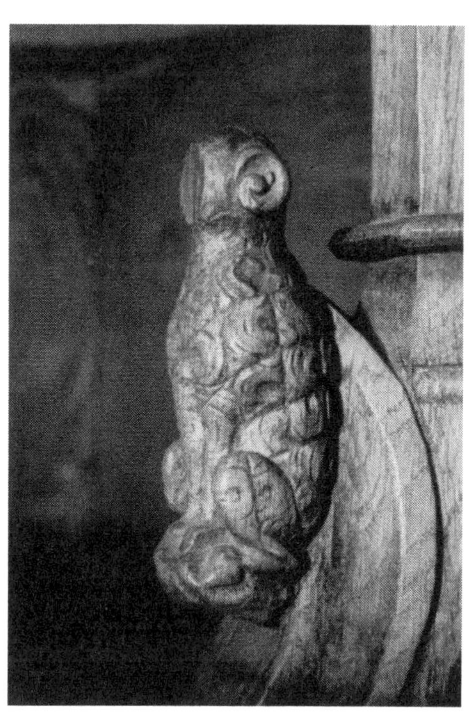

Abb.131   Sitze 43 / 44: Widder

Die folgenden Handstützen sind Halbfiguren, die Lektoren, Diakone oder Priester darstellen. Sie halten ein Buch, lesen oder singen daraus. Oder sie stellen einen Priester dar, der einen Abendmahlskelch trägt.

Die Konsolen darunter haben Ornamente oder die vielfältigsten Masken, die mit fröhlichem Lächeln die gottesdienstliche Handlung begleiten oder mürrisch und traurig ihr entgegenwirken. Die Figuren mit ihren individuellen Gesichtern und Haartrachten und die ausdrucksvollen Konsolmasken wurden meisterhaft geschnitzt. Es lohnt sich, jede Einzelne genauer zu betrachten.

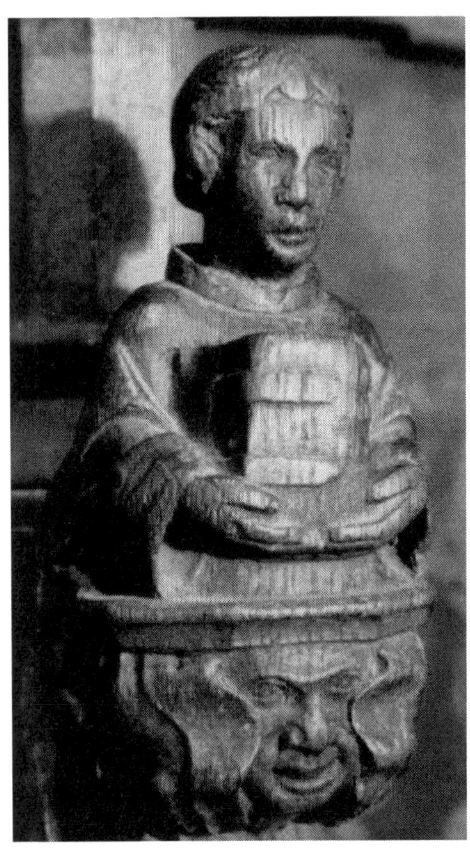

Abb.132   Sitze 22 / 23: Diakon mit Buch

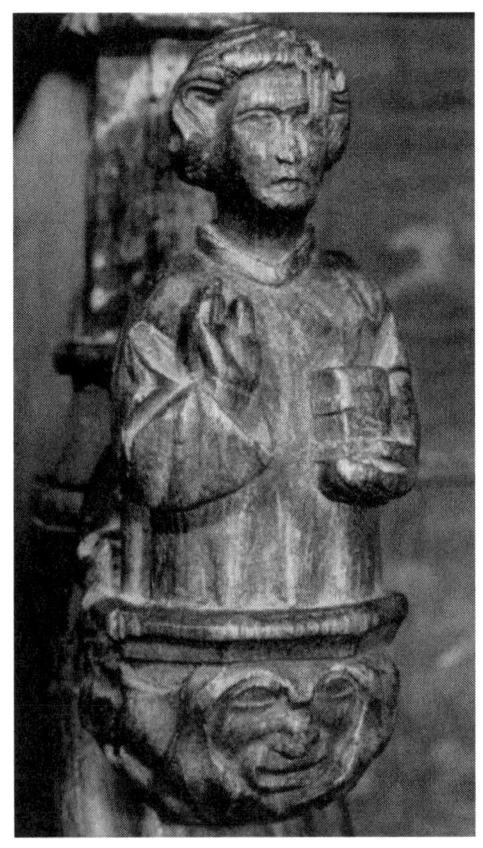

Abb.133   Sitze 46 / 47: Segnender Priester

Der Jüngling, der hier ein Lektionar oder ein Meßformular hält, ist ein Diakon oder ein Domschüler gewesen. Er bildet eine Handstütze zwischen zwei Sitzen für Senioren an der Westseite des Chorraumes. Er und die fröhliche Konsolmaske darunter erinnern daran, dass der Gottesdienst in diesem Chorraum Abbild des schönen Jenseits ist. Inmitten der Todeswelt nach den gerade überstandenen furchtbaren Pestjahren atmet hier Gottes neue Schöpfung und der Geist, der Freude macht.

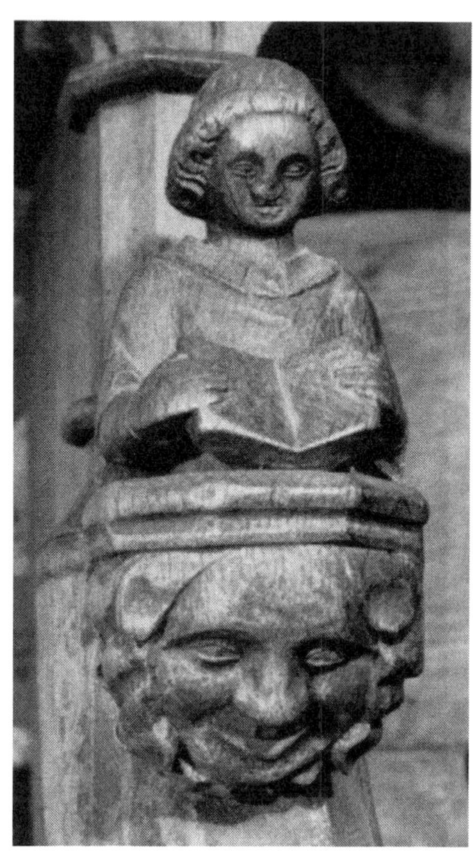

Abb.134   Sitze 16 / 17: Diakon hält Buch

Exkurs: Die sieben Ämter

Die Begabungen und Ämter, zu denen Männer und früher manchmal auch Frauen für die Dienste in den urchristlichen Gemeinden gesegnet wurden, bildeten später nur noch Durchgangsstadien für die Weihen zum Priester und Bischof:

1. Ostiarier   - Türhüter und Glöckner
2. Lektor   - Vorleser
3. Exorzist   - wörtl. Beschwörer. Er heilte, reinigte und befreite Kranke, Gegenstände und Orte von Geistern und Dämonen.
4. Akoluth   - wörtl. Begleiter, Diener, Licht-Anzünder und Licht-Träger
5. Diakon   - Tischdiener und Fürsorger
6. Priester   - Presbyter, wörtl. Ältester
7. Bischof   - Episkopus, wörtl.: Aufseher

Die ersten vier sind die niederen Weihen, die keine Ehelosigkeit verlangen.

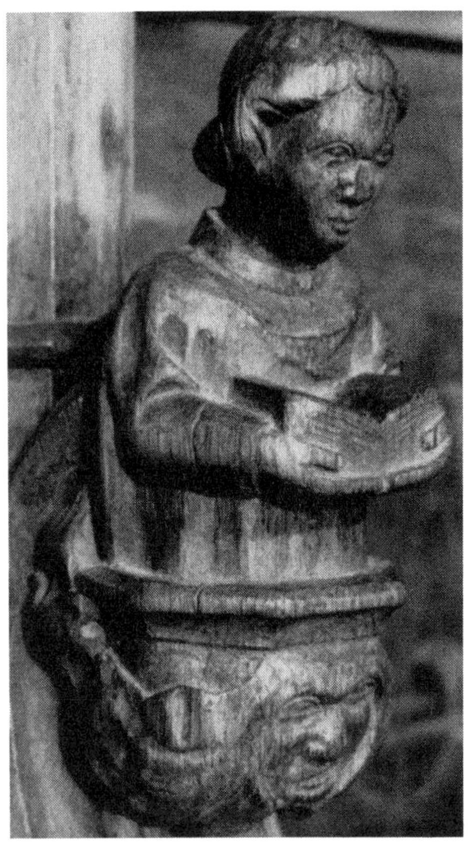

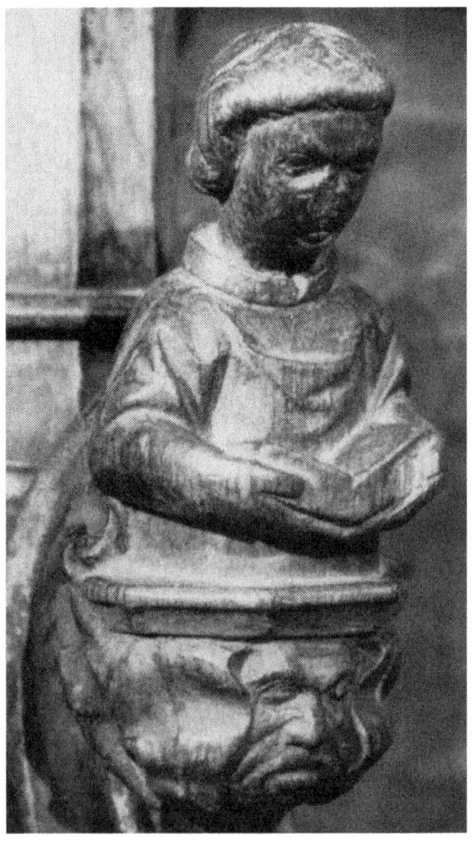

Abb.135 und 136   Sitze 48 / 49 bzw. 31 / 32:   Lektor / Diakon mit aufgeschlagenem Buch

Auf Konsolen mit großen, meist lustigen Gesichtern erheben sich Figuren, von denen jede ein aufgeschlagenes Buch hält und daraus vorliest oder singt. Es sind Lektoren, Diakone oder Chorknaben. Von Anfang an sammelte sich die christliche Gemeinde um das Wort , das als Buch überliefert, aber als Gottes Wort jeweils angenommen und getan und in Gebet und Lobgesang beantwortet sein wollte. Von Anfang an aber war die christliche Gemeinde mehr als ein Lehrhaus, nämlich eine Tischgemeinschaft, in der der Auferstandene Gast und Gastgeber ist.

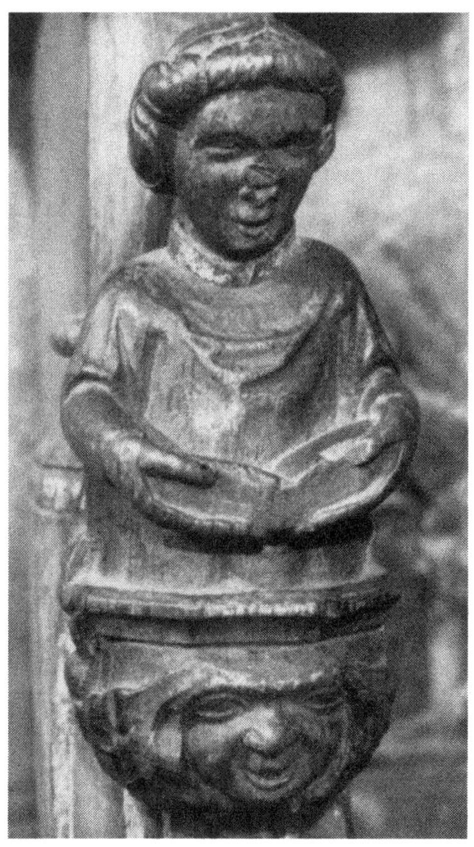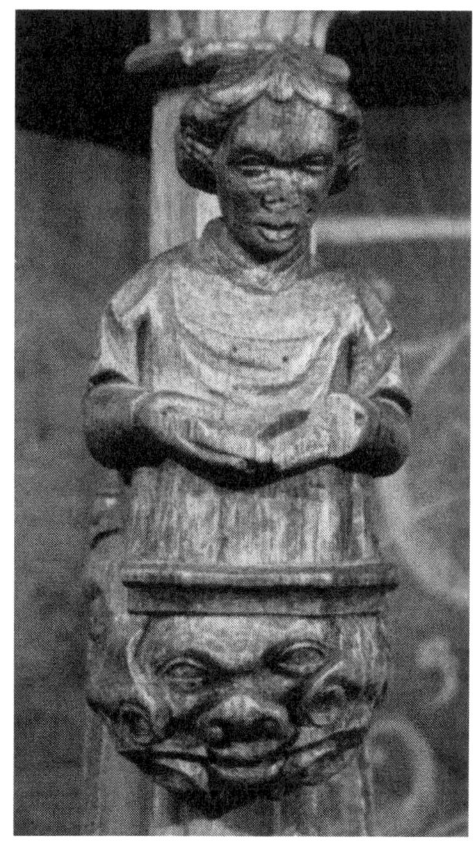

Abb.137 und 138   Sitze 7 / 8 bzw. 5 / 6:   Lektor / Diakon mit aufgeschlagenem Buch

Diese Handstützen zeigen Priester, die den Kelch zur Meßfeier tragen. Der Kelch ist wahrscheinlich mit einer Patene abgedeckt, die der Priester mit der rechten Hand hält.

Im Unterschied zu den Diakonen mit dem Buch tragen die vier Priester, die Kelch und Patene halten, über der Albe den weitärmeligen Chorrock. Sie haben einen fröhlichen Gesichtsausdruck und erinnern an den 27. Psalm:

„Eins bitte vom Herrn, das hätte ich gerne:

daß ich im Hause des Herrn bleiben könne mein Leben lang,

zu schauen die schönen Gottesdienste des Herrn.“

Es muß ein erhebendes Gefühl gewesen sein, in dem Chorraum oder an einem der über vierzig Altäre in dem eben vollendeten weiten Dombau Dienst tun zu können. Seitdem sie in der Priesterweihe aus den Händen des Bischofs die Patene mit der Hostie und den mit Wein gefüllten Kelch empfangen hatten, wußten sie sich gewürdigt, am Priestertum Jesu Christi in besonderer Weise mitzuwirken.

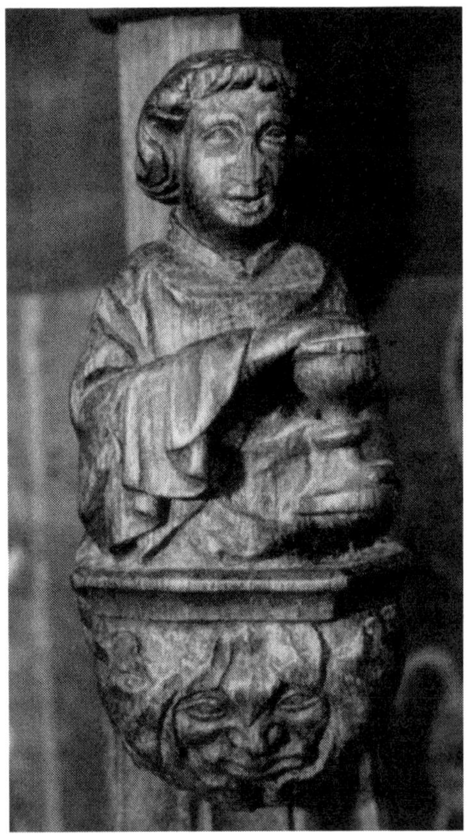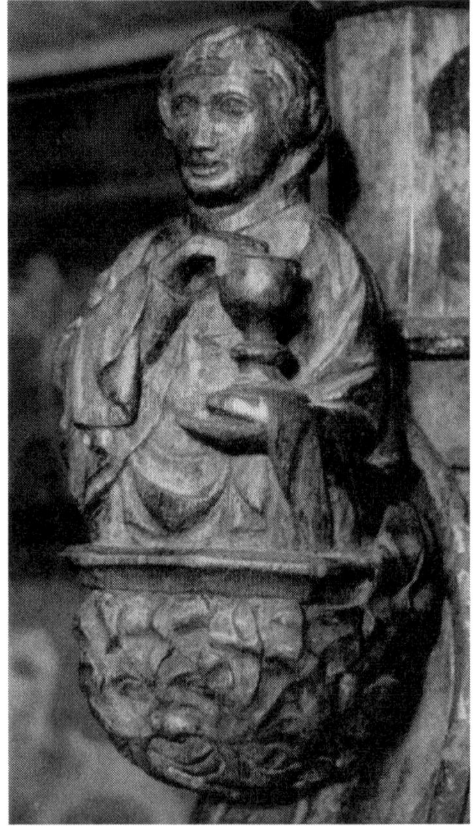

Abb.139 und 140   Sitze 19 / 20 bzw. 44 / 45:   Priester mit Kelch

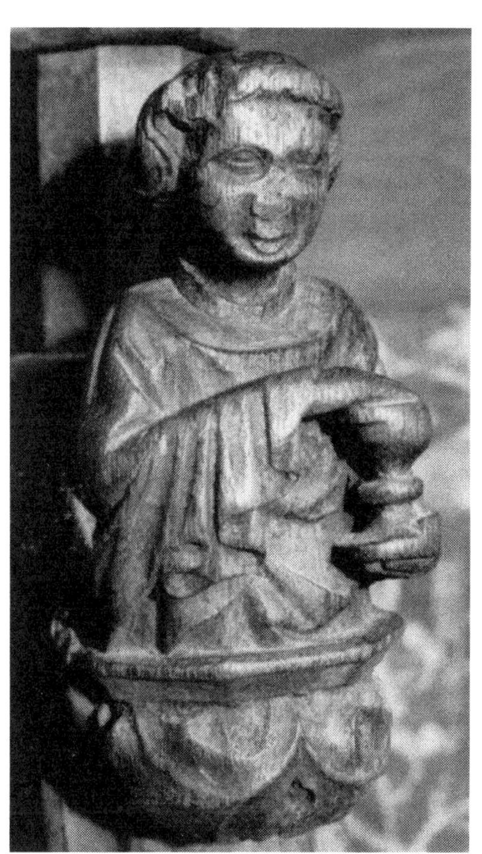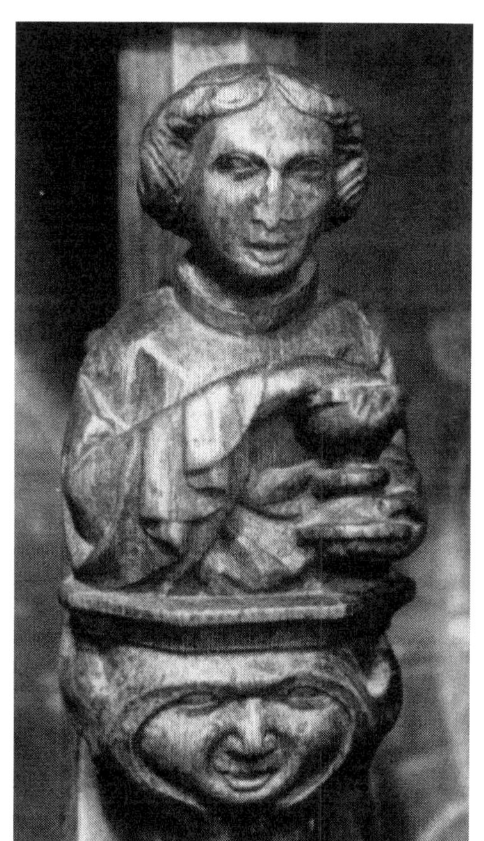

Abb.141 und 142   Sitze 18 / 19 bzw. Sitze 20 / 21   Priester mit Kelch

Die Rückwände

Der westliche Teil des Chorgestühls besitzt Rückwände, sogenannte Dorsale, die bis zur Gesimskante des Lettners reichen, so dass dessen Maßwerkbekrönung auch vom Chorraum aus sichtbar bleibt. Die hölzernen Rückwände haben über jedem Sitz ein Blendmaßwerk. Den Mittelpunkt eines jeden Vierpasses bilden Ornamente aus Blättern, Blüten oder Rosetten, auch kleine Rundbilder mit Reliefs. Von Westen angefangen, stellen sie das Brustbild eines Mannes mit Kogel, Christus, das Brustbild einer Frau, einen betenden König und einen Propheten dar.

Christus hält als Erlöser der Welt mit der Linken die Sphaira, die Erde und Himmel umfassende Kugel des Weltalls, und segnet mit der rechten Hand. In den Ecken rechts und links neben dem Spitzbogen gibt es kleinere Vierpässe, in deren Mittelpunkt Männer- und Frauenköpfe und Fratzen ihr Wesen treiben. Einige haben den Mund weit aufgesperrt und strecken die Zunge heraus.

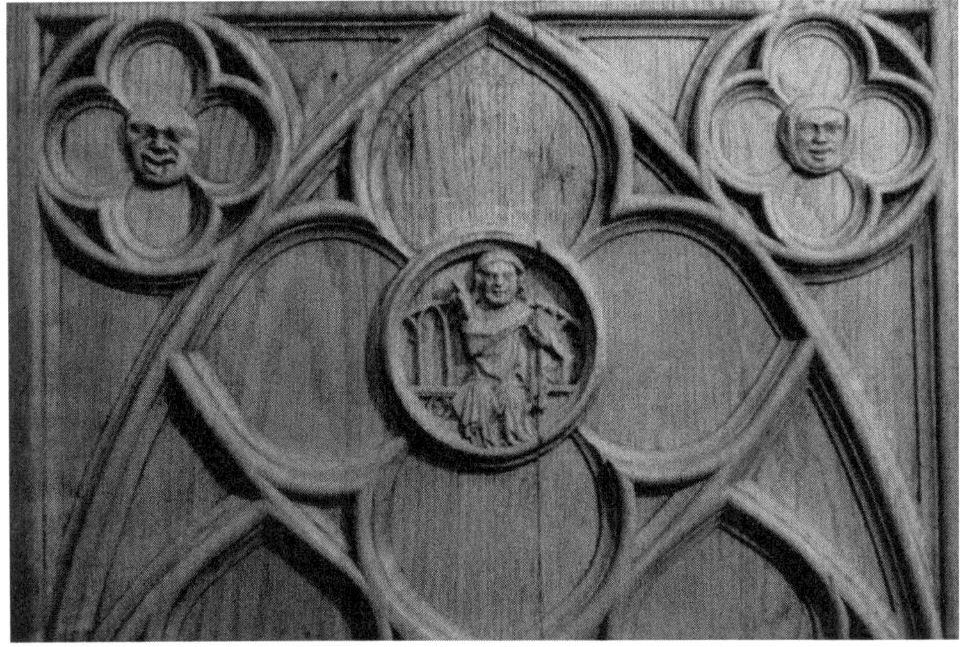

Abb.143   Medaillon über Sitz 18: Christus als Erlöser

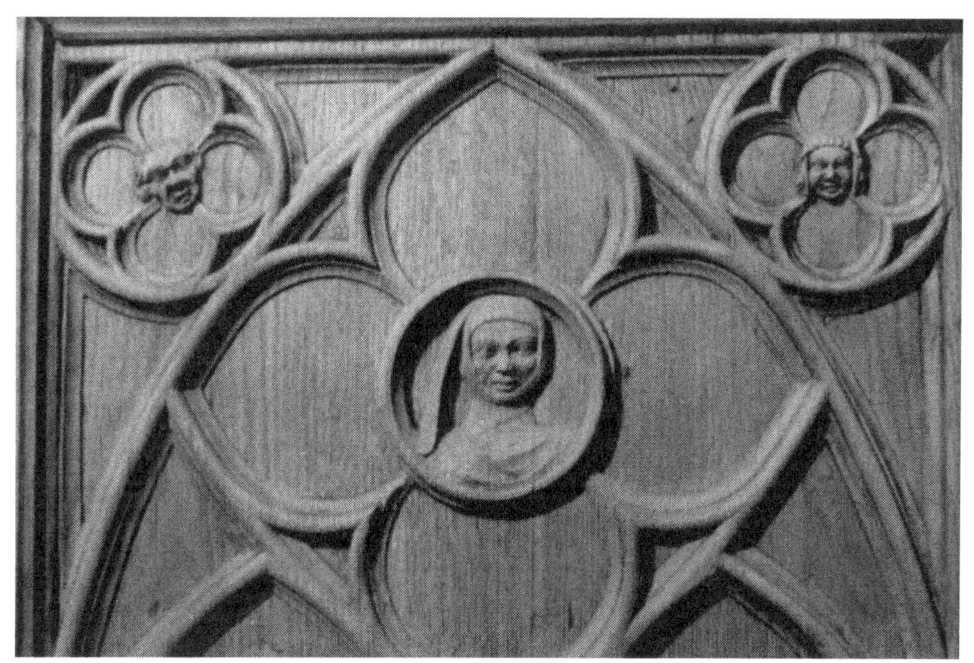

Abb.144   Medaillon über Sitz 17: Männerkopf mit Kogel

Abb.145   Medaillon über Sitz 20: Frauenkopf mit Zöpfen

Exkurs: Kaiser Karl IV. im Chorgestühl

Zur Zeit der Entstehung des Chorgestühls war Karl IV. Kaiser des Deutschen Reiches und regierte von 1347 bis 1378. Er wurde 1316 in Prag geboren und auf den Namen Wenzel getauft. In den Jahren 1323 bis 1330 erhielt er in Paris von Abt Peter Roger, dem späteren Papst Clemens VI., Unterricht in Latein, Französisch, Bibelkunde und Theologie. Kurze Zeit lebte er in Luxemburg und machte mehrere Kriegszüge mit, bevor er in Prag residierte, das er umfassend ausbaute. Er galt als kluger Staatsmann, der die Machtverhältnisse im Reich und die Königswahl ohne Zustimmung des Papstes durch die „Goldene Bulle" regelte. Kunstsinnig und wissenschaftlich gebildet, berief er die namhaftesten Künstler und Wissenschaftler nach Prag und gründete den Veitsdom und andere Kirchen sowie die Universität. Er betätigte sich auch als Schriftsteller. Eine Autobiografie bis zu seinem Regierungsantritt, eine Predigt über das Gleichnis vom Schatz im Acker, eine Legendensammlung über den Heiligen Wenzel und ein Briefwechsel mit dem ersten Humanisten Italiens Petrarca sind von seiner Hand überliefert.

Er drängte auf Reformen in Kirche und Staat und auf ein gutes Verhältnis beider und beschützte den „Vater der böhmischen Reformation", Milic aus Kremsier, vor der Inquisition. Mehrfach besuchte er den Papst in Avignon und betrieb seine

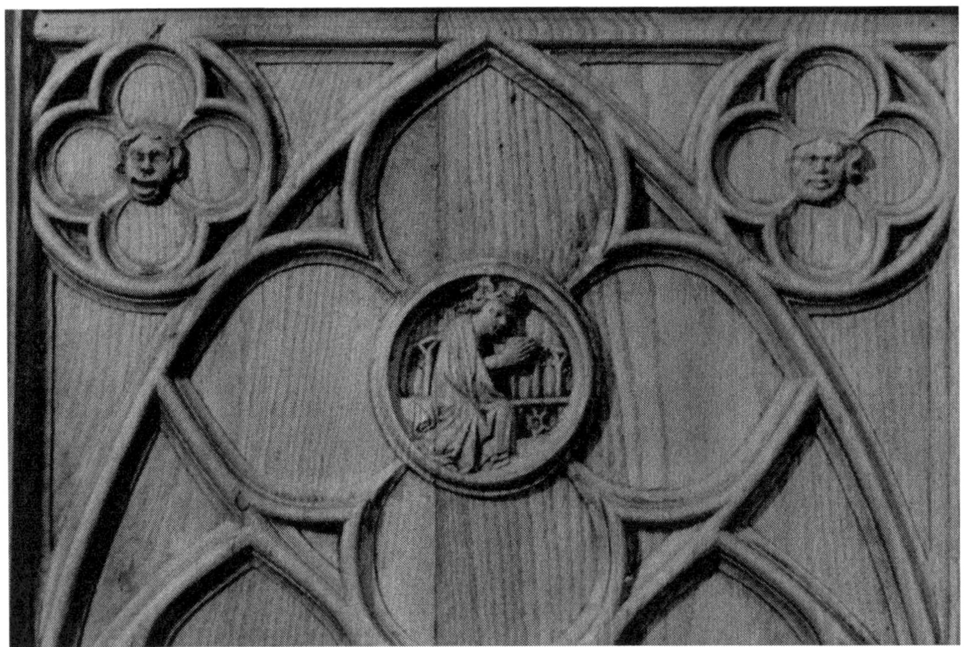

Abb.146   Medaillon über Sitz 21: König, betend im Gestühl

Rückkehr nach Rom. Als junger Mensch entging er einem Vergiftungsattentat dadurch, dass er nüchtern zur Messe kam, während seine drei Begleiter starben. Im Traum erlebte er eine warnende Vision, die ihn zu einem frommen Leben und einer besonderen Verehrung der „glorreichen Jungfrau" Maria veranlasste. Er sammelte und verehrte intensiv Reliquien, las bei feierlichen Anlässen am Altar das Evangelium und hielt die täglichen Stundengebete wie ein Geistlicher. Oft zog er sich stunden- und tagelang in die Kreuzkapelle der von ihm erbauten Burg Karlstein zur privaten Andacht zurück. So können wir uns, wenn wir das obige Relief betrachten, Kaiser Karl IV. beim Gebet vorstellen, zumal ihm als Kaiser ein Platz im Chorgestühl zustand.

Tangermünde baute er als seine Residenz aus und als lebensgroße Statue blickt er noch heute von der Galerie der Marienkirche in Mühlhausen/Thür. herab. Als im Jahr 1361 der Auftraggeber des Chorgestühls Otto von Hessen starb, wurde ein Vertrauter Karls IV., Dietrich von Portitz, genannt Kagelwit, Erzbischof von Magdeburg. Dieser weihte am 22. Oktober 1363 den Dom mit einer viertägigen Feier ein. Um Pfingsten 1377 besuchte Kaiser Karl IV. den Magdeburger Dom und rühmte die Orgel, die Erzbischof Dietrich bauen ließ.

Mit diesen Ausführungen über Karl IV. soll keine besondere Beziehung der Kunst des Magdeburger Domgestühls zum Kaiser nachgewiesen werden. Als Ergebnis seiner Untersuchungen spricht Porstmann sogar von den „Gestaltungsentscheidungen der Magdeburger Gestühlsplastik als Zeichen bewußter Ablehnung der Hofkunst Karls IV." Das kleine Rundbild eines betenden Königs in der Gestühlsrückwand kann jedoch anhand der theologischen Bildung und persönlichen Frömmigkeit Karls IV. besonders lebendig machen, welchen Platz auch der Kaiser in dem Kosmos der mittelalterlichen Welt einnahm.

Epilog: Psalm 148

Die Betrachtung dieses Chorgestühls möchte in das Lob Gottes ausklingen, zu dem der 148. Psalm den ganzen Kosmos aufruft:

Halleluja!
Lobet den Herrn vom Himmel her,
lobet ihn in den Höhen!
Lobet ihn, alle seine Engel,
lobet ihn, ihr himmlischen Boten!
Lobet ihn, Sonne und Mond,
lobet ihn, alle leuchtenden Sterne!
Lobet ihn, Himmel der Himmel,
lobt ihn, ihr Wasser über dem Himmel!
Denn er gebot, da wurdet ihr geschaffen
in einer Ordnung, die ihr nicht überschreitet.

Singet dem Herrn von der Erde her,
ihr Drachen und ihr Fluten alle!
Feuer und Hagel, Schnee und Nebel,
singt mit, ihr Sturmwinde, die sein Wort ausrichten!
Singet mit, ihr Berge und Hügel,
fruchttragenden Bäume und alle Zedern,
ihr wilden Tiere und ihr Tiere im Haus,
Gewürm und gefiederte Vögel!

Stimmt ein, ihr Könige auf Erden und alle Völker,
ihr Mächtigen und Regenten der Erde!
Ihr jungen Männer und ihr jungen Frauen,
ihr Alten zusammen mit den Kindern!
Sie sollen rühmen den Namen des Herrn,
sein Name allein ist es wert.
Seine Hoheit erleuchtet Himmel und Erde.
Denn er gab seinem Volke Kraft.
Alle seine Heiligen sollen ihn loben,
ihr Kinder Israels, alles Volk, das ihm naht!
Rühmet Gott!

Abkürzungen

Apg   Die Apostelgeschichte des Lukas

EG   Evangelisches Kirchengesangbuch, Ausgabe für die Kirchenprovinz Sachsen, Berlin 1993

Eph   Der Brief des Paulus an die Epheser

Gal   Der Brief des Paulus an die Galater

GB S/A   Gesangbuch für die Provinz Sachsen und Anhalt, 1933

GL   Gotteslob - Katholisches Gesangbuch, Stuttgart 1975

Hebr   Der Brief an die Hebräer

Jak   Der Brief des Jakobus

Jer   Das Buch des Propheten Jeremia

Jes   Buch des Propheten Jesaja

Joh   Das Evangelium nach Johannes

Kol   Der Brief des Paulus an die Kolosser

1.Kor   Der erste Brief des Paulus an die Korinther

2.Kor   Der zweite Brief des Paulus an die Korinther

Lk   Das Evangelium nach Lukas

Mk   Das Evangelium nach Markus

Mt   Das Evangelium nach Matthäus

Off   Die Offenbarung des Johannes

1.Petr   Der erste Brief des Petrus

Ps   Psalm

1.Tim   Der erste Brief des Paulus an Timotheus

Verzeichnis der Abbildungen

Literaturverzeichnis in Auszügen

Apel, Friedrich: Himmelssehnsucht. Die Sichtbarkeit der Engel, Insel Verlag Frankfurt/M. / Leipzig 2001

Blaschka, Anton (Hrsg.): Kaiser Karls IV. Jugendleben und St. Wenzelslegende, Weimar 1956

Bohren, Rudolf: Daß Gott schön werde. Praktische Theologie als theologische Ästhetik, Kaiser-Verlag München 1975

Bonhoeffer, Dietrich: Widerstand und Ergebung. Briefe und Aufzeichnungen aus der Haft, hrsg. von Eberhard Bethge, Berlin 1957

Brandt, C. L.: Der Dom zu Magdeburg, 1863

Braun, Joseph: Die liturgischen Paramente in Gegenwart und Vergangenheit, Freiburg 1924

Bühler, Johannes: Das deutsche Geistesleben im Mittelalter, Leipzig 1927

Bühler, Johannes: Klosterleben im deutschen Mittelalter, Leipzig 1923

Calwer Kirchenlexikon, hrsg. von Friedrich Keppler, 2 Bde., Stuttgart 1937 / 41

Cantica sacra ... in matutinis et vespertinis ... pro S. Metropolitana Magdeburgensi Ecclesia, Magdeburg 1613 (gedruckt bei: Bezel, Andreas)

Clemens, Mellin, Rosenthal: Der Dom zu Magdeburg, 1831 - 52

Dreyer, Max: Der Teufel in der deutschen Dichtung des Mittelalters, Rostock 1884

Dvorak, Max: Gesammelte Aufsätze zur Kunstgeschichte, München 1929

Eisenhofer, Lechner: Liturgik des Römischen Ritus, 6. Aufl. Freiburg 1953

Eckart, Wolfgang U.: Ein sozialer Faktor. Die Pest, die das mittelalterliche Europa nachhaltig veränderte, war keine Ebola-Infektion. in: FAZ vom 04.08.2001, Nr. 179

Erich, Oswald: Die Darstellung des Teufels in der christlichen Kunst, 1931

Evangelisches Gesangbuch (EG): Ausgabe für die Kirchenprovinz Sachsen, Berlin 1993

Fischer, Otto: Karl IV. Deutscher Kaiser, König von Böhmen, Bremen 1941

Ganz, P.L. und Seeger, Th.: Das Chorgestühl in der Schweiz, 1946

Gesangbuch (GB S/A): für die Provinz Sachsen und Anhalt, Halle/Berlin 1933

Gotteslob (GL) Katholisches Gebet- und Gesangbuch, Stuttgart 1975, Leipzig 2000 11. Auflage

Grüber, Heinrich: Leben in Spannungen. Vortrag und Predigten, Berlin 1958

Habicht, Victor Curt: Das Chorgestühl des Domes zu Bremen, Berlin 1913

Habicht, Victor Curt: Die niedersächsischen mittelalterlichen Chorgestühle, Straßburg 1915

Hanftmann, B.: Führer durch den Magdeburger Dom, Magdeburg 1909

Hennecke, Edgar: Neutestamentliche Apokryphen in deutscher
                                             Übersetzung, hrsg. von Wilhelm Schneemelcher
                                             Bd. 1, Tübingen 1959, darin Kindheitsevangelien
                                             Bd. 2, Berlin 1966, darin Apokalypt. Prophetie der frühen
                                             Kirche

Huizinga, Joan: Herbst des Mittelalters, Stuttgart 1975

Jantzen, H.:   Kunst der Gothik, rowohlts deutsche Enzyklopädie 48,
                                             Hamburg o.J. (ca. 1960)

Kehrer, Hugo: Die Heiligen drei Könige in Literatur und Kunst, 2 Bd.
                                             Leipzig 1908/09

Koch, Johann Friedrich Wilhelm: Der Dom zu Magdeburg, Magdeburg 1815

Koch, Walther: Das mittelalterliche Domgestühl zu Magdeburg,
                                             Dresden 1936

Kroos, Renate: Quellen zur liturgischen Benutzung des Domes und zu
                                             seiner Ausstattung, in: Ullmann, Ernst (Hrsg.):
                                             Der Magdeburger Dom, Ottonische Gründung und
                                             staufischer Neubau, Leipzig 1989

Künstle, Karl: Ikonographie der christlichen Kunst, Freiburg 1926/28

Kunze, Herbert: Die Plastik des 14.Jahrhunderts in Sachsen und
                                             Thüringen, Berlin 1925

Lexikon der christl. Ikonografie: 6 Bde., hrsg. von Engelbert Kirschbaum,
                                             Herder, Freiburg im Breisgau 1974/1990

Lipfert, Klementine: Symbol-Fibel, Kassel 1956

Loose, Walther: Die Chorgestühle des Mittelalters, Heidelberg 1931

Möllenberg, Walter: Aus dem geistigen Leben der Stadt Magdeburg im
                                             Mittelalter, Neujahrblätter Nr. 42, Halle 1918

Molsdorf, Wilhelm: Christliche Symbolik der mittelalterlichen Kunst,
                                             Leipzig   1926

v. Mülverstedt, George Adalbert: Verzeichnis der im heutigen Kreise Magdeburg früher
                                             und noch jetzt bestehenden Stifter, Klöster, Kapellen,
                                             Calande, frommer Bruderschaften und Hospitäler ...
                                             in: Geschichtsblätter für Stadt und Land Magdeburg,
                                             3. Jhg.1868, Magdeburg 1869, S. 283.

Neugass, Fritz: Mittelalterliches Chorgestühl, Straßburg 1927

Niebelschütz, Ernst von: Zwei Aufsätze im „Montagsblatt" - Beilage der
                                             Magdeburgischen Zeitung: 75. und 76. Jahrg.:
                                             Klappsitz vom Magdeburger Chorgestühl, 11.09.1933;
                                             Relief vom Magdeburger Chorgestühl, 29.01.1934

Pieper, Josef: Zucht und Maß, Leipzig 1939

Physiologus,   Frühchristliche Tiersymbole, übersetzt u. hrsg. von
                                             Ursula Treu, Union-Verlag Berlin 1981

Porstmann, Gisbert: Das Chorgestühl des Magdeburger Domes, Berlin 1997

Post, P.: Die französchisch-niederländische Männertracht einschließlich Ritterrüstung im Zeitalter der Spätgotik von 1350 - 1475, Halle/Saale 1910

Reallexikon der Deutschen Kunstgeschichte, hrsg. von O. Schmitt und E. Gall, Stuttgart 1954

Sachs, Hannelore: Mittelalterliches Chorgestühl, Leipzig 1964

Sachs, Badstübner, Neumann: Christliche Ikonographie in Stichworten, Leipzig 1973

Schiller, Gertrud: Ikonographie der christlichen Kunst, 2 Bd. , Gütersloh 1966/1968

Sello, Georg: Dom-Altertümer, in: Geschichtsblätter für Stadt und Land Magdeburg, 26. Jhrg. 1891 2.Heft S. 108 - 200, Magdeburg 1891

Steinwede, Dietrich (Hrsg.): Erzählbuch zur Kirchengeschichte Bd. 1, Zürich/ Lahr/ Göttingen 1982

Sußmann, Michael: Der Dom zu Magdeburg, Passau 1997

Tieschowitz, Bernhard von: Das Chorgestühl des Kölner Domes, Berlin 1930

Uhlhorn, Gerhard: Die Geschichte der christlichen Liebestätigkeit, Bd. 2, Stuttgart 1884, 2. Aufl.

Vogler, Karl: Die Ikonographie der Flucht nach Ägypten. Diss. Arnstadt/Thür. 1930

Weber, Erich: Das Domkapitel von Magdeburg bis zum Jahr 1567. Ein Beitrag zur Verfassungs- und Verwaltungsgeschichte der deutschen Domkapitel, Diss. Halle 1912

Wolter, F. A.: Geschichte der Stadt Magdeburg, 1903, 3. Aufl. (1. 1845)

Wrangel, Ewert: Das Chorgestühl des Domes zu Lund, Malmö 1930

Ziegler, Theobald: Die geistigen und sozialen Strömungen des Neunzehnten Jahrhunderts, 2. Aufl. Berlin 1901, darin: Friedrich Wilhelm IV. und die vierziger Jahre

Anordnung der Relieftafeln auf den Wangen

A	Südseite	Die Ankündigung der Geburt Jesu
		Jakobus der Jüngere und Jakobus der Ältere
		Elisabeth und Katharina
	Nordseite	Vier Propheten
B	Nordseite	Die Darbringung Jesu im Tempel
		Petrus und Paulus
		Maria Magdalena und Martha
	Südseite	Vier Propheten
C	Nordseite	Die Empfängnis, Josefs Traum, Maria bei Elisabeth
	Südseite	Die Geburt Jesu Christi
D	Nordseite	Das Verhör vor Pilatus
	Südseite	Das Verhör durch Herodes
E	ohne Reliefs	
F	Westseite	Die Taufe Jesu
	Ostseite	Die Versuchung Jesu
G	Westseite	Das Abendmahl
	Ostseite	Der Einzug in Jerusalem
H	ohne Reliefs	
J	Westseite	Der zwölfjährige Jesus im Tempel
	Ostseite	Der Kindermord in Bethlehem
K	Westseite	Die Himmelfahrt Jesu Christi (1844)
	Ostseite	Die Verspottung (1844)
L	Westseite	Die Frauen am leeren Grab (1844)
	Ostseite	Die Grablegung (1844)
M	Westseite	Das Gebet in Gethsemane
	Ostseite	Die Gefangennahme
N	Westseite	Die Flucht nach Ägypten
	Ostseite	Die Anbetung des Kindes durch drei Könige
O	Westseite	Die Fußwaschung (1844)
	Ostseite	Die Begegnung mit Simeon und Hanna im Tempel (1844)
P	Westseite	Die Kreuztragung (1844)
	Ostseite	Die Geißelung (1844)
Q	Westseite	Das Verhör vor dem Hohenpriester, Verspottung und Geißelung
	Ostseite	Die Verurteilung durch Pilatus

Plan des Chorgestühls

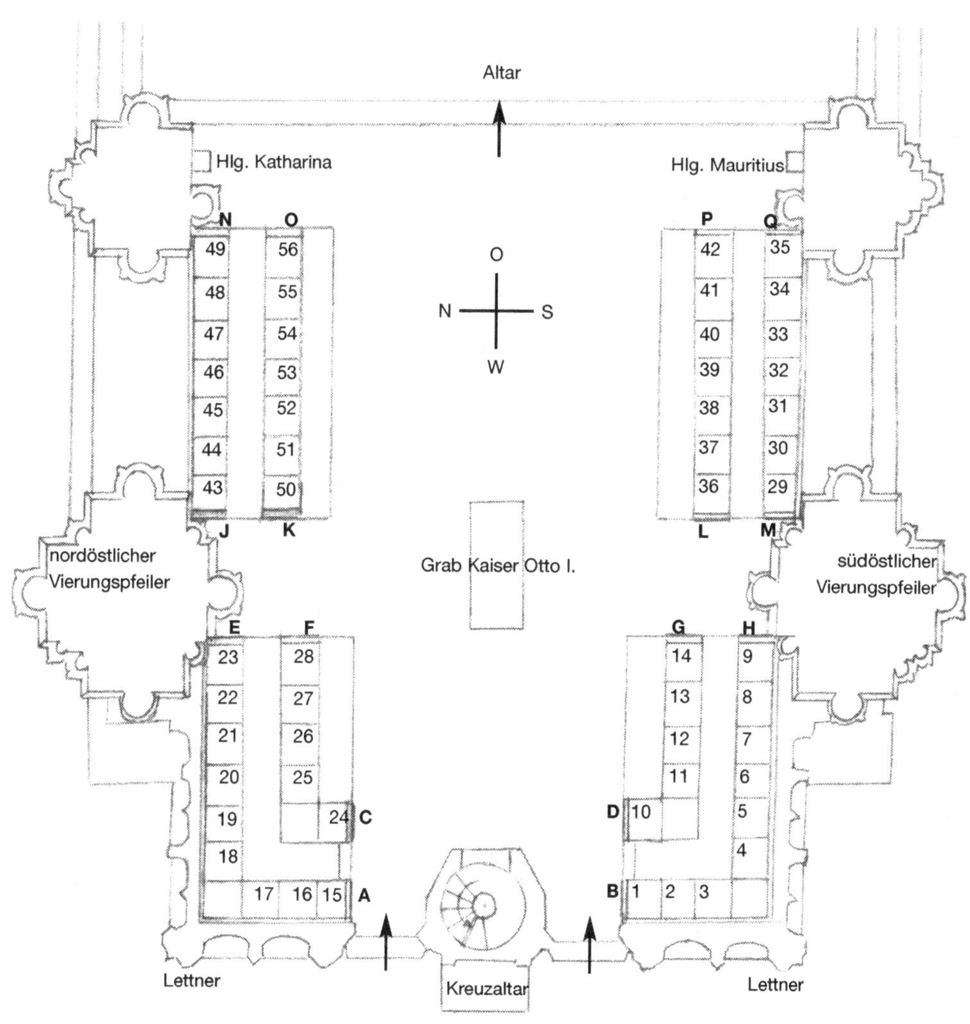

Maße des Gestühls

Gestühl-Podeste je	500 cm lang	270 cm breit
Hohe Wangen A und B	370 cm hoch	56 cm breit
Reliefs auf A und B	106 cm hoch	56 cm breit
Halbhohe Wangen	185 - 193 cm hoch	56 - 70 cm breit
Reliefs	49 - 52 cm hoch	56 - 70 cm breit
Misericordien	ca. 33 cm breit	

Der Verfasser:

Hans Michael wurde im Jahr 1924 als Sohn des Regierungs- und Baurats Dr.-Ing. Julius Michael und seiner Frau Katharina in Brandenburg/Havel geboren, studierte nach Arbeits- und Kriegsdienst und sowjetischer Gefangenschaft ab 1948 in Bethel und in Göttingen evangelische Theologie.

1953 trat er in den Dienst der Evangelischen Kirchenprovinz Sachsen. Er war acht Jahre Dozent an der Evangelischen Predigerschule in Lutherstadt Wittenberg und Erfurt und fünfundzwanzig Jahre Pfarrer in der Hauptkirchengemeinde St. Marien in Suhl /Thüringen, deren Rokokokirche vor dem Verfall gerettet werden konnte.

Er ist seit 1958 mit Renate Thulin verheiratet und mit ihr dankbar für zwei Söhne und deren Familien.

Seit 1989 lebt er im Ruhestand in Magdeburg.